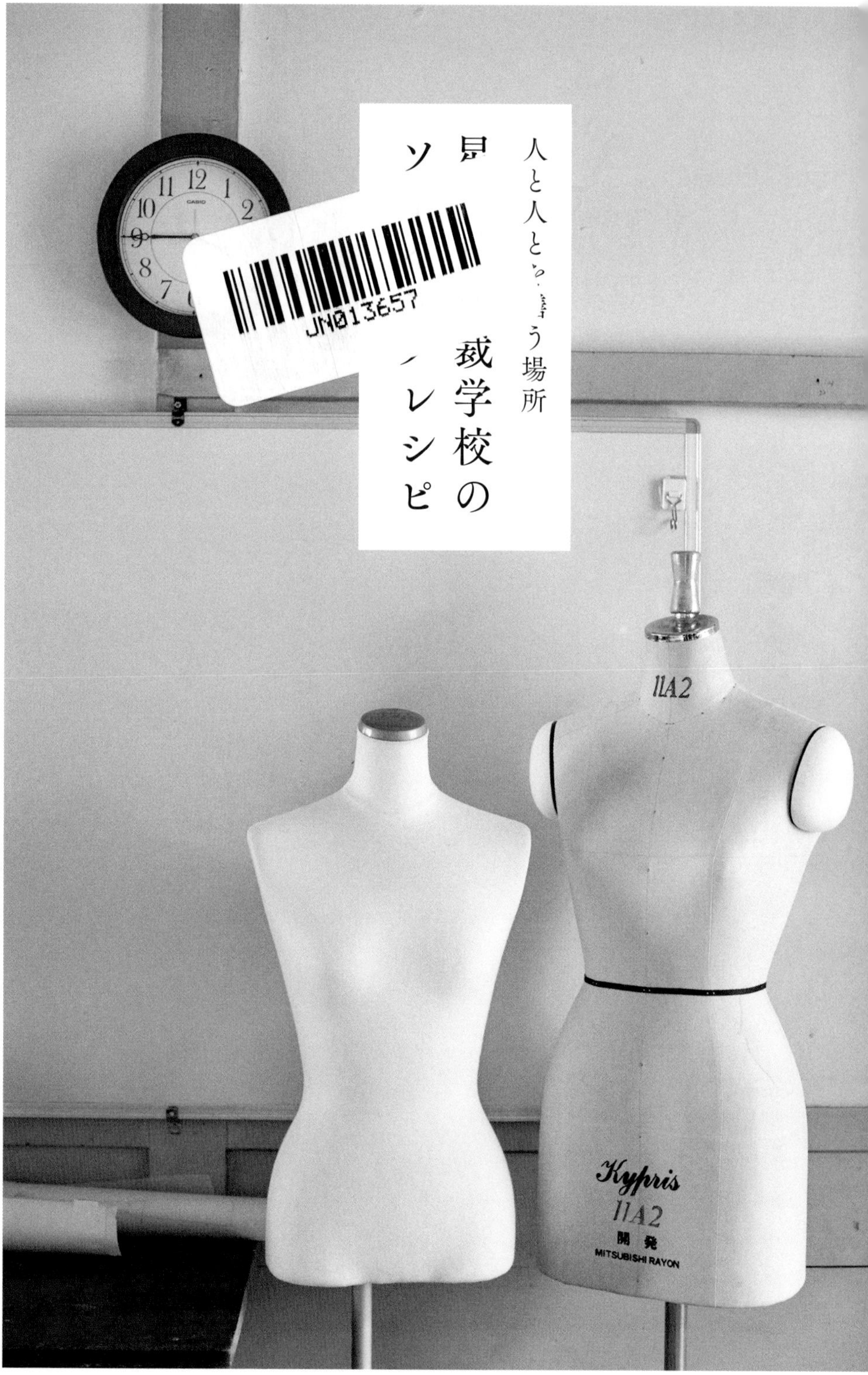
人と人と
う場所
裁学校の
ソ
レシピ
CASIO
11A2
Kypris
11A2
開発
MITSUBISHI RAYON

Sewing
つむぎ
つながり
そして つづく

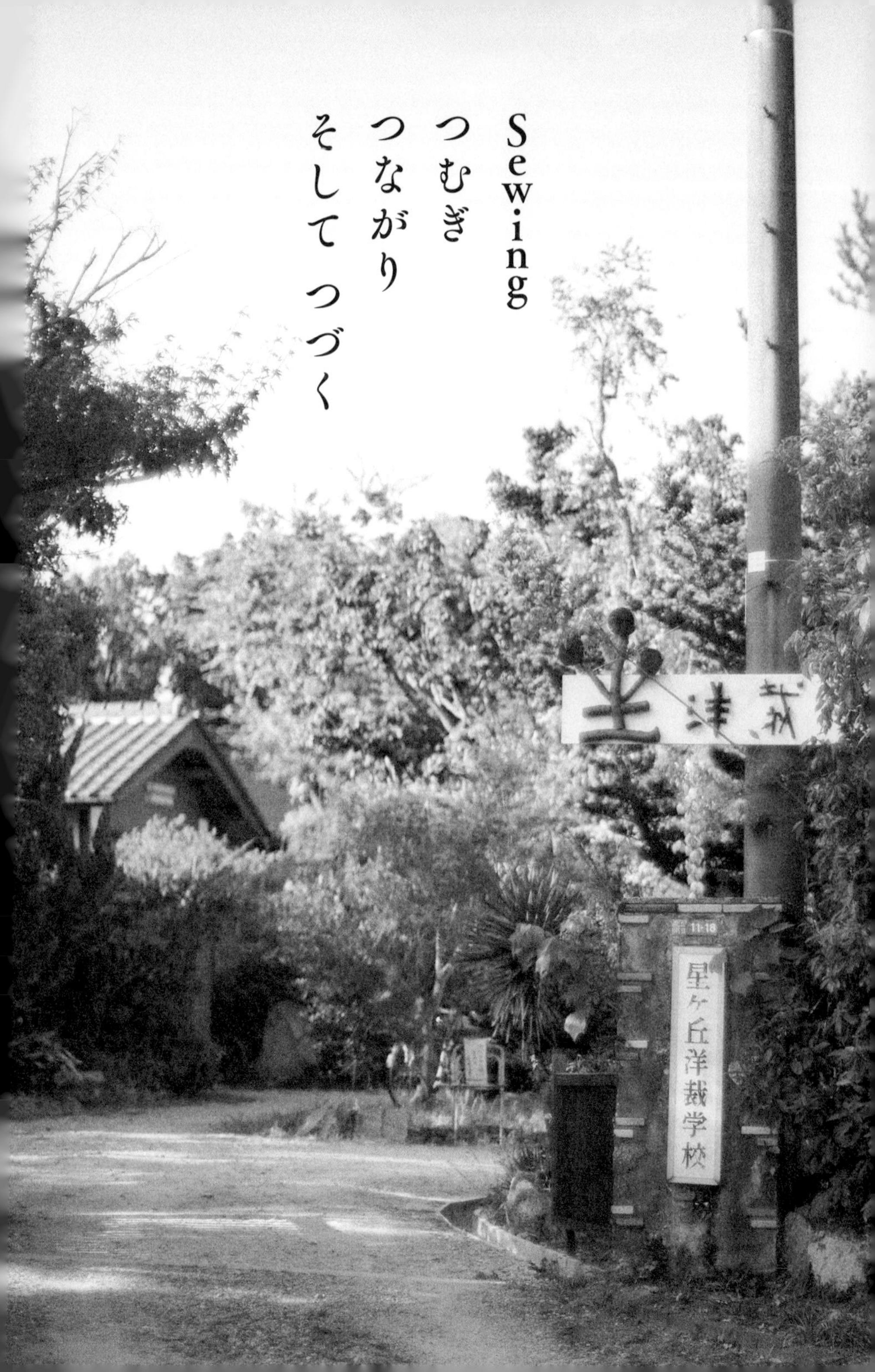

はじめに

ごく普通の住宅街の路地奥に突如として現れる、昔の日本に迷い込んだような、私たちの洋裁学校。初めて訪れた方はたいてい、「こんなところに、こんな場所があるなんて」と驚かれます。

私たちの学校が目指す、何かあたたかで普遍的なものに目を留めてくださった方がいて、このたび、学園を取り巻くすべてが詰まったソーイングブックをお届けします。デザインとパターンは4人の先生方がそれぞれの得意分野に応じて担当し、サンプルの縫製は生徒さんから希望者を募り、着用モデルも自分たちで務めてと、みんなで心を込めてつくり上げることができました。

学校のモットーのひとつに、「自然の中で、自分らしく、共に学ぶ」ということがあります。前学校長の兄は安易さを嫌い、怠けたがる心を律し、額に汗して働くことを良しとしてきました。私どもは学園裏に畑をつくっていますが、あるときにうっかり除草剤を撒いた人がおり、戦前から保たれてきた生態系が壊れると兄が憤ったことがありました。頑なと受け取られかねない想いを貫き、つねに本質を見失わなかったこと。これが、本校が75年も続いてきた理由ではないかと思っています。

服づくりを楽しんでいただきながら、私たちが大切に守ってきたものとは何か、地に足をつけて生きるとはどういうことか、皆さまに少しでも伝えられたらと、星ヶ丘の地から願っております。

星ヶ丘洋裁学校 学校長　足立典子

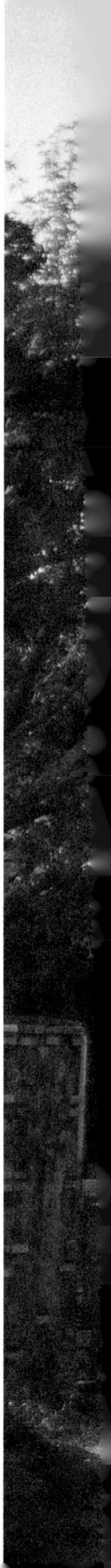

目次

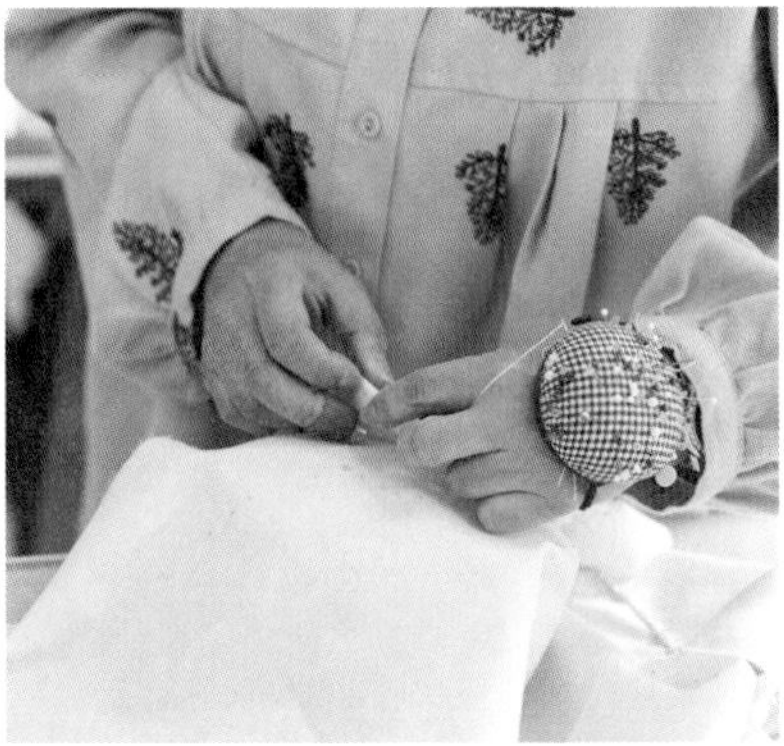

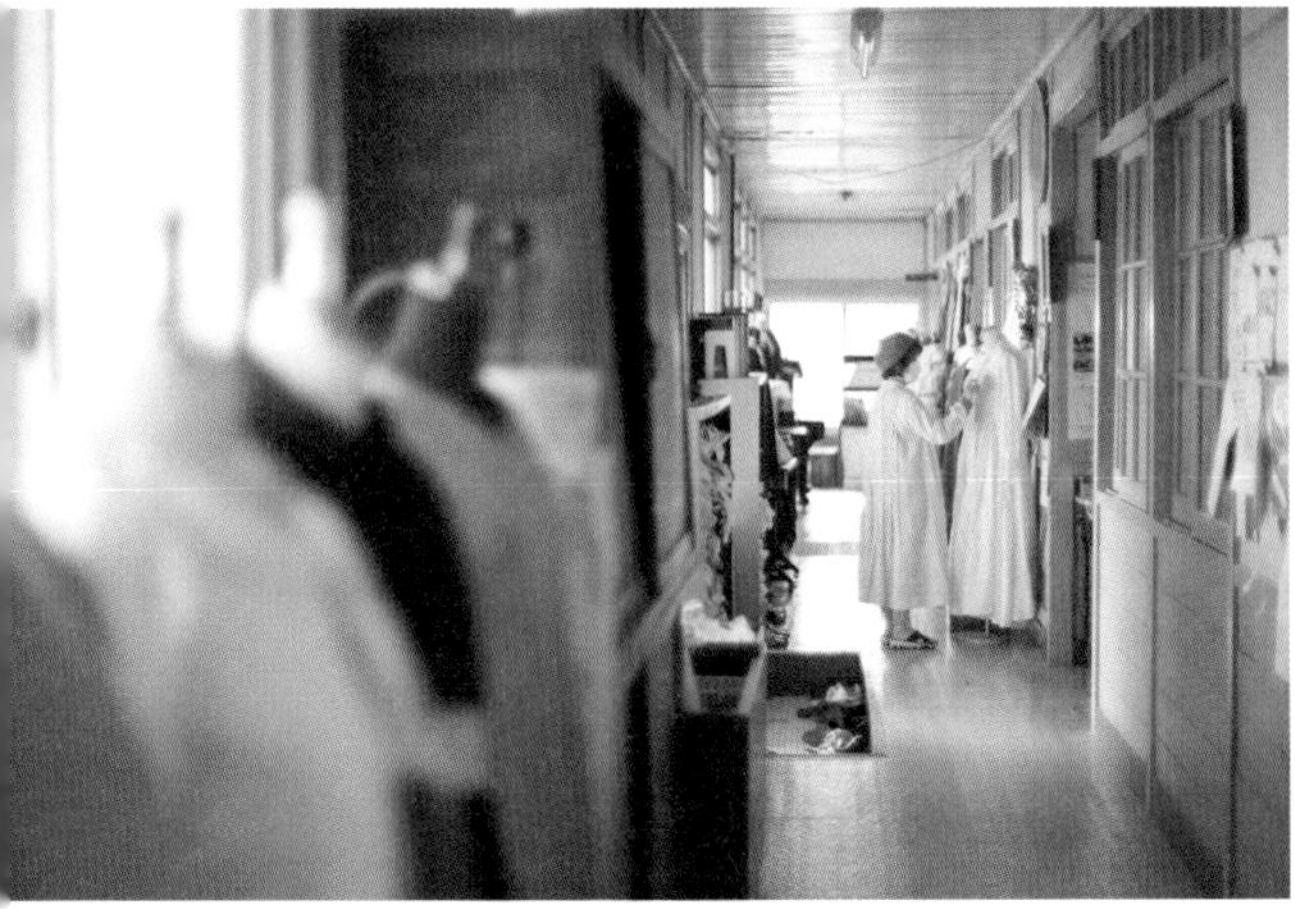

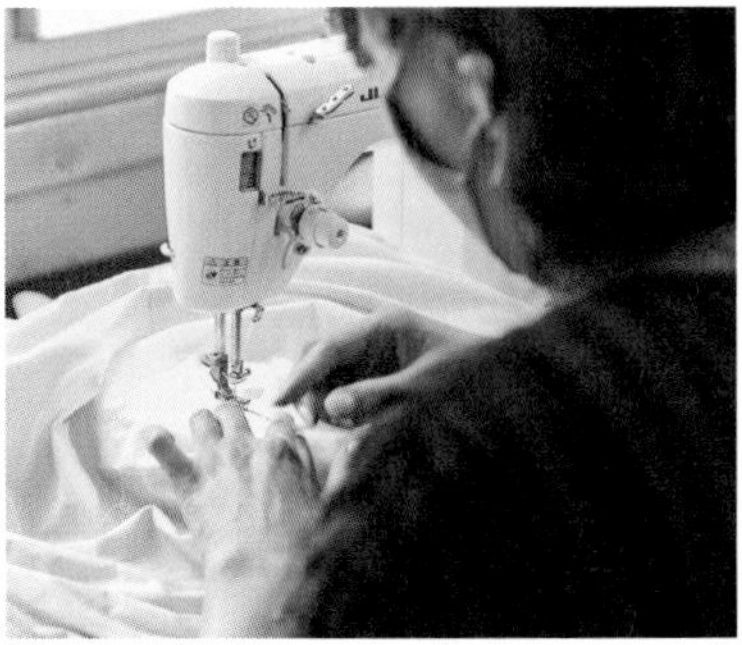

星ヶ丘洋裁学校 見取り図

正門を通り抜けると、左手が洋裁学校。学校長のいる事務室を挟んで、第１教室と第２教室があります。ぐるりと裏庭にまわると、元テニスコート跡だった草原が広がり、奥に進むと納屋を改装した喫茶「SEWING TABLE COFFEE」、作陶小屋、おいしい作物が獲れる畑が。正門から中庭を挟んだ正面に伝統的な日本家屋があり、１階に「SEWING GALLERY」、２階に本書の撮影を担当した「いとう写真」の事務所が入っています。

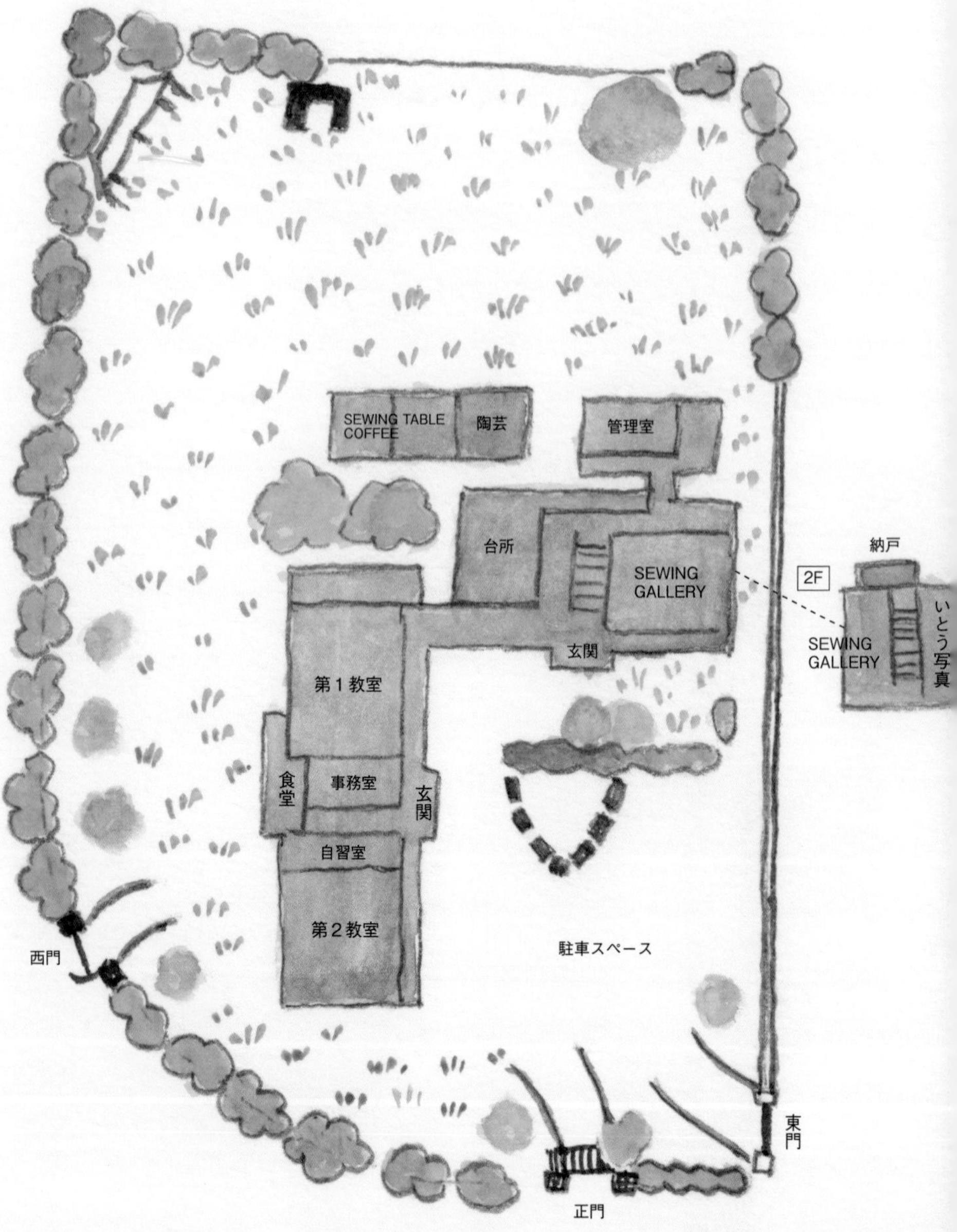

星ヶ丘洋裁学校　校歌

くじらと語るとき

作詞・作曲　くじらら

やわらかな桜に　来る年も包まれて
木々の門くぐれば　銀の針待ちわびて
裁つ人育て　星ヶ丘
裁つ人育て　星ヶ丘

天の川流れる　約束のこの場所で
星が出逢い　つむぎ
どこまでもつながって
祈りよつづけ　星ヶ丘
流れよつづけ　星ヶ丘

古い校舎の屋根　丸い月が見えたら
くじらと語るとき　学びの海泳いで
風をうけ進め　星ヶ丘
大きな海へ　星ヶ丘

真っ赤な紅葉が　歌う学びの実り
もの作る喜び　一針に想い込め
清らかな人　星ヶ丘
美しい人　星ヶ丘

星ヶ丘洋裁学校の歴史

　美しくも切ない七夕伝説がいまなお語り継がれる大阪・星ヶ丘。住宅街の奥にひっそりと佇む、淡いブルーに彩られた木造校舎。広大な敷地には、桜やレモンの木、海を思わせる草原、生き物たちの気配、２つの井戸跡も。この、なにやら秘密めいたものがたりを感じる場所が、１９４８年から75年も続く「星ヶ丘洋裁学校」です。設立当初は近隣の人家もまばらで、近くを流れる「天野川」の蛍を学園から眺めることができたといいます。

　戦後から高度成長期にかけて日本が躍進した時代、「共に学ぶ」をモットーに、洋裁の技術を通して自立心と教養のある女性を育て、世に送り出してきました。

「設立当初は、戦争が人々の暮らしにまだまだ影を落としていた時代。戦争はいかん、平和でしあわせな世の中をつくるためには、女性がしっかりしなきゃいかん、というところからはじまりました。いまでもそれが、僕らの学校のいちばんの基本であり、礎《いしずえ》となる精神ですね」と、前学校長の中山博之さん。

　やがて大量生産、大量消費の時代に入り、暮らしに必要な技能、あるいは自立の手段として洋裁を学ぶ女性は激減。１９９４年にはやむなく休校し、存続が危ぶまれたことも。１９９８年に新体制で再開した際には、生徒がたった一人だった時期もありました。

　しかし、２０００年代に入り、自分の手で好きな服をつくる豊かさとともに、この場所でしか得られない〝何か〟を求めて、再び人々が集うように。さまざまな文化活動もはじまり、ものづくりを愛するすべての人に開かれた場所になっていったのです。

　時代が変わっても変わらない、好きな服を自分の手でつくり出すよろこびと、人と人のあたたかなつながり、季節ごとに健気に咲く花を慈しむ気持ち。

「Sewing つむぎ つながり そしてつづく」——を合言葉に、今日も教室から、女性たちのほがらかな声とミシンの音が聞こえてきます。

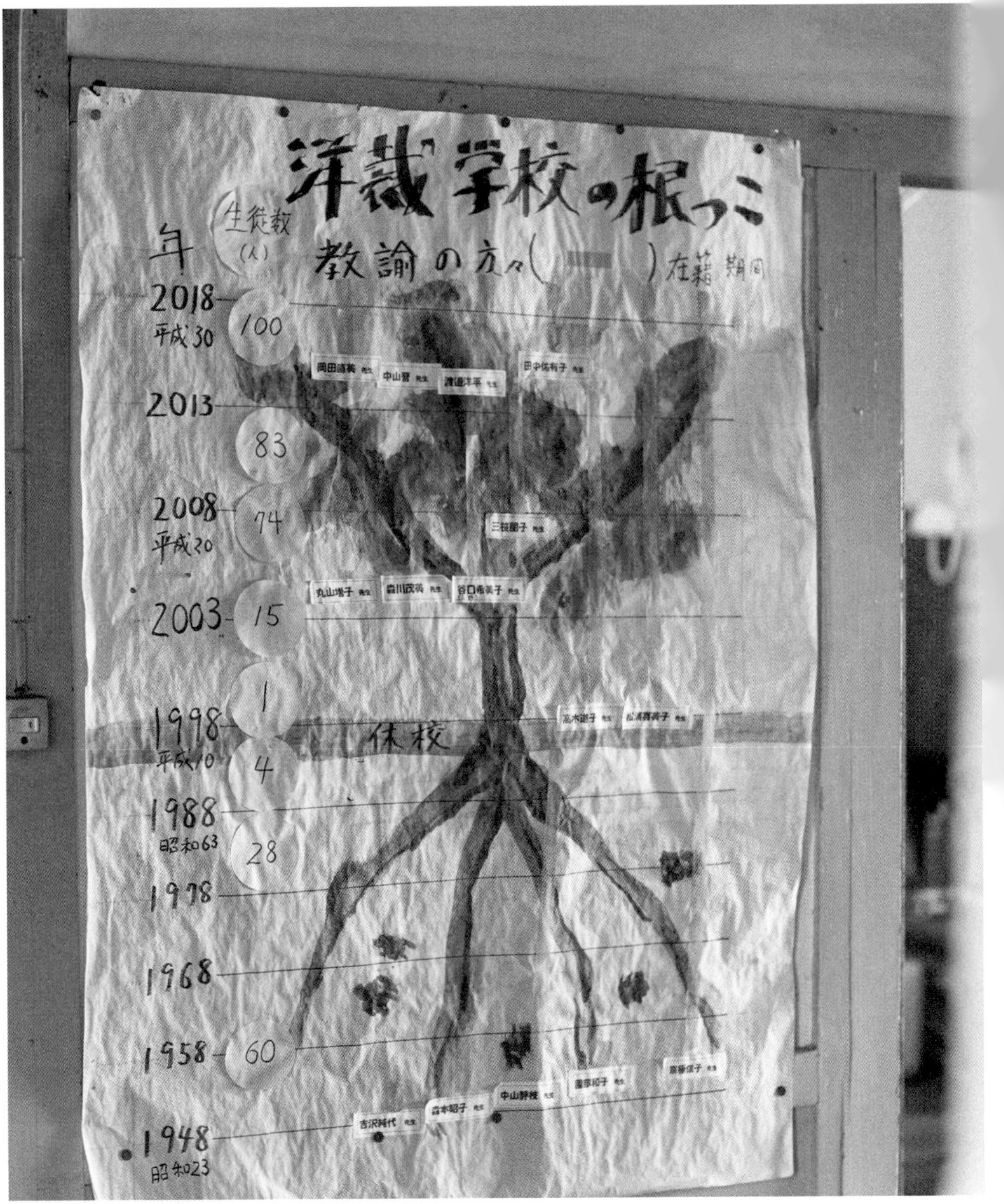

上）廊下に掲示されている、歴代の先生方の名が記された「洋裁学校の根っこ」。一人ひとりの尽力により、この地に深く根を張りみずみずしい葉を茂らせ、今日に続いていることを示している。下）切妻屋根の破風飾りが、特徴的な形で造られている。近年、建築家の田中公平さん（円坐設計）がこの形状に目を止め、戦前の建物である可能性が高いことを指摘。登録有形文化財となる可能性も視野に入れて調査中。

ワンピース

「Vネックの基本のワンピース」のパターンをベースに、衿ぐりの形や始末、袖の有無など好みの形でアレンジできるワンピースです。Kの「ギャザープルオーバー」(P.52)も含めた、6つのタイプからそれぞれ選んで、自分好みに作り替えてください。

□デザイン・パターン制作：ワンピーススタイルが定番の野田奈津美先生

A　Vネックの基本のワンピース

B　背中ボタンのギャザーワンピース

C — 胸ギャザーのワンピース

LESSON作品の**A**は、Vネックで大人っぽい雰囲気。P.64〜写真つきで作り方を詳しく解説しています。伊藤尚美さんデザインのnani IROのリネン生地で。**B**は衿ぐりをボートネックにし、ウエスト部分で切り替えたギャザースカートに。**C**はバストラインより少し上で切り替え、ギャザーを寄せた、イノセントな気持ちになれるワンピース。**A**をベースに衿ぐりと袖ぐりを変えた袖つきタイプ。大阪にある船場白生地商店のワイドリネンで。（how to make→P.64、P.86、P.88）

D ― てんこさんのワンピース
E ― ウエストリボンのワンピース

Dは、足立先生（てんこさん）が好んで着ているワンピースの形を参考に作ったフレアタイプ。**A**をベースに**C**の衿ぐりと袖ぐり、脇布をプラスして。ウエストリボンの**E**は**A**をベースに**C**、**D**と同じ袖ぐり、衿ぐりは**B**のボートネックに。
(how to make→P.89、P.90)

ワンピースのディテール

全てのワンピースはポケットつきで背あきや衿ぐり始末などをアレンジしています。それぞれの衿ぐりのデザインなどディテールを参考に、ご自分の気持ちにぴったりとくるワンピースをぜひ作ってみてください。

Cの「胸ギャザーのワンピース」の背中あき部分。布ループでボタンをとめるデザイン。くるみボタンや木製など、ボタンでイメージが変わります。

Eの「ウエストリボンのワンピース」をポリエステル混の少し光沢のある生地で作ってみました。生地によっては、フォーマルな雰囲気にもなるので、冠婚葬祭用にも向くデザインです。

Aの「Vネックの基本のワンピース」は背中もVあきですっきりと。**B**の「背中ボタンのギャザーワンピース」のボタンは、白を選んでポイントに。

左）P.52で紹介している、**K**の「ギャザープルオーバー」もワンピースのアレンジで。右）**D**は見返し端にステッチを効かせるとカジュアルに。ロック始末でステッチなしにしても。

おばあちゃんクラスのこと

設立まもない1952年に25歳で生徒から教諭となり、90歳を過ぎてもコロナ禍前まで授業を続けてきた京極信子先生。先生の知的で親しみやすい人柄を慕い、なんと半世紀以上、通い続ける生徒も。

「就任した当時は、既製服が気軽に買えなかった時代。着なくなったきものをほどき、ジャケットやワンピースなんかに仕立てる女性が多かったです。冬はとても寒くて、教室に火鉢を2つ置いて授業をしていました。私は洋裁がとにかく大好きだったから、大変なことなんて何もなかった。ただただ、楽しかったですね」

生徒は若いお母さんが多く、学校帰りの子供たちが園内で遊ぶ姿も見られたそう。やがて、孫のものをつくる人も現れる年代となり、授業の日は玄関前にずらりと並ぶシルバーカーと、それぞれが持ち寄った豪華なお茶菓子が学園内の語り草ともなっていました。

現在は近隣の施設で暮らし、若い頃からの趣味であった読書三昧の日々を送る京極先生。戦後からの歴史を持つクラスは、今後も敬愛を込めた逸話とともに語り継がれ、学園の誇りであり続けることでしょう。

上）その日の授業が終わると、西陽やホコリよけの白い布をミシンにかけ、自分が使ったスペースは自分で掃除してから帰宅する決まり。作業台はぞうきんで拭くほか、コロナ禍以降はアルコール消毒もするように。年末の大掃除は、各クラスに「エアコン」「下駄箱」などエリアごとの担当が割り振られるので、責任を持ってきれいにする。左）若葉が芽吹く初夏など過ごしやすい時季は、テニスコート跡の草原でお昼ごはんを。近隣は住宅街のため、手づくりのお弁当を持参する生徒も多い。世代を超えて、洋裁談義に花が咲くひととき。

つくりたいものを、つくる

与えられた課題をこなすのではなく（＊）、学ぶ本人が自分なりの課題を見つけ、ときには挑戦もすることで成長を促すのが、星ヶ丘洋裁学校の基本方針です。「一般的な服飾専門学校のように不特定多数を意識したマーケットや販促の勉強はしませんが、つくり手自身がデザイナーであり、パタンナーであり、縫製者でもあるというのが、最も大切な特徴だと思っています」と現学校長の足立典子《のりこ》さん（通称てんこさん）。

イメージを形にするためにはパターンの勉強が必須ですが、ソーイング本を参考に服をつくった経験はあっても、製図は初めてという生徒がほとんどだそう。基礎科ではまず、自分の体型に合わせた原型を作成。そして、原型を⅓サイズに縮小したミニチュアスカートを8型教わりパターン展開を学んだのちに、好みのスカートを完成させることからはじまります。

基礎科を終えて本科に進んだ生徒たちがつくるものは、つくり手の想いが反映され、いきいきと表情豊か。旅に着ていくワンピース、スモッキング刺しゅうを丹念に施したウェディングドレス、母のための軽くてあたたかなウールコート、はき古したお気に入りのパンツを改良しつつ再現したり、カフェを開店するにあたりオリジナルの制服をつくってしまった人も！「生徒さんが自分で生地を選んで、自分で形も考えてつくられるので、完成した服を着ていらっしゃる姿を見ると、やっぱりその人にとっても似合うんです」と野田奈津美先生。

学べば学ぶほど洋裁の奥深さに気づき、ライフワークとして取り組んでいこうと決める生徒さんも少なくないとか。経験豊かな先生とよりよい方向性を共に考え、伴走してもらいながら、同じクラスで学ぶ仲間からは刺激を受けながら、世界で一枚の服をつくる。「秋のフェスタ」でずらりと展示された生徒作品からは、完成のうれしさ、誇らしさまでもが伝わってきました。

＊基礎科では洋裁の基礎知識にはじまり、カリキュラムに沿って、パターンの基礎を学びます。

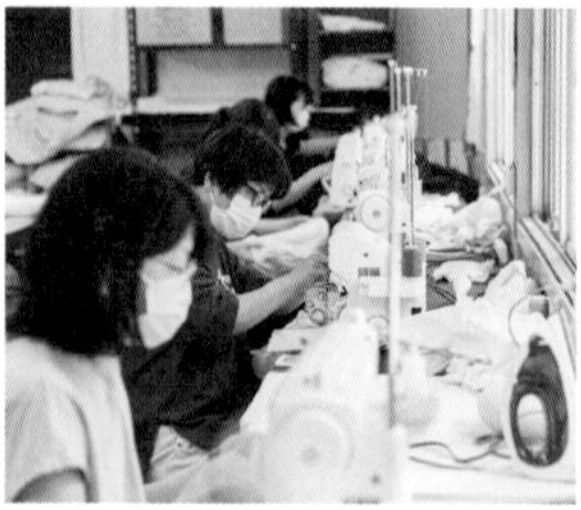

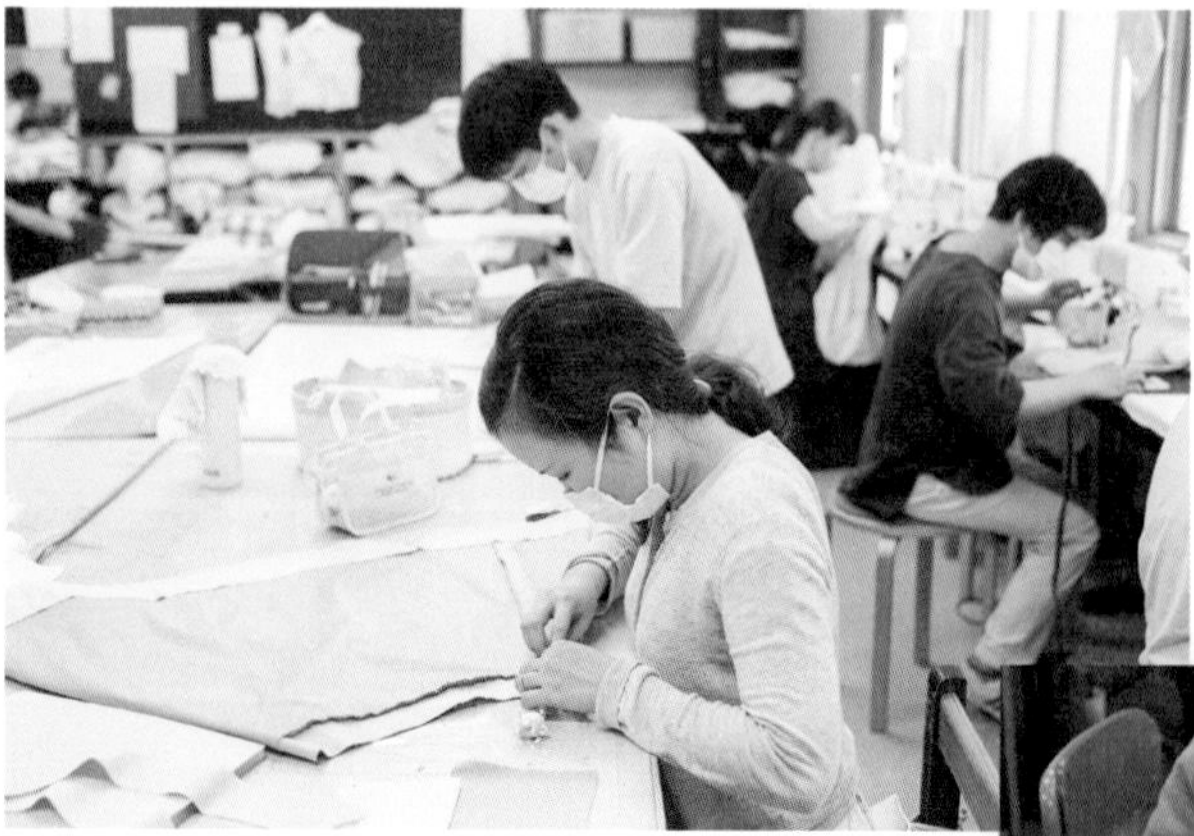

下）基礎科でパターンの勉強のために作成する、スカートの原型を1/3サイズに縮小した愛らしいミニチュア。フレア、プリーツ、マーメイドなど８型ができる。「ファンタ」の空きボトルにはかせると、ぴったりのサイズなのだそう！

男性の生徒さんもまずはスカートづくりに取り組むことになるので、原型はレディースの標準体型ボディを使って作成する。「星ヶ丘花子さん」という名前がついていたのが、現在では短縮され、「星子さん」と呼ばれているそう。

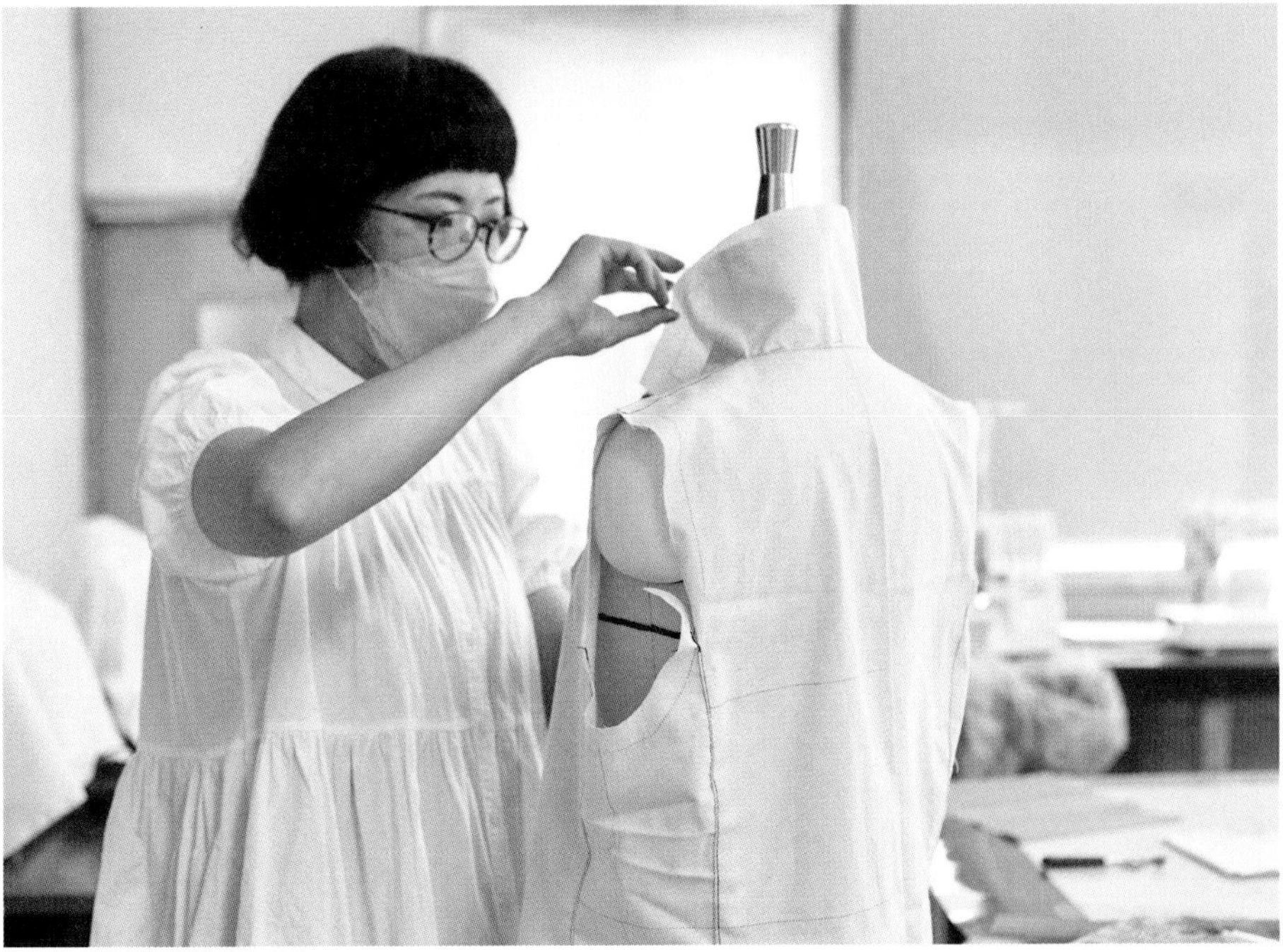

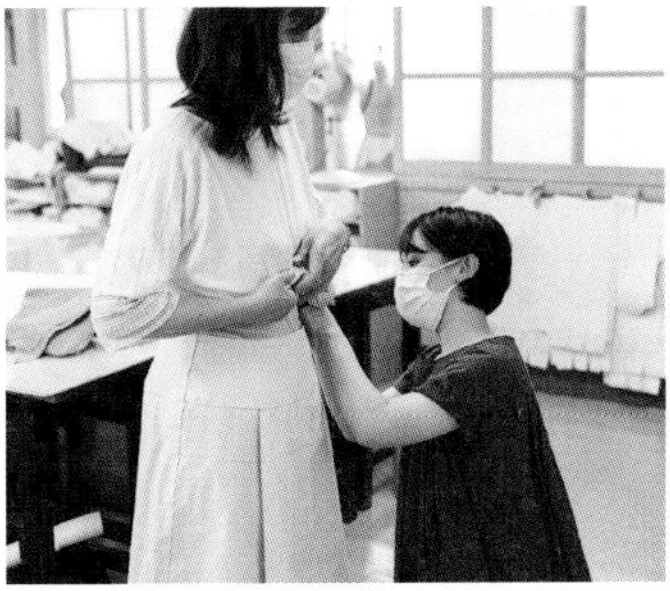

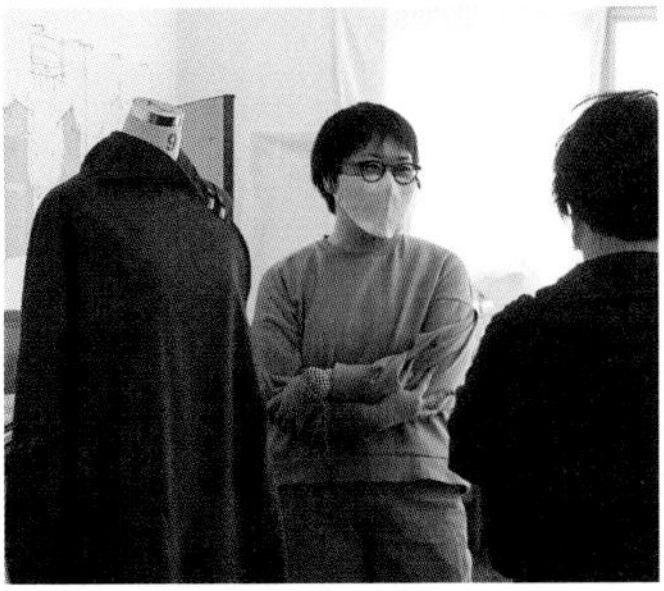

前学校長、中山博之さんのこと

　時代の変化とともに生徒数が減少し、１９９４年にやむなく休校した星ヶ丘洋裁学校。再開に向けて尽力したのは、当時、関西ペイント株式会社を定年間近だった中山博之さん（通称園長先生）でした。母親の中山静枝さんが戦後から長らく理事長を務め、幼少期から多感な頃をずっと星ヶ丘で過ごしてきたそう。戦争の影響で父親が職に就くのが難しい事情があり、静枝さんは先生になることで家族を支えようとしたのだとか。

「徹夜して一生懸命、縫っていた母の姿を今も思い出します。それで僕ら兄妹、大きくしてもらった。そんな親の苦労をずっと見ていたから、そう簡単にこの場所をなくしてはいけない、という気持ちがありました。それがいちばん大きかったと思います」

　古びた校舎をこつこつとＤＩＹで修繕し、１９９８

年に再開したとき、将来はまったくの未知数だったといいます。60歳から本格的に学校の仕事に専念し、30年近い時を過ごしてきた園長先生。その間には、財団法人についての法律が変わるという、税制上の存続の危機もありました。

「まるで知らない世界だったから、最初はいろんな場所に足を運んで、いろんな人に会いました。水彩画家の伊藤尚美さんや布作家の早川ユミさんなど、多くの作家さんとの出会いもあり、サラリーマン時代とは人生ががらっと変わりましたね。大切なのは、誰か偉い人がいて管理するのではなく、みんなで一緒にやっていくこと。僕は恥ずかしがりやだけど、人が好きだから、これまでやってこられたのかもしれません」

70周年を目前に学校長を辞した後は、２０１６年より妹のてんこさんが、生徒たちが楽しく学べるようにと見守る立場へ。てんこさんの娘の志保さんも、いつしか手伝うようになりました。園長先生が再び点けた洋裁学校の灯は、小さいけれど輝く星のように、新たな時代をこの先も照らし続けることでしょう。

象形文字の「星」をかたどった、愛らしい洋裁学校のマークは、園長先生が考案したもの。自然豊かな洋裁学校にふさわしく、野に咲く赤い花のようでもある。ポストなどにもあしらわれ、長きにわたって親しまれている。

P. 9に掲載の校歌は、園長先生が「くじらら」名義で仲間たちと3人で作詞作曲したもので、入学式や、「秋のフェスタ」のフィナーレにみんなで歌うならわし。絵本作家のミロコマチコさんが2010年の夏に、学園の草原を海に見立て10mもあるシーチング生地を使用して、くじらの絵を描くライブペインティングをおこなったことに着想を得たそう(*)。現在も校内の食堂に、試作品として描いた小さなくじらの絵が残されている。

*学園内にある喫茶、「SEWING TABLE COFFEE」の玉井恵美子さんが「裏庭の草原にくじらが来るのが夢。くじらの絵を描いてほしい」と頼んだことが発端となり、「草原の鯨」と題した個展を開催したときのこと。ライブペインティングのほか、喫茶店内には小さな魚の絵も展示した。

てんこさんと縫製の野本さん

服、そしておしゃれが大好きな人が集う星ヶ丘洋裁学校で、ときどき話題になるのが、さりげないのにどこか洗練されたてんこさんの装い。現在、そのほとんどのワードローブを仕立てているのが野本勝子さんです。野本さんは2001年頃、学園が再開してまもない時期に長年勤めた縫製工場を退職し、パターンを学びたいと入学した元生徒さんでした。

「息子が結婚することになり、お嫁さんにウェディングドレスをつくってほしい、って頼まれて。縫製はずっとやってたからできるけど、パターンはわからないので、この機会に学んでみようと思ったんですね」

当時からミシンの調子が悪くなったり、縫製でわからないことがあると野本さんに聞く生徒も多く、のちには先生として、部分縫いやポケットをきれいに仕上げるコツ、体型に合わなくなった服のお直しといった、縫い方に特化して教える1日教室も開くように。

てんこさんも野本さんの技術を信頼し、すでに20年以上のおつきあい。たとえば、既製服で8割ほど気に入ったものがあるとそれをベースに、自然素材で肌ざわりのよい生地を使い、袖丈や着丈は好みの長さに、首まわりや腕まわりはゆったりとした着心地になるよう調整しながらお仕立てをお願いします。

「細かなところまで、ここはどうします？　と聞いてくださるのがありがたいですね。人情味あふれる人柄と面倒見の良さで、学園ではとても慕われています。意外と毒舌でユーモラスな一面も。学園裏の畑も長年やってくださっていて、通りかかった人は、ブラックベリーやじゃがいもといった農作物をもらえるんです」

2022年の「秋のフェスタ」では物販用のあづま袋を、「今年はもう出品しない」と言いながらも、てんこさんが裁断した生地をいつのまにか縫っておいてくれるなど、阿吽《あうん》の呼吸で通じ合える間柄。おふたりの絶妙なコンビネーションからは、おしゃれと人生の先輩として、さまざまなヒントをもらえそうです。

上）自習室にて、右が野本さん、左がてんこさん。野本さんがはおっているローブは、**N**のハオリコート。ワンピースももちろんお手製。下）2015年には学園の功労者として、野本さんに「ゴッドマザー賞」が授与されたそう。「貴女が『星ヶ丘学園のゴッド』と呼ばれるようになったのは、いつの頃でしょう……」からはじまる文面はてんこさんが考えたもので、あたたかくてユーモアたっぷり。

春夏秋冬の行事

淡く儚い桜のもとに集う4月の「桜花祭」、天の川と織姫に想いを馳せる7月の「七夕祭」、満月と音楽の競演を楽しむ9月の「お月見会」、そして11月は年に一度の学園祭「秋のフェスタ」――星ヶ丘洋裁学校には生徒や関係者はもちろん、そうでない人にも開かれている四季と寄り添う行事があります。演奏会、模擬店、お茶席、いろんな分野でものづくりをする人のおはなし会などが毎年異なる趣向で開催され、いつもとは違う和やかな時間が流れるのです。

コロナ禍以降はやむなく中止していましたが、2022年の「七夕祭」では「星の午睡《ひるね》」と題し、青木隼人さんのギター演奏と「咖喱山水」がライブでつくるカレーとのおいしいセッションを開催。11月の「秋のフェスタ」では、生徒たちの力作が廊下にずらりと展示され、「使い切る着るグランプリ」と銘打たれた、服

「七夕祭」では、生徒たちが願いごとを書いた短冊が毎年、白い花のように風に揺れる。

「お月見会」では三方に盛った手づくりの月見団子と、庭で摘んだすすきを月の神様に供える。

「秋のフェスタ」では日頃の成果を展示するほか、布小物やボタンづくりのワークショップも。

づくりで出るはぎれを他のものに生まれ変わらせるコンテストも開催されました。

「お月見の会では、昼間、どんなに雨模様だったとしても夜になると必ず、校舎の上にみごとな月がぽっかりと出るんです。ここにはそういう大切なもの、戦前から長い時間をかけて育まれた自然と、そこに棲む生き物たちが放つ不思議な力があるように思います」と語るのは、ギャラリー担当の新谷和子さん。

年末には皆でお餅つきをして完成した鏡餅を教室に飾り、その後、希望者を募ってしめ飾りも手づくり。清々しい空気のなかで一年を終えます。2月には洋裁学校らしく、こんにゃくに役目を終えた針を刺す「針供養」をおこなうならわしも。

花、月、星といった自然の美しさと、人の手が奏で描き繕う、想像力から生まれる美しさがそっと手をとりあう星ヶ丘の行事。大人になってからはなかなか味わえない手づくりの文化祭ムードを楽しみつつ、来場者にとっては「私も何かつくってみよう」と創作の種子をもらえる場ともなっているのです。

知っておくと便利な
ソーイングの基本

〝洋裁に正解はない〟――星ヶ丘洋裁学校で日々指導にあたる4人の先生方には各得意分野があり、それぞれの考え方や教え方があります。いろんな先生の縫い方や製図の仕方、細かな工夫やテクニックを知ることで、自分なりのつくりやすい方法をぜひ見つけてください。ここで紹介する基礎は、ソーイングのちょっとしたコツを中心としたものですが、作品の幅を広げ、より美しく仕上げるためのヒントにつながれば幸いです。P.64～のVネックの基本のワンピースの作り方にもソーイングのひと通りの流れが載っていますので、合わせてごらんください。

田中佑有子先生

2016年4月より就任。アパレルメーカーや繊維商社でパタンナーとしてキャリアを積んだのち、フリーランスに。本校講師のほか、企業のパターン作成も請け負う。作家として、オリジナル服の展示販売も。

野田奈津美先生

2020年11月より就任。企業でパタンナーとして働くかたわら本校に通いはじめた元生徒で、退職後は田中先生のクラスで学んだのちに講師となる。洋裁学校のクラブ活動「わたの会」の主要メンバーでもある。

坂元孝史先生

2021年2月より就任。パタンナーとしてキャリアを積んだのちに、セコリジャパンスクール関西校でイタリア式パターンを学ぶ。パーソナルトレーナーの資格も持ち、人体の動きを熟知しているがゆえのアドバイスが可能。

岡田直美先生

2015年4月より就任。下着メーカーのデザイナー、社交ダンス用ドレスのアトリエ勤務を経て、本校講師に。作家としても活動し、年に2回、展示販売をおこなう。

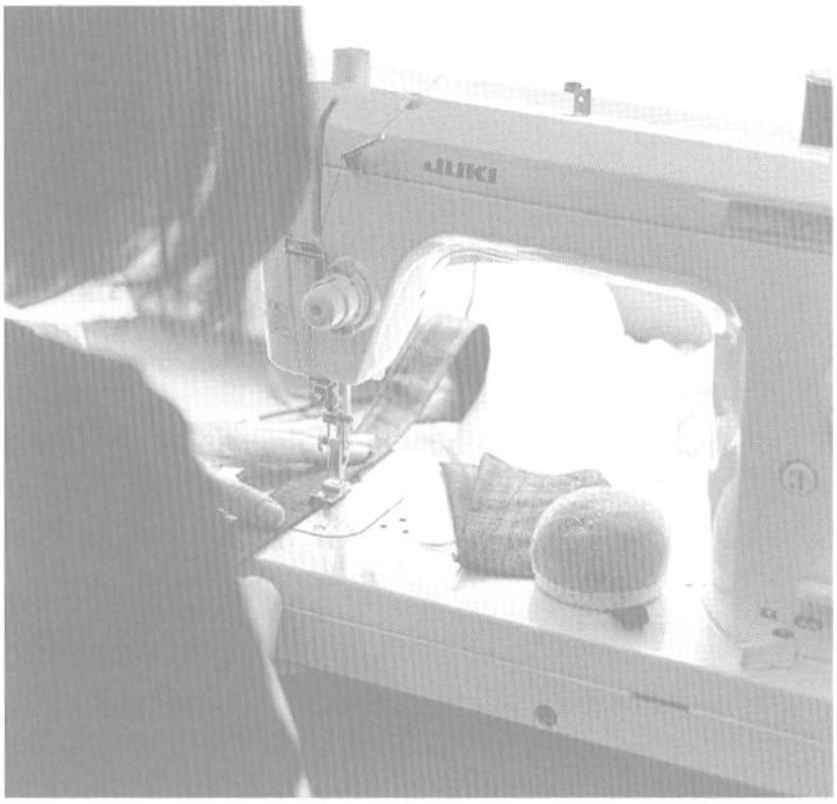
JUKI

●ミシンのこと

学校では職業用ミシンを使っていますが、この本に出てくる作品は、家庭用ミシンで十分縫えます。きれいに縫うためには、「試し縫いをして糸調子を整える」「生地の厚みに合わせ、針の太さを変える」「ステッチ定規を使う」これらのことが大切です。カーブを縫うのが難しいという声をよく聞きますが、縫製工場に勤める人でも縫うときはステッチ定規というアタッチメントを使っています。

カーブも縫いやすくなるステッチ定規

基本のミシン目

細かい
基本
粗い
1.5mm
2~2.5mm
4~5mm

2~2.5㎜が基本の縫い目で、ギャザーなどを寄せるときの粗ミシンは4~5㎜です。目の詰まった布はミシン目がピリつきやすいので、やや細かめが安心です。ステッチのミシン目は好みで決めましょう。また、針の太さは針の番号が大きいほど太い針で厚手に向き、番号が小さいほど薄手にむきます。

糸調子の確かめ方

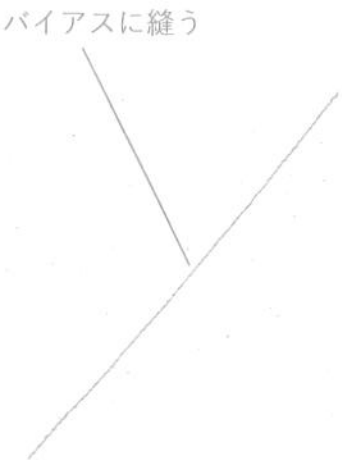
バイアスに縫う

各ミシンの説明書に従って、試し縫いをして糸調子を整えましょう。糸調子の確かめ方として、正方形に生地を割き、その対角を縫うと伸びやすいバイアス部分が縫えるので、糸調子がよくわかります。

●生地の選び方

種類にもよりますが、コットンは生地目が細かく、リネンは比較的目が粗めのものが多いです。伸縮性のある生地はレジロンなどのミシン糸を用いると比較的縫いやすくなります。また、天然繊維の場合、必要に応じて水通しをしましょう。アイロンの温度は、アクリルやポリウレタンは低温、ウールやシルク、ポリエステルは中温、綿や麻などは高温が基本です。

チェックのコツ

10㎝四方にカットした布を斜めに引っぱって形がすぐ戻るものはしっかりした布、戻りにくいものは柔らかく、ギャザーやドレープを使った服に向いています。

ロールカッターも活用

重しを置いて裁断

●裁断の方法

生地の上にパターンを置き、重しをのせて裁断します。まち針でパターンを生地に固定して裁断する方法よりも、ズレが少なく手軽です。バイアス布など生地がゆがみやすい部分は、ロールカッターだと生地の動きが少なくきれいに裁断できます。

チャコペンで丁寧に

慎重派には

重しを置き（❶）、パターンの周囲をチャコペンなどで写し（❷）、重なった上下の布をチャコペンの印より少し内側でまち針で固定して（❸）裁断します（❹）。

●柄合わせのコツ

前後の身頃でそろえたい線を決め、配置します。チェックや大きめの柄などは必要用尺より多めに買うほうが安心です。チェック柄の場合、前後の身頃の脇の一番上の柄の位置をそろえます。ストライプの場合は、前後中心で柄の位置を合わせます。どちらも一例で、どこの柄をそろえたいかによっての好みで決めましょう。

ストライプの場合

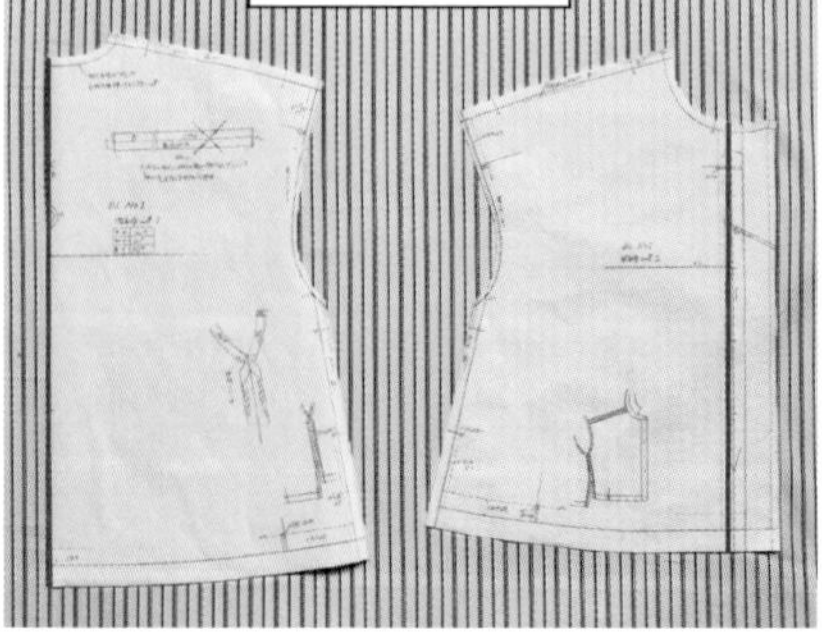

チェック柄の場合

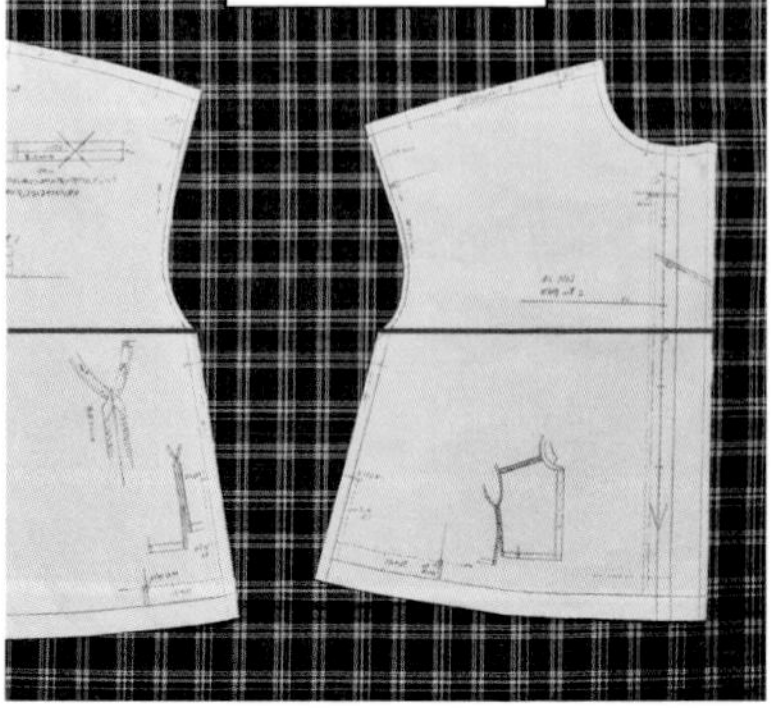

●星ヶ丘洋裁学校で使っている主な道具

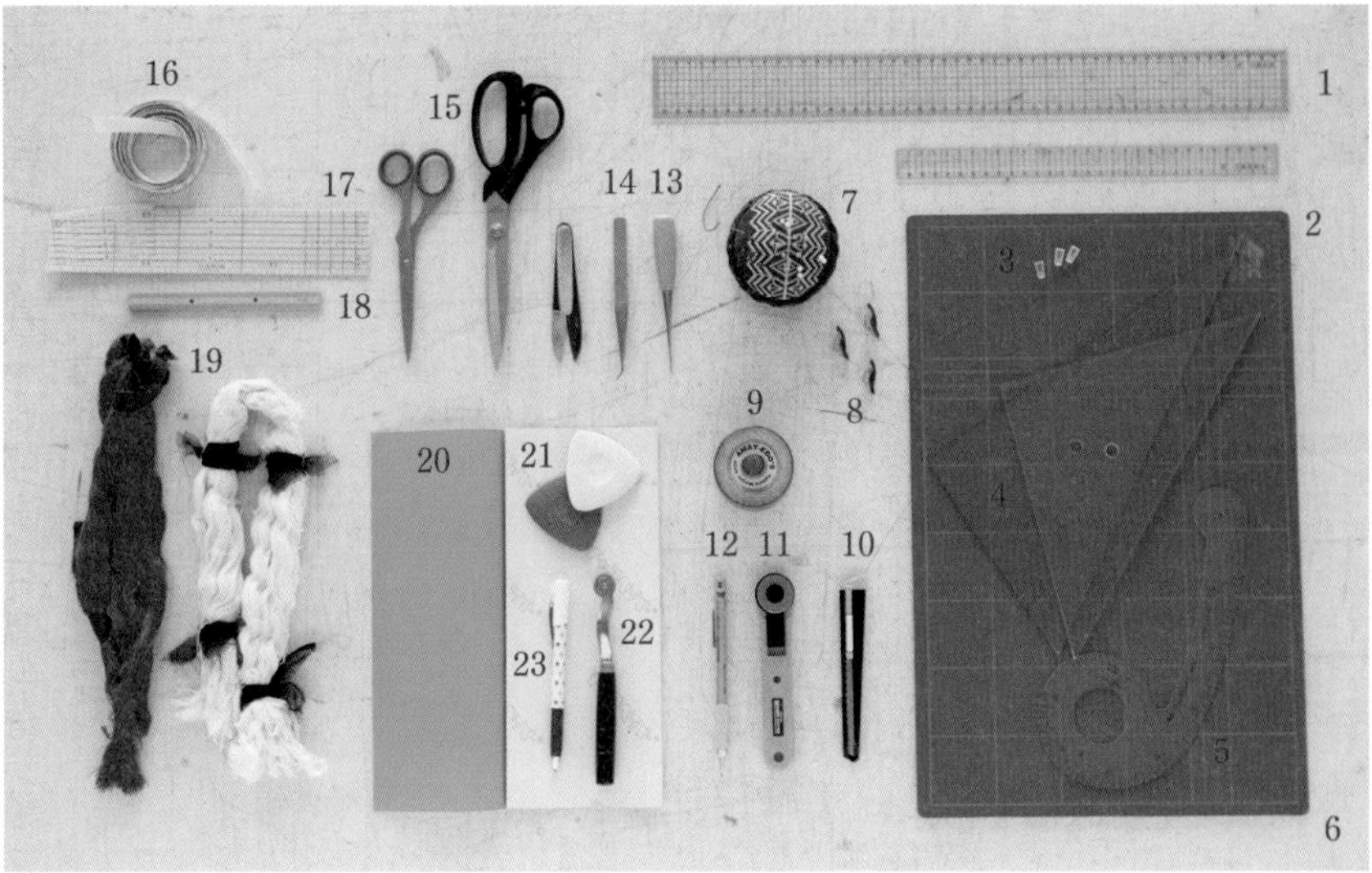

1 方眼定規（50㎝と30㎝） 2 カッティングマット 3 押しピン 4 直角定規 5 カーブ定規 6 厚手の透明ビニールシート 7 ピンクッションと針・まち針 8 仮どめクリップ 9 重し 10 カッター 11 ロールカッター 12 シャープペンシル 13 目打ち 14 ピンセット 15 にぎりばさみ、裁断ばさみ、工作ばさみ 16 メジャー 17 アイロン定規 18 竹定規またはスチール定規（20㎝） 19 しつけ糸 20 チャコペーパー 21 チャコ 22 ハードルレット 23 チャコペンまたはチャコシャープペン

作業台の上にビニールシートを敷くと製図がしやすく、パターンを押しピンで固定できたり、カッティングマットの代わりとしても重宝するので学校の作業台には全てビニールシートを敷いています。

便利な先生たちの道具

スラッシュキルトの糸くず入れ

学校のワークショップでつくった、スラッシュキルトの生地でファブリックボックスをつくり、ミシンの側に置いています。
（野田先生）

万十《まんじゅう》はたたいて使う

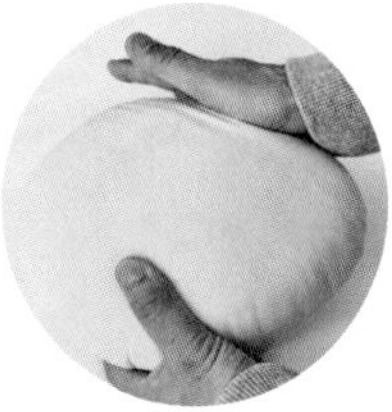

曲線に沿わせてアイロンがけができる万十は、たたくと形状が変えられ、ダーツなどの立体的な部分に一層フィットします。
（坂元先生）

ボビンの保存法

ミシン糸の穴に輪ゴムを2本つないだものを通し、輪ゴムの両端をボビンに引っかけるとセットで保管できます。
（岡田先生）

手づくりのアイロン定規

学校では、5×20㎝ほどの厚紙に5㎜幅で横線を引いたものを作っています。アイロン定規として十分活用できます。
（田中先生）

●接着芯のこと

手に入れば、「加工糸芯」がおすすめです。伸縮性のある基布なので比較的汎用性があります。「織り布」の芯は張りがあるので、衿などしっかり作りたいときに使います。「編み布」は、伸縮性のある布に。「不織布」は型くずれしにくくバッグなどに向きます。生地や貼る部分によって選びましょう。

＼貼り方のコツ／

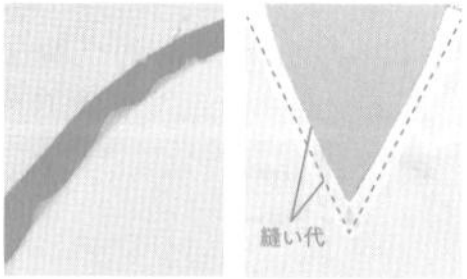

伸び止めテープは、生地目は、ストレート・ハーフバイアス・バイアスがあります。1cmの縫い代なら1.2〜1.5cm幅など、縫い代幅よりやや太めを選び、縫い代端に寄せて貼ります。角の部分は重ねて貼ります。カーブの部分は、なるべく引っぱらず自然に貼ります。

●印つけの方法

＜切りじつけの場合＞

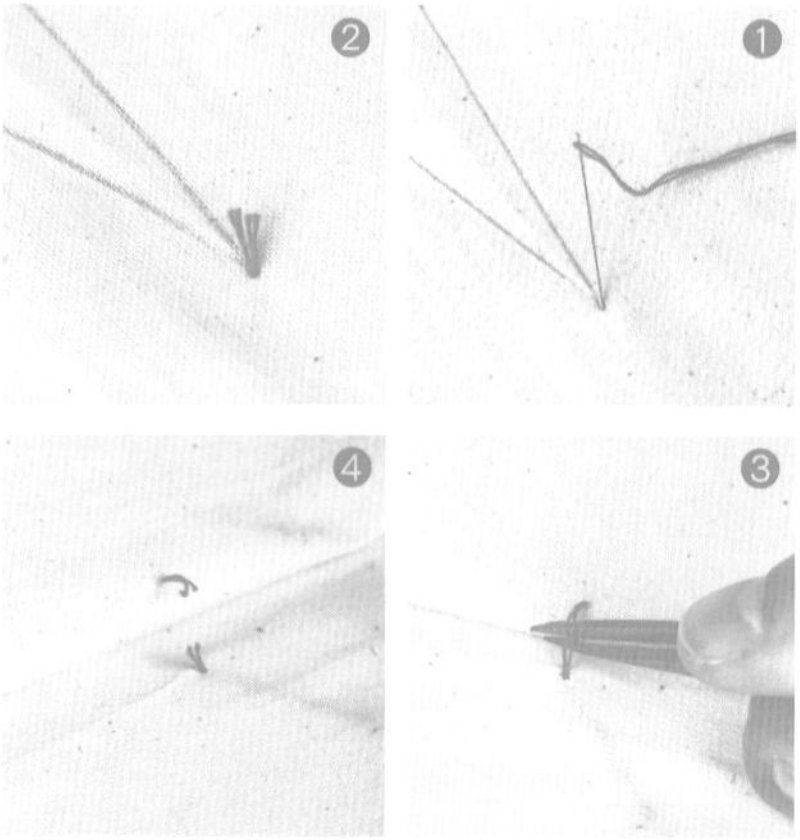

ダーツやポケットつけ位置などにしつけ糸で印をつける方法です。❶しつけ糸を2本どりにして、印をつけたい部分に表布2枚を重ねたまま、糸を通します。❷糸端が表側に残るように指で押さえておきます。❸表側を押さえたまま、内側をめくり、少し糸が渡るように引き出してから半分の位置でカットします。❹裏側の糸端も少し残してカットします。

＜チャコペーパーの場合＞

厚紙を下敷きにし、布地の間に両面チャコペーパーをはさみ、ルレットで出来上がり線をなぞって布地の裏面に印をつけます。

●布ループの作り方

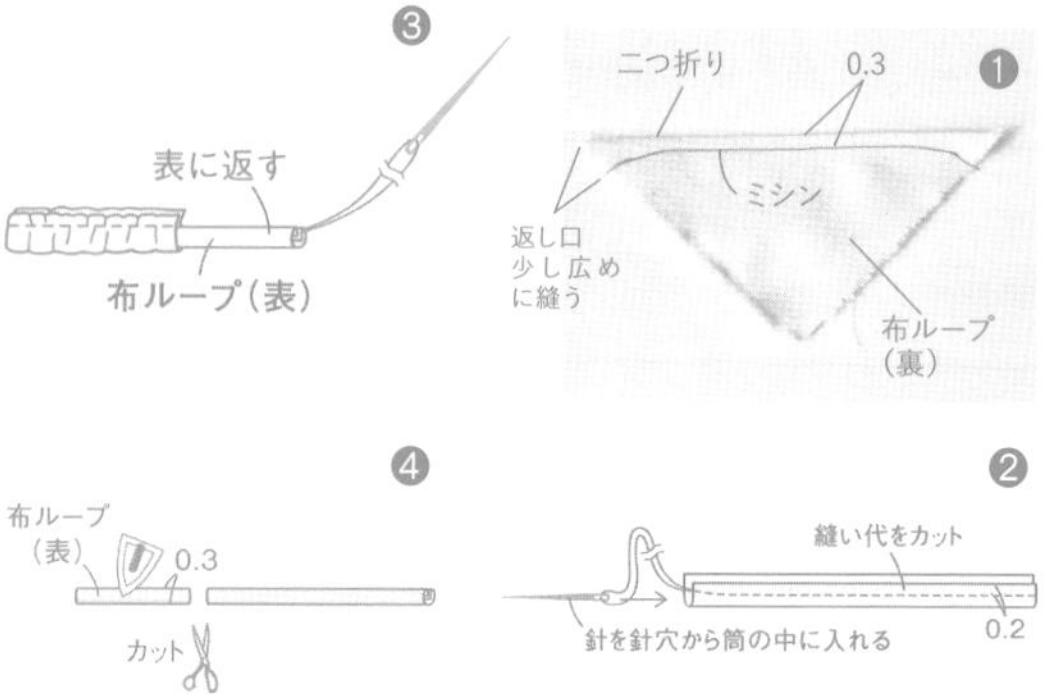

❶布ループは、割いて作った7cm角の正方形の布の対角を中表で二つ折りにし、ミシンをかけます。両側の返し口を少し広めに縫います。❷❸縫い代を0.2cmにカットします。針に糸を通し、2本どりで端に縫いつけます。針を針穴から布ループの筒の中に入れます。針を引っぱり、表に返します。❹アイロンで形を整え、必要な寸法にカットします。

●糸ループの作り方

くさり編みでループを作る方法です。❶2本どりの糸を、裏布の縫い代から針を出し、1、2回縫いとめます。❷〜❺もう一度縫いとめ、糸を引き締めずにループに親指と人差し指を入れます。そこから糸を引き出して引き締め、くさりを作ります。ベルト幅に応じて、繰り返し編みます。❻編んだ糸がほつれてこないように、最後のループに針をくぐらせて引き抜きます。❼ループを渡す位置に1、2回縫いとめます。

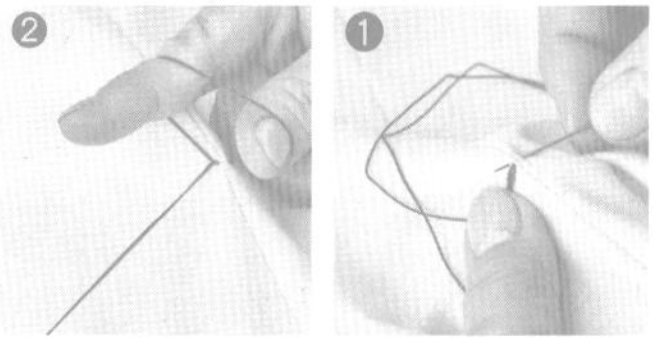
❷
❶

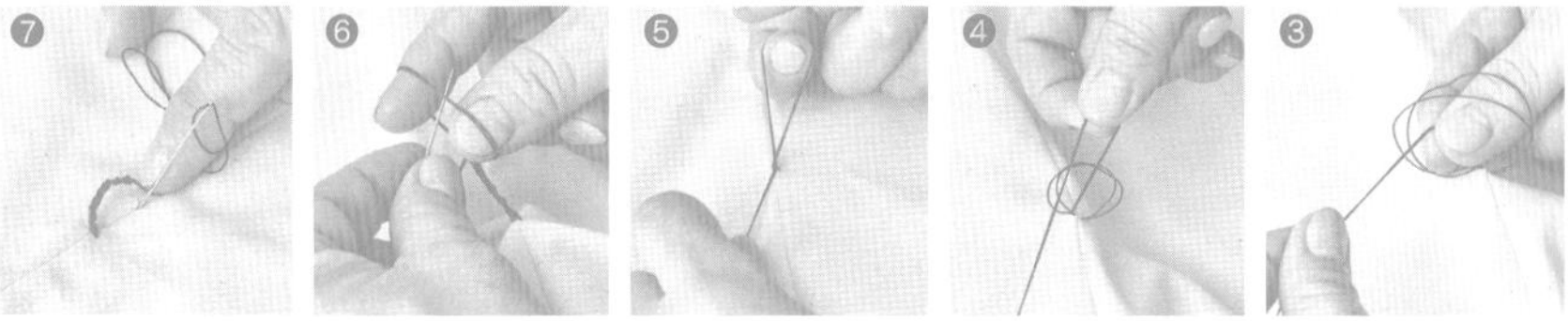
❼
❻
❺
❹
❸

●ボタンホールの作り方

ボタンホールの寸法は「ボタンの直径＋厚み」。横穴のボタンホール位置は、中心線のボタンつけ位置から0.2〜0.3㎝前端側に作ります。

縦穴のボタンホール位置はボタンつけ位置を中心にして作ります。

ハトメ

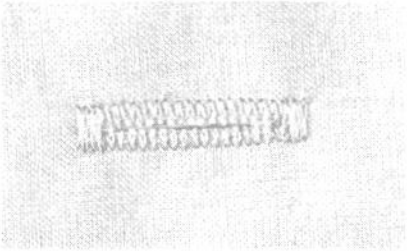
ネムリ（シャツ穴）

安全な穴あけ

ボタンホールはボタンノミであけるのが一番安全です。ボタンノミがない場合は、慎重ににぎりばさみでカットしましょう。

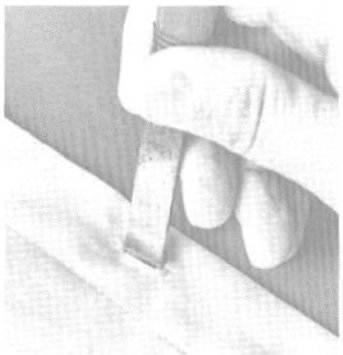

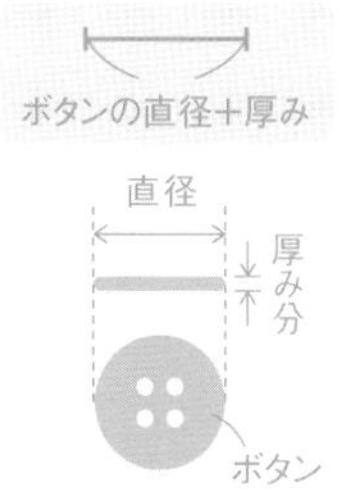
ボタンの直径＋厚み
直径
厚み分
ボタン

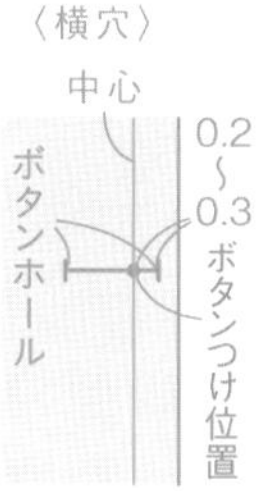
〈横穴〉
中心
0.2〜0.3
ボタンホール
ボタンつけ位置

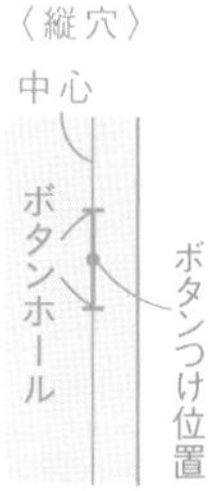
〈縦穴〉
中心
ボタンホール
ボタンつけ位置

●ダーツやベンツの縫い方

生地によってはミシン目がブレてしまいがちなダーツやベンツなどを縫う際は、切りじつけやチャコなどでつけた印に厚紙を横に添え、ガイドにして縫うとまっすぐに縫えます。厚紙を縫わないよう、焦らずゆっくり縫いましょう。

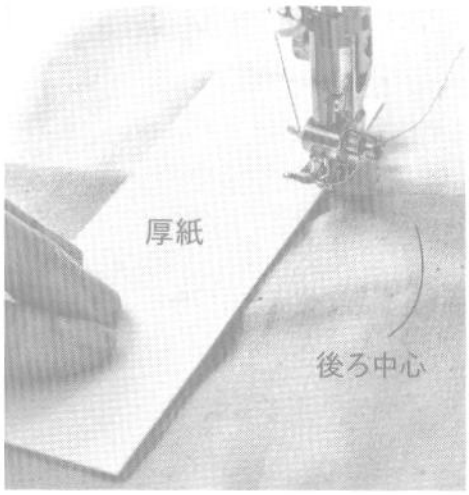
厚紙
後ろ中心
ベンツ

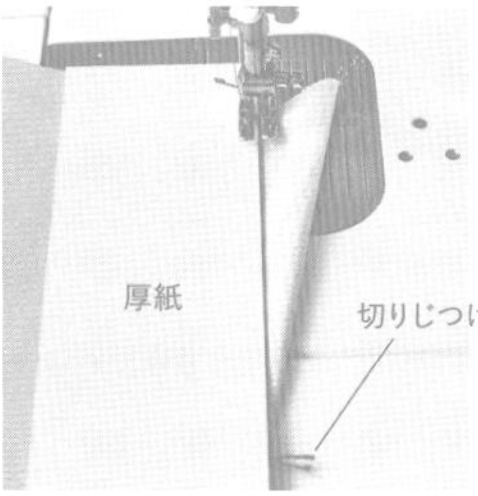
厚紙
切りじつけ
ダーツ

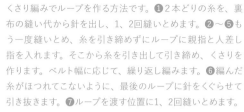

シャツ

半袖にも長袖にもアレンジできて通年楽しめるシャツを、シャツ丈またはワンピース丈、チュニック丈に。衿は、台衿だけにするとスマートな印象。シャツワンピースははおりものとしても重宝します。

□デザイン・パターン制作：イタリア式パターンも研究されている坂元孝史先生

F―ノースリーブシャツ

半袖のシャツは小さめの衿が特徴。ノースリーブでも少し肩に落ち、腕をすっきり見せてくれる絶妙なバランス。さわやかなブルーの生地にランダムな黄色いドットがアクセント。DARUMA FABRICの生地で（how to make→P.96）

G― ウエストリボンのシャツワンピース
H― スタンドカラーのシャツワンピース

Gはヨークをつけて、長袖&ワンピース丈に。難しそうに見えるカフスあきの始末は“いってこい始末”という簡単な方法で。
Hは上衿をとり、**F**の丈を長くした台衿のワンピース。兵庫県西脇市の播州織の生地は、着心地も抜群。
（how to make→P.94、P.97）

1
ショルダーギャザーチュニック

Vあきでギャザーを寄せると、ぐっとドレッシーな雰囲気に。CHECK&STRIPEのドレープの出やすいコットンローン ラミティエの滑らかな生地で。合わせているパンツは、Pre-de天日干しリネンのワッシャー仕上げの生地で快適なはき心地。（how to make→P.98）

学校内にあるソーイングギャラリーの新谷さん（P.47で紹介）のコーディネート。早川ユミさんのモンペにさらりと合わせ、靴はスリッポンでシンプルに。

世代を問わず
着られるデザイン
来年も再来年も
ずっと先まで
繰り返し作って

絶妙な衿ぐりのVあきは、首元をほっそりと美しく見せてくれるカッティング。パターンはギャザー分を切り開いて作ります。Gのヨークや身頃の一部が共通です。P.62ではてんこさんが着用したコーディネートも紹介。世代を問わず似合うデザインです。

卒業生 山田衣さん

洋裁の経験がゼロから学びはじめ、2006年に自身のブランド「山田衣（yamadengoromo）を立ち上げ、現在は生業《なりわい》とする山田さん。何気ないようで、どこか凛とした透明な空気感をまとう服は、生地の素材感や色彩への並々ならぬこだわりから生み出されます。

「ものづくりは好きでしたが、洋裁が仕事になるとは思いもしませんでした。在学中の2005年に『SEWING TABLE COFFEE』の玉井恵美子さんに声をかけてもらい、シャツやジャケットを何枚かつくって、カフェの店内で展示をしたんです。ありがたいことにすべて購入していただき、手応えを感じたのがはじまりでした」

洋裁学校が再開してまもない時期で、パターンは松浦喜美子先生、立体裁断は故・高木道子先生、縫製は同級生で長年縫製工場で働いていた野本勝子さんに、それぞれの得意分野を教えてもらえる恵まれた環境だったとか。

「服づくりのことだけではなく、松浦先生にはお宅へ遊びにいったときに大阪・船場にある生地屋さんに連れていっていただいたり、若い頃に活用されていた資料を譲っていただいたことも。ミシンがけで使う糸はもったいないから余剰分は必ず巻き戻す、なども教わり、それは今でも守っています」

在学中に比翼仕立てで総裏という、少し複雑な作品に挑戦したときのことも印象に残っているそう。

「高木先生とふたりで、紙をああでもないこうでもないと折りながら考え、そのときに先生が『やって、できないことはない』とおっしゃられて。最後に生地を裏返して完成したときは、めちゃくちゃ気持ちよかったです。だから、教科書がなくても、時間はかかるけれど自分で工夫しながらやってみたらできるんだ、というのも、星ヶ丘で学んだことのひとつですね」

ものづくりに関しては厳しくありつつ、愛情深く、惜しみなく。「山田衣」がつくる服の背景には、星ヶ丘で身につけた知識やテクニックはもちろん、世代を超えて手渡された想いもそっと息づいているのです。

2018年からは、ニットの制作もスタート。星ヶ丘で学んだ製図の知識が、ニットにも生かされている。

現在は大阪・北浜の、大川が見えるアトリエで制作をおこなう。リボンタイ風の衿が印象的な白いブラウスは、「SEWING TABLE COFFEE」で初めての展示をしたときから、ずっとつくり続けているもの。イエローのブラウスは白の麻生地を、東大阪の工場で染めてもらったオリジナルカラー。白、イエロー、クリームの3色で展開。

山田衣

https://www.yamadengoromo.com

ソーイングギャラリーのこと

美術作家の故・永井宏さんの発案により、洋裁学校の空き教室を活用した「SEWING GALLERY」がオープンしたのは２００２年秋のこと。ギャラリーより半年ほど先に、裏庭にある納屋を改装した喫茶「SEWING TABLE COFFEE」が開店しており、その名付け親となったのが永井さんで、ギャラリーにも人と人とを繕う場になれば、という想いが込められました。

「誰にでも表現やものづくりはできる」という永井さんの考え方が学園の進む方向性と一致し、洋裁の技術だけではない創造の種子を発信する場として、小さくて大きな一歩を踏み出したのです。

当初は洋裁学校とは独立した事業として、永井さんの呼びかけで集まった、約10人ほどのスタッフで運営することに。各自が仕事の合間を縫って活動するという、ボランティアのような形態だったといいます。設立から6年間、代表を務めた中島恵雄さんによると、「当時、僕は中学校の非常勤講師として理科を教えており、作家さんとのつきあいもなかったですし、ギャラリーって何をする場所なのかすらわかっていませんでした。そこで、僕と園長と、喫茶の玉井恵美子さんの3人で大阪のギャラリーをあちこち、巡ったりしましたね。資金もないのでサポーター制度のような仕組みをみんなで考え、オリジナルのTシャツを購入していただくことで設立・運営資金に充てることに。永井さんは、『スケジュールに空きをつくらないこと』『お客さんにお茶を出すこと』『真ん中に大きなテーブルを置くこと』……と常にこまやかなアドバイスをしてくださっていました」

2008年末で、初期の体制とスタッフによる運営はいったん終止符を打ちましたが、その求心力は大きく、近隣はもちろん遠方からも多くの人が足を運び、懐かしく新しい、特別な場所として全国に知られるようになりました。

「星ヶ丘にいた時間そのものが、あの頃の思い出のすべて。展示をきっかけに人

2002年、改装工事は園長先生を筆頭に、ギャラリースタッフが有志で集まり、夜を徹してオープン日の朝まで続けられた。

洋裁学校の外壁や廊下に、現在も残るギャラリーの看板は、改装に関わった初期メンバーの手づくり。

現在は「アトリエナルセ」ブランドデザイナーとして活動する成瀬文子さんが、前身のバッグブランド「クルール」として2003年に開催した展示の様子。

と人が出会い、そしてまた新しい何かが生まれてゆく、という体験は僕らにとって得がたいものになったと思っています。実は代表になって3年目に、教職の常勤になる話があったのですが、悩んだ末に辞退しました。妻ともここで出会いましたし、現在の仕事も結局は、ギャラリーで取り組んでいたことの延長にあります」

2009年からは、星ヶ丘学園が運営するスペースとなりましたが、名称もスピリットもそのままに受け継がれています。2019年春には、生徒数が増えてもうひとつ教室があったほうがよいという判断から、母屋の和室に引っ越すことに。縁側、畳敷きの座敷、庭園という、暮らしのなかの美を感じられる空間として生まれ変わりました。現在は設立当初からこの場所で個展を開いたり、「絵画教室」を主催している新谷和子さんが担当者になっています。

「SEWING GALLERY」の想いを象徴する公募展「繕いの便り展」は、母屋に移った現在も開催され、２０２３年で21回目を迎えました。参加者はオリジナルのポストカードを作成し、来場者は気に入った作品をその場に設置されたポストから投函できる趣向で、世界のどこかで便りを受け取った人もまた、糸で繕われるようにつながることができるのです。

誰しもに開かれた場所であり、心地よい風が吹く「SEWING GALLERY」。今後も訪れる人をアートという言葉を前にしたときの気負いから解き放ち、自分なりの表現に向かう勇気を与えてくれることでしょう。

「SEWING TABLE COFFEE」店主の玉井健二さんが2009年に旧ギャラリーでおこなった展示「Play with Ships」。洋裁学校の廃木材を使い、2008～2009年に１日１艘と決めて制作した船をずらりと並べた。

2022年7月、布作家の早川ユミさんによる『土着のフォークロア 土を着る展』を開催。ギャラリーでの作品展示を中心に、タイのナムプリック（野菜ディップ）を手づくりして生春巻を味わう「畑ごはんの会」や、野生パンツをつくる「ちくちくワークショップ」も好評を博した。

2022年の「桜花祭」で開催された、イラストレーターのくまざわのりこさんによるお茶遊び「花の宿」。2005年より桜の下での野点にはじまり、食堂、2019年からは母屋のギャラリーと場所を変えながら続いてきた。お茶券代わりに園長先生が焼いたしずくの形の陶器が手渡され、参加者が桜を浮かべたガラス器の水に沈める趣向。くまざわさんのお茶を点てるときの名が、“泪《なみだ》”だったことから生まれたアイデア。水中にはこちらも園長先生お手製の陶人形“お涙様”が置かれ、頭上に花が浮かぶ。涙のしずくを沈めることで悲しみを癒し、春からの日々をしあわせに過ごしてほしい、という願いが込められている。

水彩画家としても活躍するギャラリー担当の新谷さん。本書の学園見取り図、本体表紙の絵も手がけた。

コロナ禍中の開催ということもあり、お菓子には八重桜をイメージした紙の帽子をかぶせて提供。

原点に還る、「わたの会」

２０２２年２月に発足した「わたの会」。学園の恒例行事「秋のフェスタ」の２０２１年のテーマが〝ものづくりの原点〟だったことから、「つちや織物所」の土屋美恵子さんを招き、実演をまじえた「おはなし会」を開催。参加者が私たちもやってみたい！　と盛り上がったことがきっかけとなり、以前からあった「ハーブの会（星庭の会）」の活動が名称を改め、洋裁学校のクラブ活動として引き継がれることになりました。

園内の畑で育った、かごいっぱいの白やブラウンのふわふわしたコットンボールは、思わずふれてみたくなる愛らしさ。衣服も自然の賜物なのだと教えてくれます。乾燥後は種と繊維を選り分ける「わた繰り」などの作業を経て、根気よく紡がれ、同じく畑で育てた藍やマリーゴールドで染色を。

星ヶ丘は不思議なことに、機織《はたお》りの名手とされる織姫ゆかりの地。かつては河内木綿の産地でもあったといいます。いつか学園で育ったわたから美しい布が織り上がることを目指し、「わたの会」の夢は広がります。

乾燥させたわたを種と繊維とに選り分ける「わた繰り」といわれる作業。江戸時代の文献にも登場する、伝統的な方法だそう。洋裁に欠かせない生地、生地が織られる糸、そして糸の原料となるわたと、ふだんは忘れがちな原点を見つめ直すことになった。

2022年の「秋のフェスタ」では、手づくりのスピンドルを使って糸を紡ぎ、その糸をあしらった「くるみボタンのブローチ」をつくるワークショップを開催。お気に入りのはぎれを持ち寄り、手紡ぎ糸で愛らしい模様を刺しゅうした。

夏には、学園で育てた藍の生葉染めをおこない、紡いだ糸のほか、トワル用の生地なども染色。晴れた日の空のような、明るいブルーに染め上がった。藍を採取するときに紫蘇もたくさん採れたため、てんこさんが紫蘇ジュースを手づくりし、ふるまったそう。

パンツ

春から秋にかけて、てんこさんがワンピースの下によくはいているパンツをベースに考案。アンダーパンツとしてだけでなく、ボトムとしても着やすいように3つのアレンジで作っています。

□デザイン・パターン制作：初心者向けの詳しくわかりやすい解説が人気の岡田直美先生

J─てんこさんのワイドパンツ

K─ギャザープルオーバー

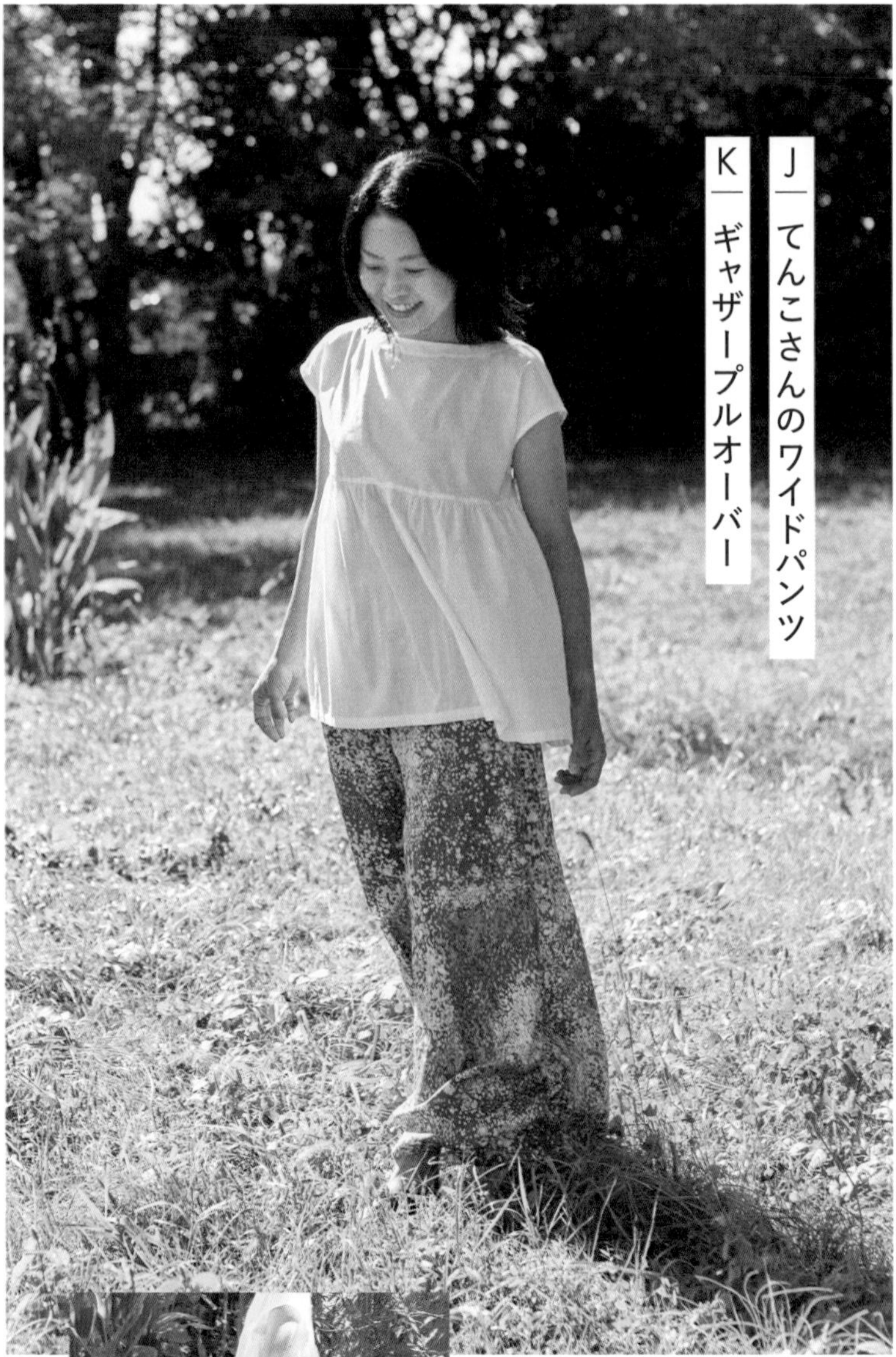

Jはてんこさんが、繰り返し作っているパンツを参考に。フレアな裾で、夏は涼しく。ワンピースと重ねて着てもほどよいバランス。**K**はワンピースアレンジのプルオーバー。肌触りのいい、生地の森のコットンローンソフトワッシャーでさらりと着られます。

（how to make→P.91、P.101）

L — ほっそりワイドパンツ

Jのパンツをベースに少し細身にしたタイプ。パッチポケットがポイントに。少し張りと光沢のある生地で作ると、きれいめな雰囲気に。CHECK&STRIPEのよそいきのハーフリネンを使って。

(how to make→P.101)

M — ラップスカート風パンツ

Lの細身パンツのフロント部分にスカートをつけたパンツ。女性らしいシルエットと動きやすさが合わさったアイテムで、自転車でのお出かけにもぴったり。DARUMA FABRICのSoilから鮮やかな赤を選んで、Tシャツスタイルの主役にも。

(how to make→P.103)

コート

裏地なしで作れるコートは、以前学校のワークショップで作ったものを本書のために再デザイン。袖は、シンプルな1枚袖と、腕のラインに沿い立体的な2枚袖のタイプが選べます。

□デザイン・パターン制作：アパレル企業のパタンナーとしても活躍する田中佑有子先生

Nはノーカラーでボタンもなしのさらっとはおれるコート。胸元でラペルのように見える前合わせの部分は、ブローチでとめても素敵です。**O**はてんこさんが好きなタイプのジレ。P.61では無地のタイプをてんこさん着用で紹介。
(how to make→P.105、P.106)

P
フードコート

リラックスした雰囲気のゆったりとかぶれるフードつきのタイプは、男性にも似合うデザイン。外袖と内袖のある２枚袖は動きやすく、ウールなどの素材でもしっくりきます。生地の森の平織りのリネンウールはグレーパープルの色味がとても上品。
（how to make→P.108）

O　てんこさんのジレ

いつもおしゃれな園長先生にも、**O**のジレをはおっていただきました。ベーシックな装いが、どこかアーティスティックな表情に。ゆったりしたサイズ感と、いつもの服にさりげなく馴染むデザインは、男性にも似合うので贈りものにもぴったりです。

(how to make→P.106)

Q — Wボタンコート

Qは前合わせをしっかりつくって、少し肌寒い日にも対応。シームポケットタイプにアレンジしています。風合いのよい播州織の生成りのリネン生地は学校でも生地を販売してくださっている、染工房・色草紙 藤原真由美さんの工房のもの。（how to make→P.107）

てんこさんのおしゃれ

装いの仕上げは、手仕事でつくられたブローチ。奥2つは絹糸をドーナツ状に巻いたものと、日本古来の絽刺し。木片や天然石など、自然の美しさを生かしたものにも惹かれるそう。

ワードローブに、既製品は少ないというてんこさん。ここ20年ほどは旧知の仲である、野本勝子さんとつくるお仕立て服が中心に。黒のワンピースに同色のジレを重ね着することでニュアンスを出したり、サイドに足し布をすることで風に揺れるワンピースなど、各アイテムにつくり手側ならではの視点が生きています。

「若い頃は派手な色柄も好きだったし、体力もあるから見た目重視で、少し窮屈だったり、重い素材もいとわず着ていましたが、年齢とともにゆったりとしたシルエットで着心地のよい自然素材の服が好みに。若い人の服でも、いいなと思うデザインは今の私の体型に合うよう、ディテールを変えつつ取り入れることも」

色味はダークトーンが基本で、華やかさを出したいときはスカーフや小物をプラス。デザインと素材がぴったりと合うことも大事で、過去には失敗もしながら、ようやく自分らしいと思えるものができるように。コートの裏地に鮮やかな色の生地を使うなど、見えない部分へのこだわりも。てんこさんの装いには、ハンドメイドならではのよさがたっぷりと詰まっていました。

〇一 てんこさんのジレ

装いにニュアンスが生まれ、お腹まわりのカバーにもなるロングジレは、てんこさんの定番アイテム。カラーは黒がほとんどで、さまざまなデザインのものをつくっています。下にワンピースや、ロングTシャツを合わせて重ね着するので、薄手の生地でつくることが多いとか。
(how to make→P.106)

夏

I — ショルダーギャザーチュニック
J — てんこさんのワイドパンツ

ショルダーギャザーによるドレープがきれいなワンピースに、夏向きの涼しげな薄手の生地で、一般的なサイズよりもやや太めに仕立てたワイドパンツを合わせて。nani IROのアートな水彩模様が、装いに華を添えてくれます。
(how to make→P.98、P.101)

秋

D — てんこさんのワンピース
Q — Wボタンコート

フレアタイプのワンピースに、ダブルボタンのコートをはおって。淡いすみれ色のワンピースは、生地の森の上質なベルギーリネン。生成りのコートならどんな色柄の服にも合わせやすく、少しずつ肌寒くなる時季に1枚あると重宝。
(how to make→P.89、P.107)

冬

P フードコート

軽くてあたたかなフードコートの下は、シンプルな黒のワンピース。ボトムにはスリムパンツを合わせるのが冬の定番。スカーフも冬に欠かせないアイテムで、お姉さんが手染めしたシルクのものや、旅先で求めたものなどたくさんコレクション。(how to make→P.108)

春〜夏

てんこさんのワンピースの元

「**D**てんこさんのワンピース」のデザインのベースとなった2着です。ほどよい袖の長さと首まわりのあき具合、ゆったりしたフレアのラインがお気に入り。サイドの足し布部分には違う色や素材を合わせたり、墨でさっと描いたような柄にしたりと、遊び心をプラスすることも。

A　Vネックの基本のワンピース

この作品では、ていねいに縫うためのひと通りの縫製工程を紹介します。他の作品を作る際の参考にしてください。

photo／P.12　製図／P.70

[材料] ※左からS／M／L／LLサイズ
表布（nani IRO　Lei nani　薄手リネン　ブルーグリーン）… 110㎝ 幅 2m60㎝／2m60cm／2m80㎝／2m90㎝
接着芯…90㎝ 幅 30㎝
伸び止めテープ…1.5㎝ 幅1m10㎝

[出来上がり寸法] ※左からS／M／L／LLサイズ
バスト…107／111／115／119㎝
着丈…103.8／106.8／109.8／112.8㎝
着丈 ... 48.6／49.3 ／50／50.7㎝

P.69下欄、P.70を参照し、ハトロン紙に製図をします。製図をした後、裁ち合わせ図に記載の縫い代をつけ、パターンを作ります。

裁ち合わせ図

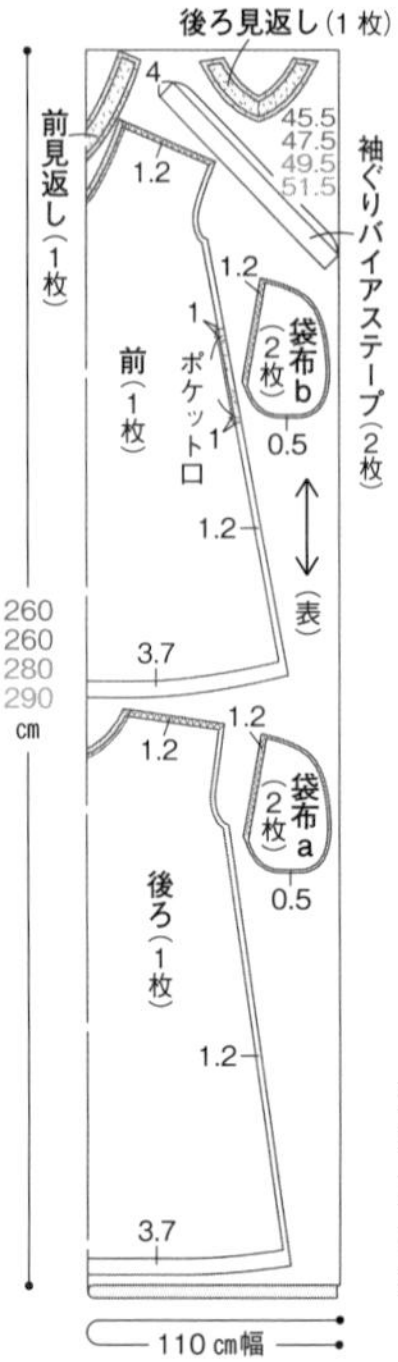
後ろ見返し（1枚）
前見返し（1枚）
4
45.5
47.5
49.5
51.5
袖ぐりバイアステープ（2枚）
1.2
前（1枚）
ポケット口
袋布b（2枚）
0.5
（表）
260
260
280
290
㎝
3.7
袋布a（2枚）
後ろ（1枚）
110㎝幅

※指定以外の縫い代は1㎝
※ ▒ は裏に接着芯を貼る
※ ⋁⋁⋁ 縫い代にロックミシンをかける
※数字は上からS／M／L／LLサイズ
※袖ぐりバイアステープは裁ち合わせ図の寸法で直接布をカットする

① 身頃の肩を縫う
② 見返しを作る
③ 見返しをつける
④ 袖ぐりを裏バインダー始末で縫う
⑤ 身頃の脇を縫い、ポケットを作る
⑥ 裾を三つ折りにして縫う
⑦ 袖ぐり下に縫い代とめミシンをかける

準備

裁ち合わせ図を参考に、生地にパターンを配置し、裁ちばさみでカットする。見返しに接着芯、ポケット口、前衿ぐり、後ろ衿ぐりに伸び止めテープを貼る。裁ち合わせ図を参照して、肩、ポケットの脇にロックミシンまたはジグザグミシンをかける。

① 身頃の肩を縫う

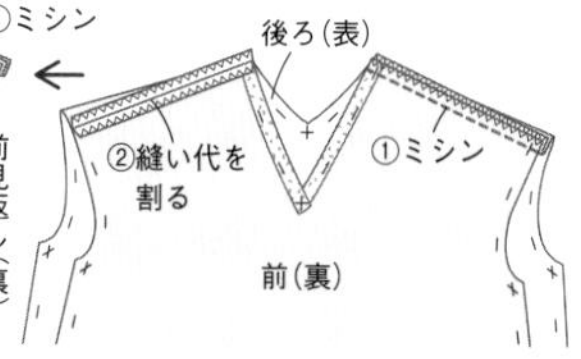

後ろ（表）
②縫い代を割る
①ミシン
前（裏）

② 見返しを作る

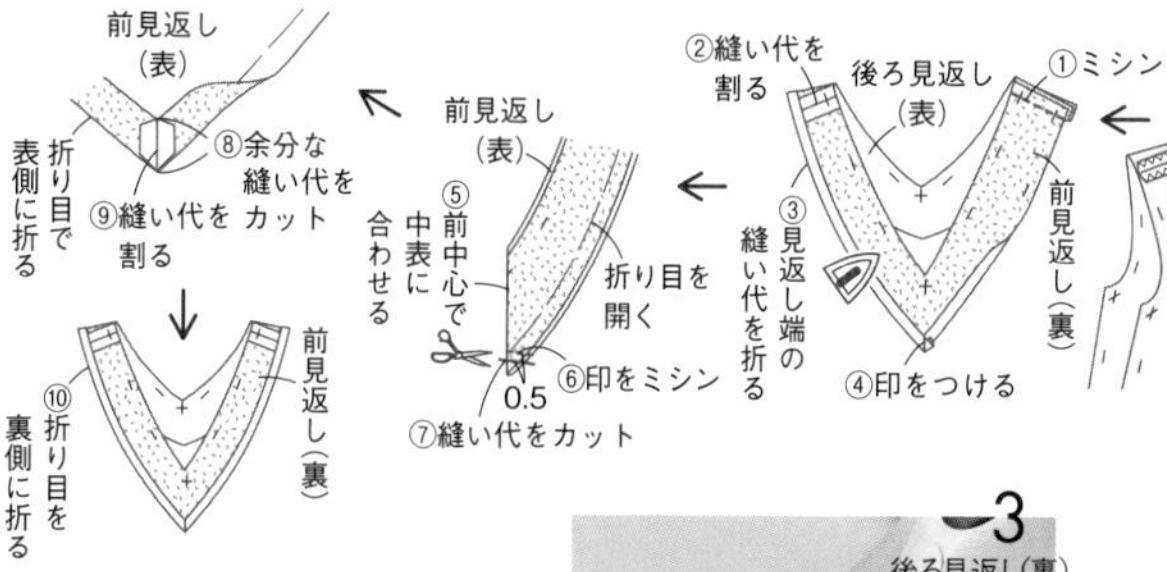

①ミシン
②縫い代を割る
後ろ見返し（表）
前見返し（裏）
③見返し端の縫い代を折る
④印をつける
前見返し（表）
⑤前中心で中表に合わせる
折り目を開く
⑥印をミシン
0.5
⑦縫い代をカット
前見返し（表）
⑧余分な縫い代をカット
⑨縫い代を割る
折り目で表側に折る
⑩折り目を裏側に折る
前見返し（裏）

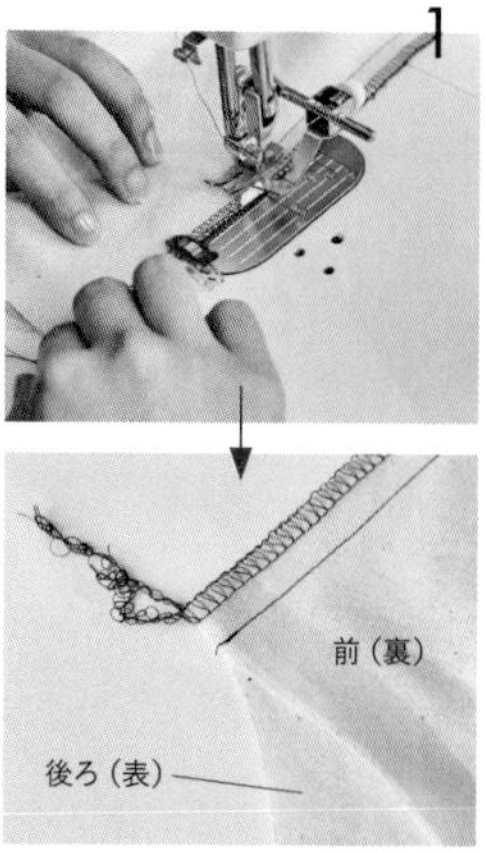

1
前（裏）
後ろ（表）

ワンピースの前後身頃の肩を中表に合わせ、仮どめクリップまたはまち針で固定し、出来上がり線を縫う。縫いはじめと縫い終わりは返し縫いをする。

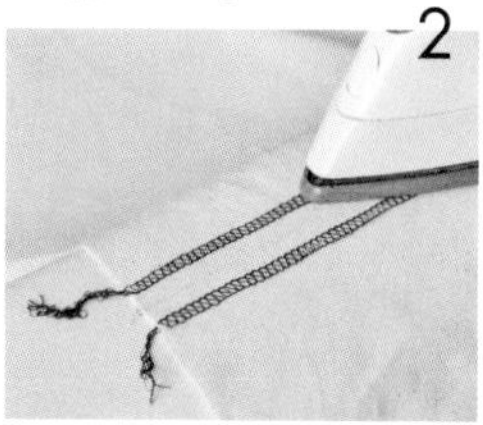

2

縫い代を割り、アイロンをかける。

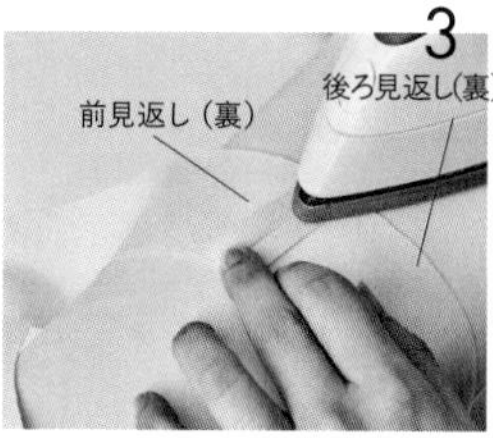

3
前見返し（裏）
後ろ見返し(裏)

前後見返しの肩を中表に合わせて縫い、縫い代を割り、アイロンをかける。

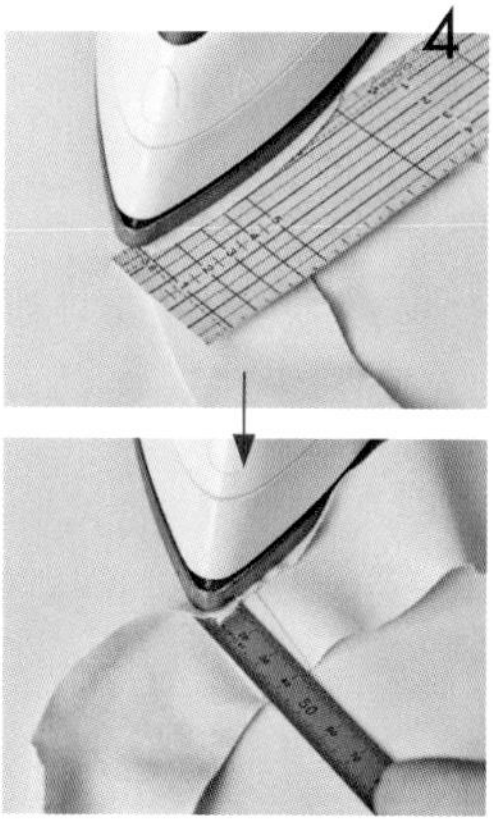

4

見返し端の縫い代を折り、アイロンをかける。面積の広い部分はアイロン定規を使い、細部は竹定規またはスチール定規を使うときれいに仕上がる。

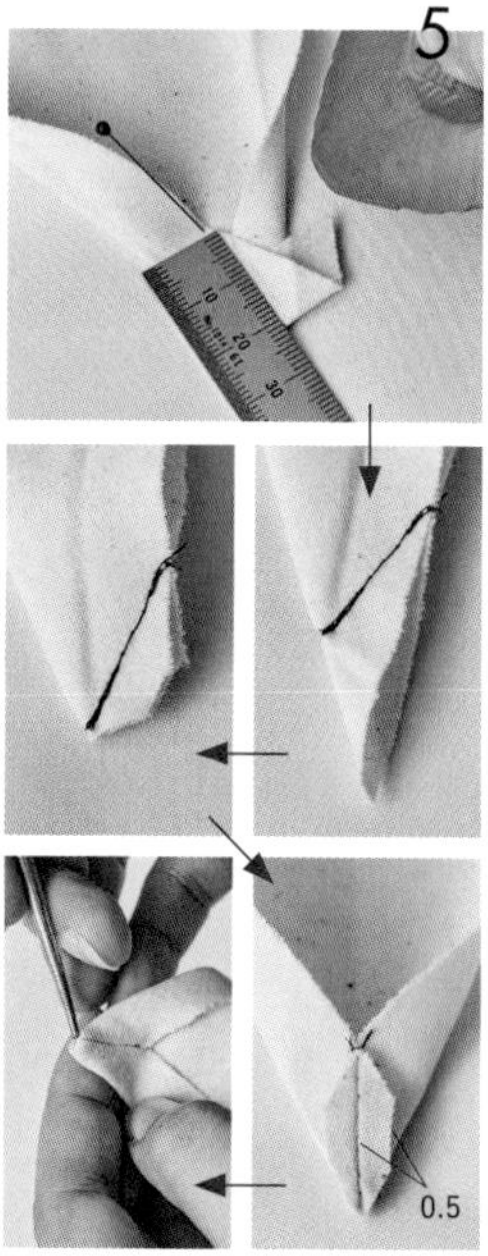

5
0.5

写真のように先端を折り、チャコで印をつける。見返しの先端を中縫いし、縫い代をカットする。折り目を裏側に返し、目打ちを使ってしっかり角を出す。

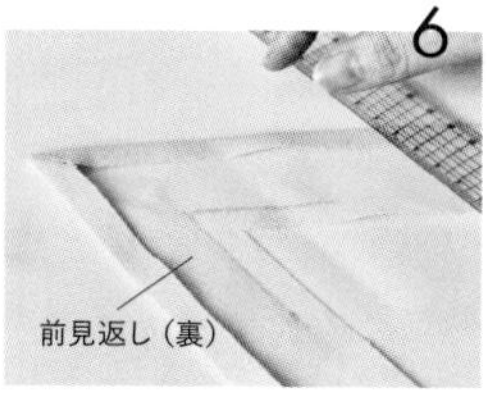

6
前見返し（裏）

見返しの角の部分にチャコで出来上がり線の印をしておく。

ロックミシンの糸始末

ロックミシンの糸端を輪に折る。輪の先をとじ針に通し、縫い目に2㎝ほど通してカットする。

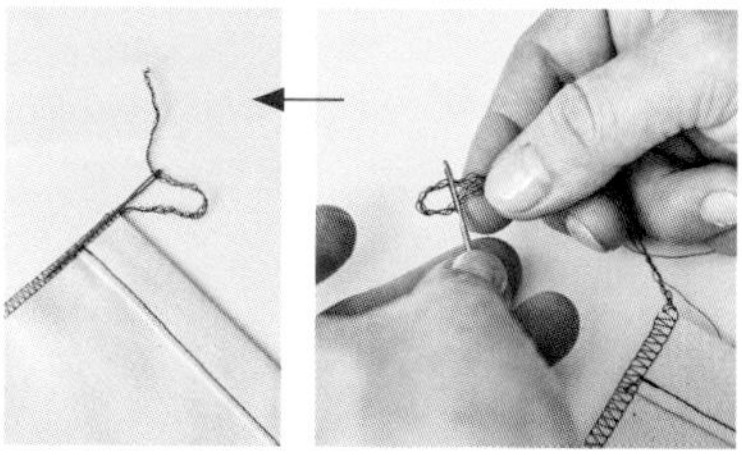

③ 見返しをつける

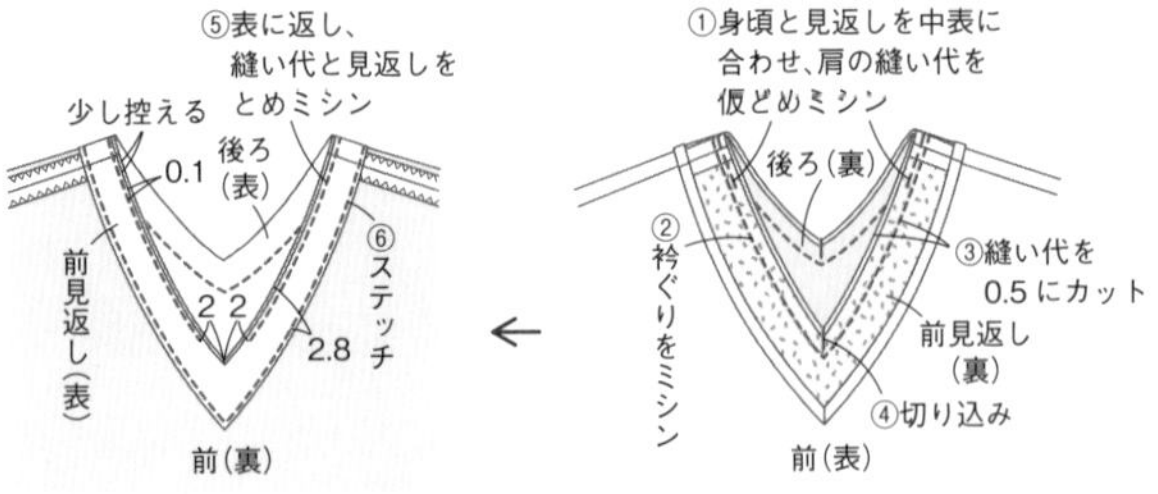
⑤表に返し、
縫い代と見返しを
とめミシン
少し控える
0.1
後ろ
(表)
前見返し(表)
2 2
2.8
⑥ステッチ
前(裏)
①身頃と見返しを中表に
合わせ、肩の縫い代を
仮どめミシン
後ろ(裏)
②衿ぐりをミシン
③縫い代を
0.5にカット
前見返し
(裏)
④切り込み
前(表)

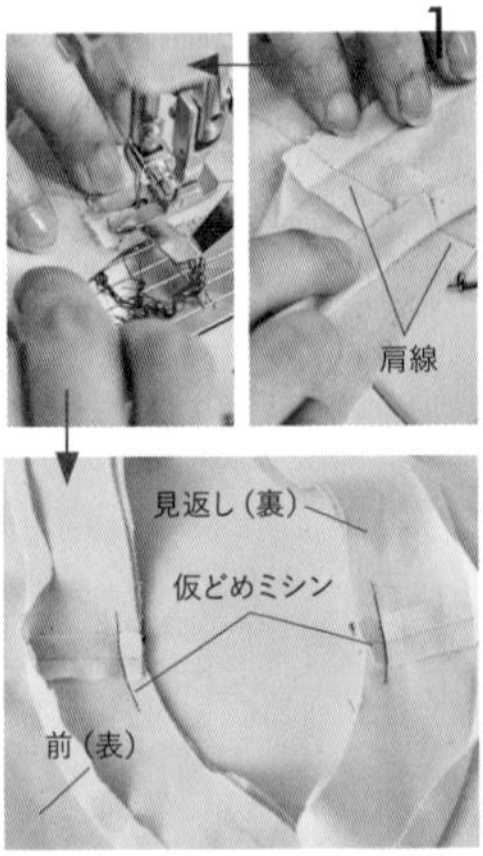
1
肩線
見返し(裏)
仮どめミシン
前(表)

ワンピースの肩と見返しの肩を中表に合わせ、衿ぐりの縫い代を2cmほどミシンで仮どめする。

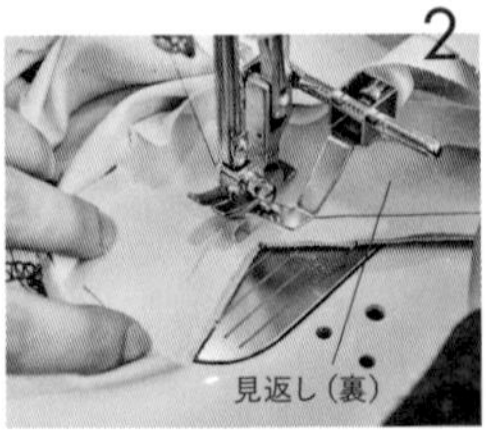
2
見返し(裏)

衿ぐりを一周縫う。角を縫うときは、ミシンのはずみ車で手回しにし、先端に針を落とす。

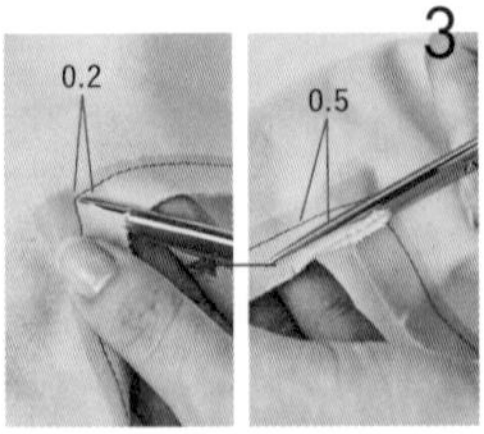
3
0.2
0.5

縫い代を0.5cmにカットし、前中心と後ろ中心の角に切り込みを入れる。

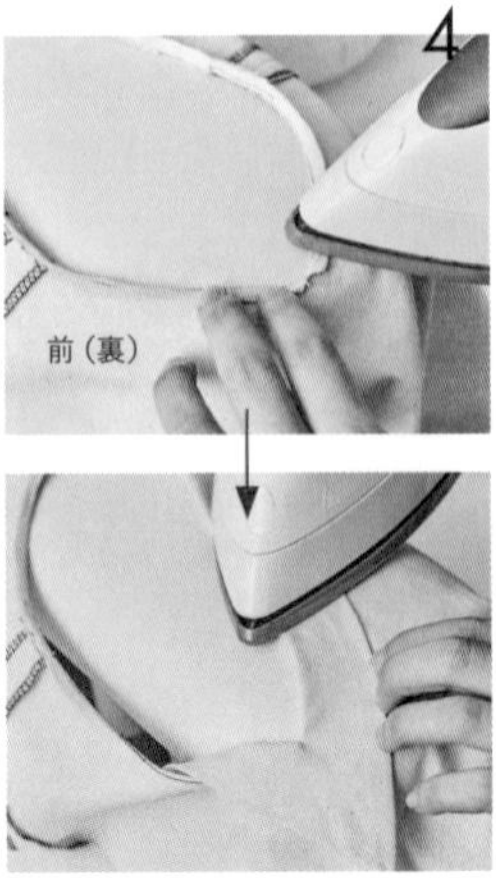
4
前(裏)

カットした縫い代をアイロンで折り、衿ぐりの見返し側を少し控えてアイロンで返す。

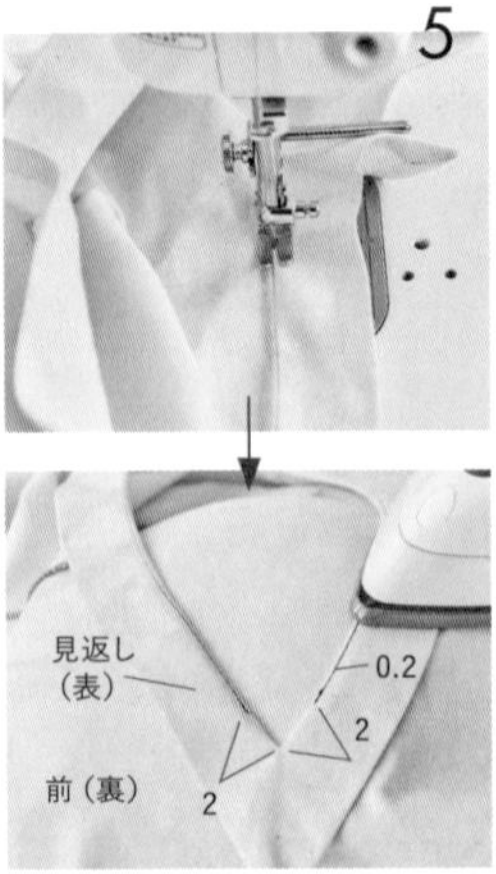
5
見返し
(表)
0.2
2
2
前(裏)

前衿ぐりの角2cmほどあけて見返しと縫い代をステッチで縫いとめる。アイロンをかける。

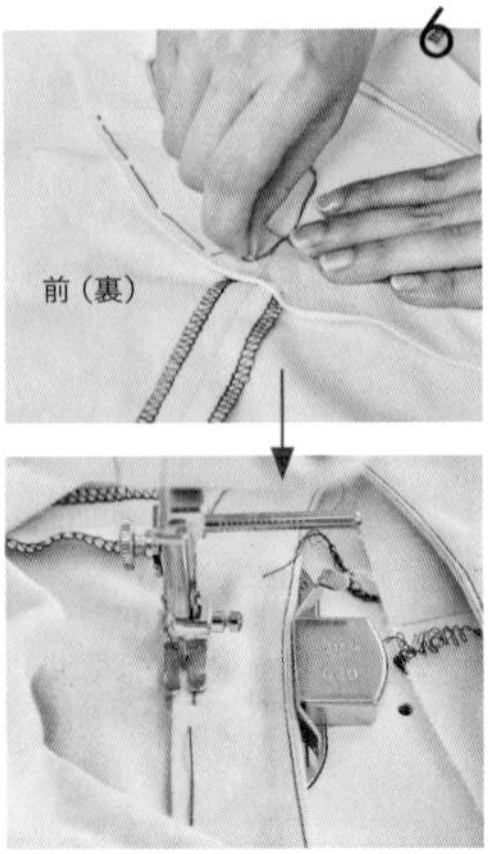
6
前(裏)

見返し端をしつけで縫いとめ、ステッチ定規を使い、衿ぐりから2.8cmにステッチをかける。

④ 袖ぐりを裏バインダー始末で縫う

（裏バインダー始末→下記参照）

1

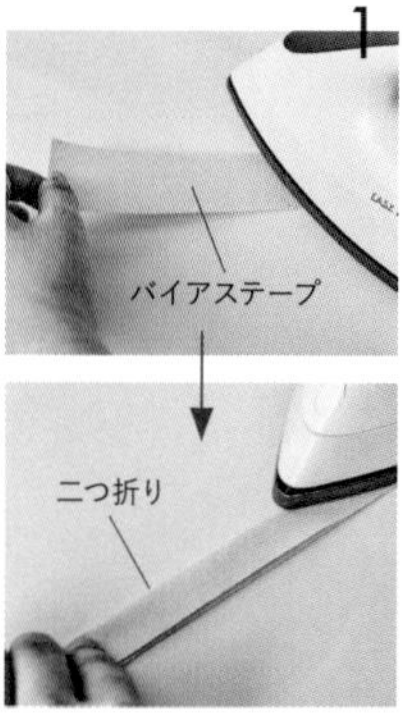
バイアステープ
二つ折り

下欄を参照してバイアステープを作る。袖ぐりのカーブに縫いつけるので、軽くバイアステープを伸ばし、二つ折りにする。

2

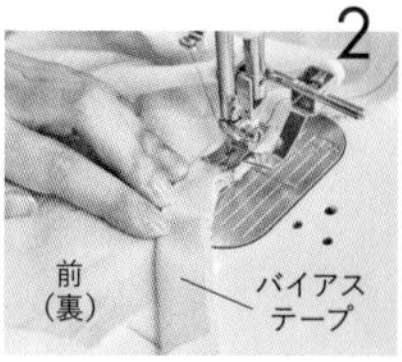
前
（裏）
バイアス
テープ

ステッチ定規を使い、袖ぐりに裏バインダー始末で縫いつける。

3

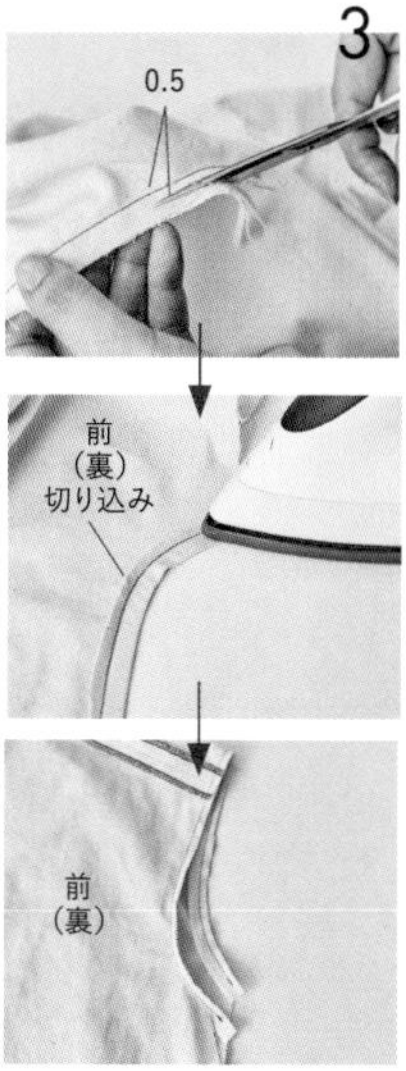
0.5
前
（裏）
切り込み
前
（裏）

縫い代を0.5cmでカットし、カーブには切り込みを入れる。アイロンでカーブをなじませ、裏に返す。

4

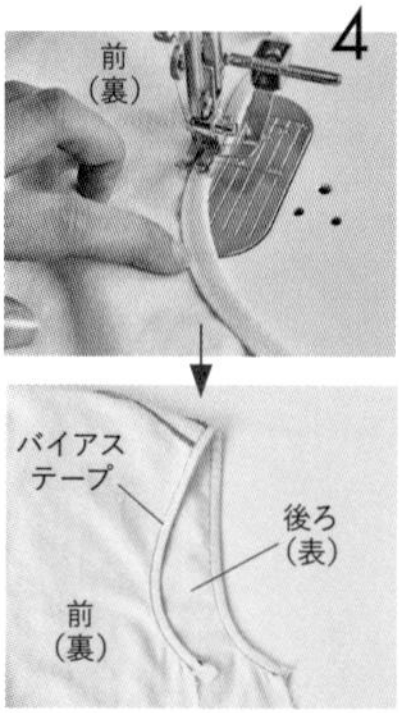
前
（裏）
バイアス
テープ
後ろ
（表）
前
（裏）

ステッチ定規を使い0.8cmでステッチをかける。

5

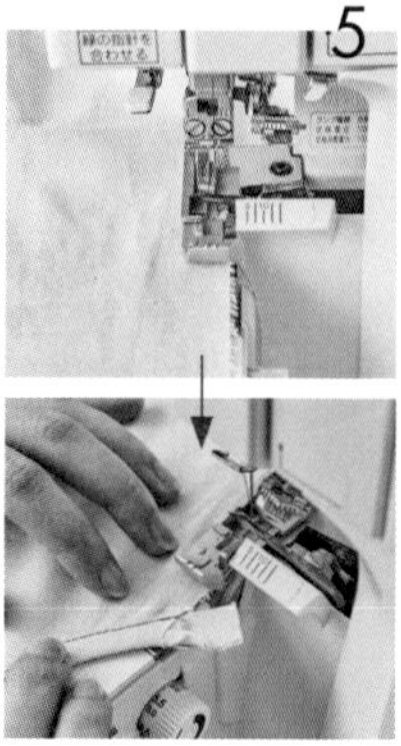

前後ワンピースの脇の縫い代にロックミシンをかける。ロックミシン付属のカッターで裏バインダーの縫い代ごとカットする（ジグザグミシンの場合は裏バインダーの縫い代をカットしてからジグザグミシンをかける）。

●バイアステープの作り方

❶45度の角度でテープ状にカットする。必要な長さを1枚でカットできないときは、接ぎ合わせて作る。❷接ぎ合わせるときは、中表に合わせて縫い、縫い代を割る。はみ出した縫い代はカットする。

❶

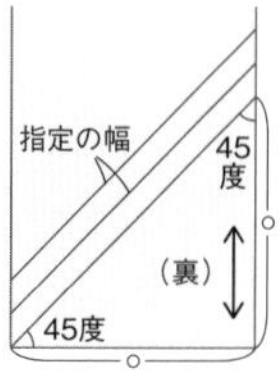
指定の幅
45
度
（裏）
45度

❷

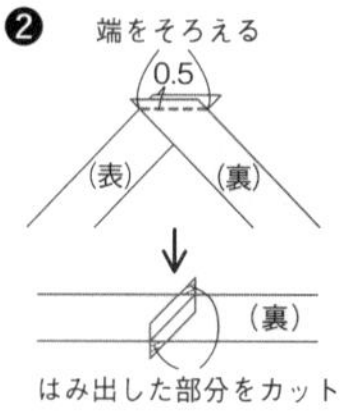
端をそろえる
0.5
（表）
（裏）
（裏）
はみ出した部分をカット

裏バインダー始末

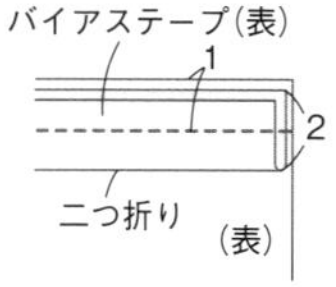
バイアステープ（表）
1
2
二つ折り
（表）

1. バイアステープを二つ折りにする。つけ位置に中表に合わせ、端から1cmを縫う。

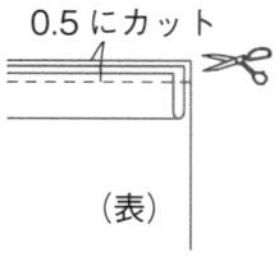
0.5にカット
（表）

2. 縫い代を0.5cmにカットする。

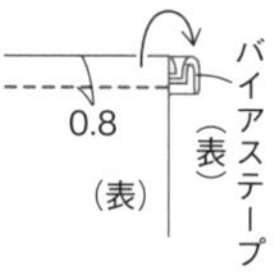
バイアステープ
（表）
0.8
（表）

3. バイアステープを裏側に倒し、0.8cmのステッチをかける。

折り伏せ縫い

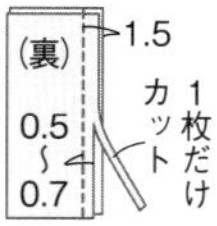
（裏）
1.5
1枚だけカット
0.5
〜
0.7

1. 中表に合わせて縫う。倒す側の縫い代を0.5〜0.75cmにカットする。

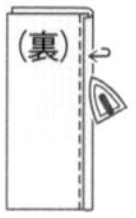
（裏）

2. 広いほうの縫い代で狭いほうをくるむようにアイロンで折る。

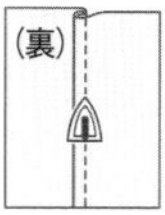
（裏）

3. 2の縫い代を1でカットした側に倒し、アイロンで整える。

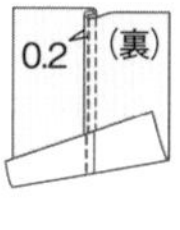
0.2
（裏）

4. 2の折り山の際にミシンをかける。

⑤ 身頃の脇を縫い、ポケットを作る

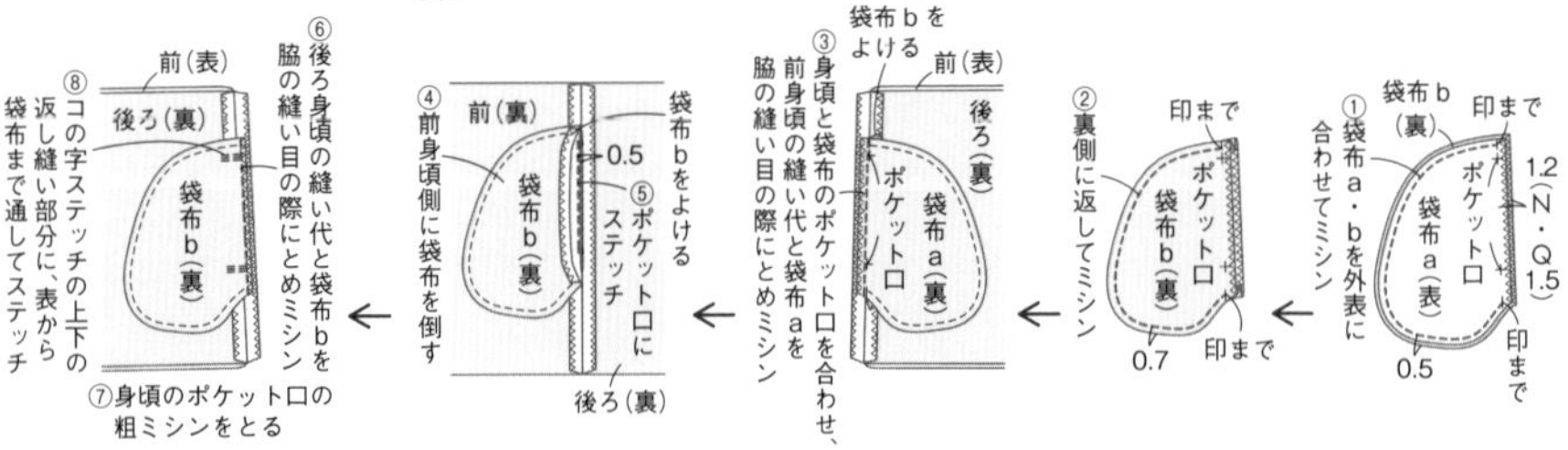

①袋布a・bを外表に合わせてミシン
袋布b（裏）
印まで
1.2（N・Q 1.5）
ポケット口
袋布a（表）
0.5
印まで
②裏側に返してミシン
印まで
ポケット口
袋布b（裏）
0.7
印まで
③身頃と袋布のポケット口を合わせ、前身頃の縫い代と袋布aを脇の縫い目の際にとめミシン
袋布bをよける
前（表）
後ろ（裏）
ポケット口
袋布a（裏）
④前身頃側に袋布を倒す
前（裏）
袋布bをよける
0.5
⑤ポケット口にステッチ
袋布b（裏）
後ろ（裏）
⑥後ろ身頃の縫い代と袋布bを脇の縫い目の際にとめミシン
前（表）
後ろ（裏）
袋布b（裏）
⑧コの字ステッチの上下の返し縫い部分に、表から袋布まで通してステッチ
⑦身頃のポケット口の粗ミシンをとる

1

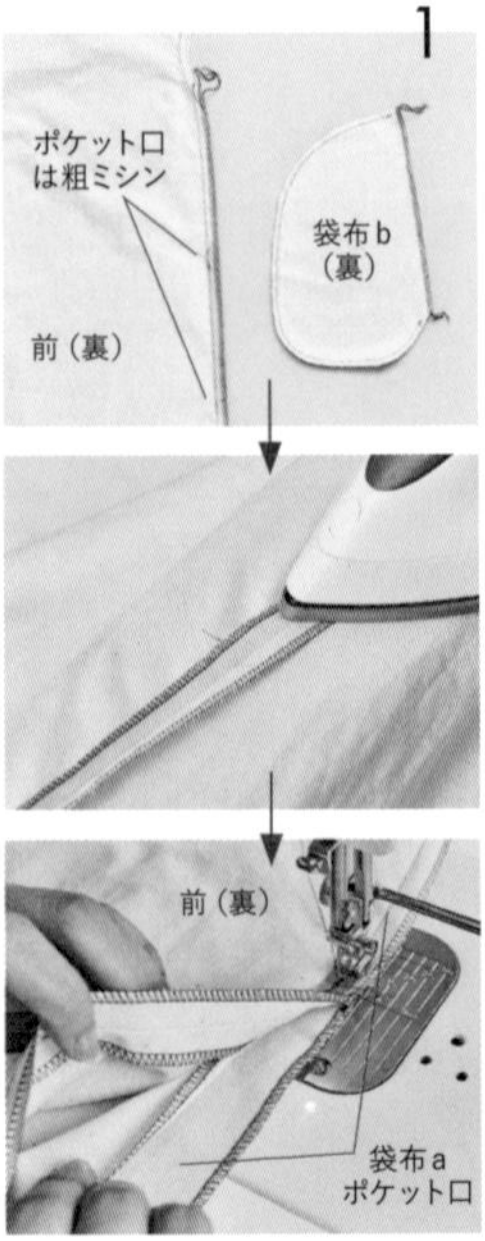

ポケット口は粗ミシン
袋布b（裏）
前（裏）
前（裏）
袋布a
ポケット口

身頃の脇を縫い、図のようにポケットを袋縫いする。身頃の脇を縫う際に、ポケット口は粗ミシンをかける。脇の縫い代をアイロンで割り、図のように身頃と袋布aのポケット口を合わせて縫う。

2

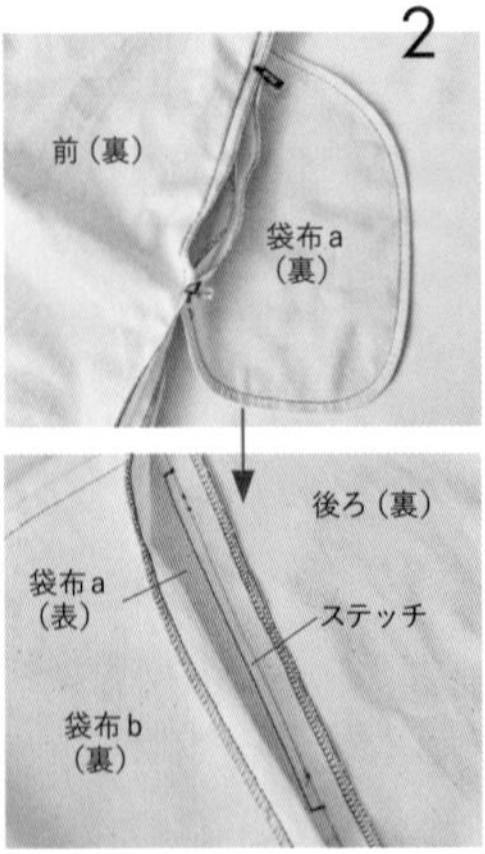

前（裏）
袋布a（裏）
後ろ（裏）
袋布a（表）
ステッチ
袋布b（裏）

袋布aをつけるときは、袋布bをよけて、ポケット口の上下をクリップでとめておく。ステッチはコの字に縫い、両端は返し縫いする。

3

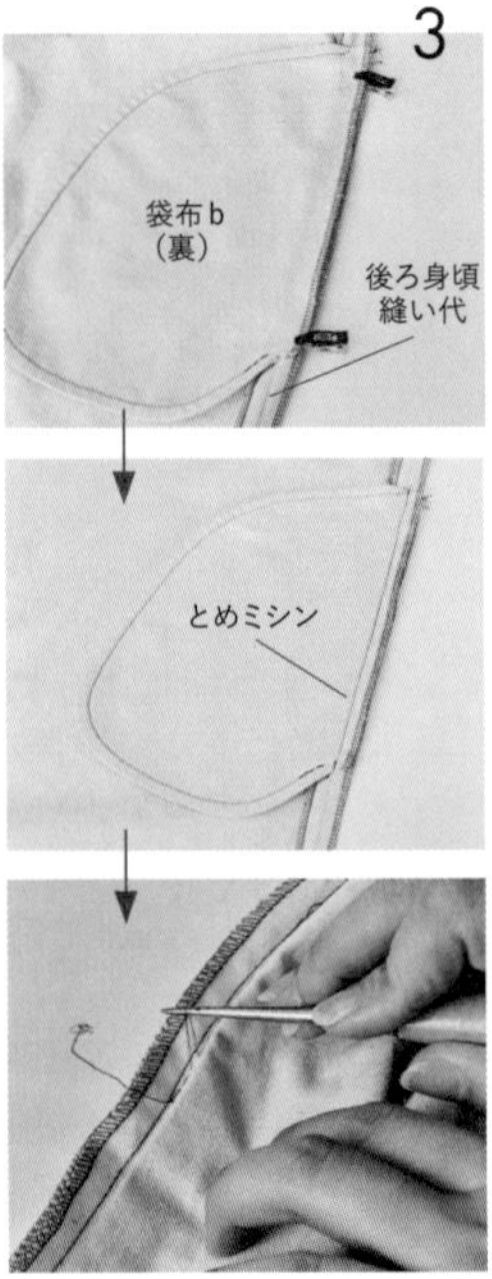

袋布b（裏）
後ろ身頃縫い代
とめミシン

図のようにとめミシンをかける際は、再びポケット口の上下をクリップでとめて縫う。最後に粗ミシンを目打ちでほどく。

ポケットのジグザグ始末の場合（G・H・I・J・L・M）

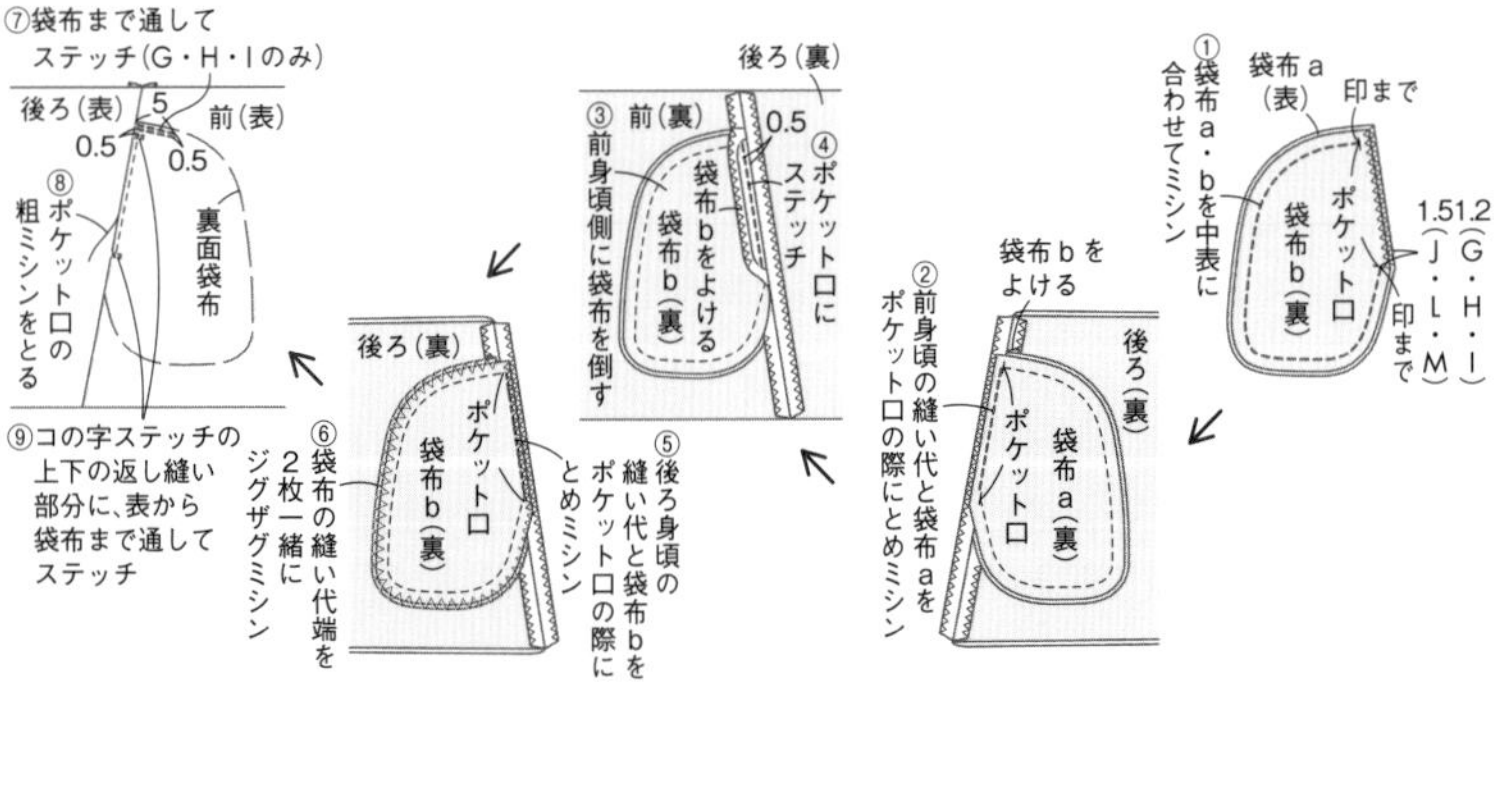

①袋布a・bを中表に合わせてミシン
袋布a（表）
印まで
ポケット口
袋布b（裏）
1.5（J・L・M）1.2（G・H・I）
印まで
②前身頃の縫い代と袋布aをポケット口の際にとめミシン
袋布bをよける
後ろ（裏）
ポケット口
袋布a（裏）
ポケット口の際にとめミシン
後ろ（裏）
③前身頃側に袋布を倒す
前（裏）
0.5
④ポケット口にステッチ
袋布bをよける
袋布b（裏）
⑤後ろ身頃の縫い代と袋布bをポケット口の際にとめミシン
後ろ（裏）
ポケット口
袋布b（裏）
⑥袋布の縫い代端を2枚一緒にジグザグミシン
⑦袋布まで通してステッチ（G・H・Iのみ）
後ろ（表）
5
前（表）
0.5
0.5
⑧ポケット口の粗ミシンをとる
裏面袋布
⑨コの字ステッチの上下の返し縫い部分に、表から袋布まで通してステッチ

⑥ 裾を三つ折りにして縫う

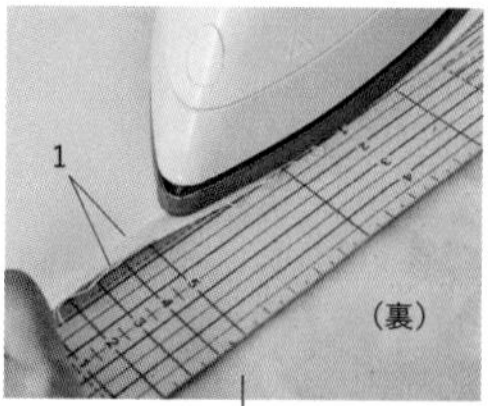
1
(裏)

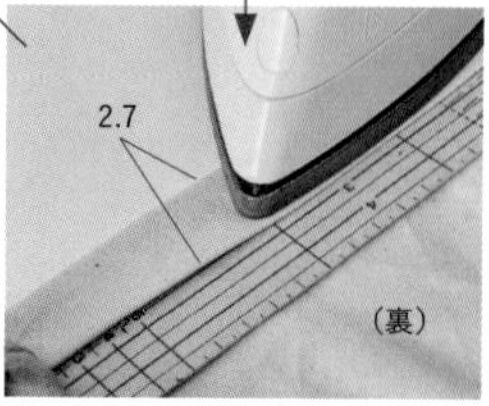
2.7
(裏)

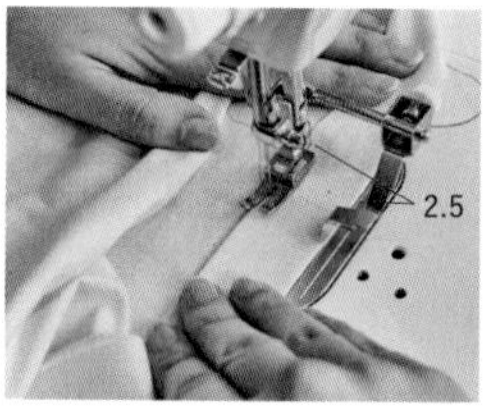
2.5

アイロン定規を使い、端から1cm→2.7cmで折る。ステッチ定規を使い裾から2.5cmにステッチをかける。

⑦ 袖ぐり下に縫い代とめミシンをかける

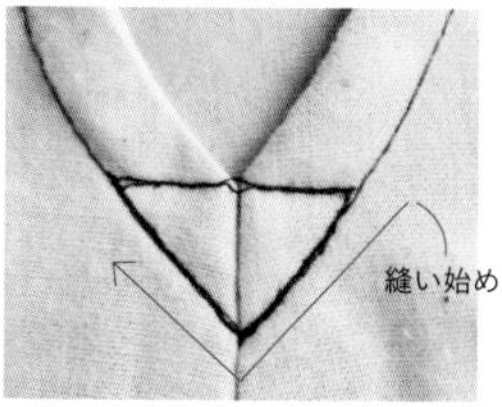
縫い始め

袖ぐりのステッチに合わせ、縫い代とめミシンを2周かけて完成。

背が低い人 背が高い人 のための 丈をバランスよく修正する方法

鏡を見ながらメジャーや長い定規を自分にあてて、測って希望の丈を決める。ワンピースやパンツの場合は、BCの2カ所に線をひき、「開く=伸ばす」「たたむ=縮める」で操作する。Aの作品寸法から希望の丈を引いた寸法をBCで増減させ、線をつないで型紙を作る。

線のつなぎ方

丈を詰める場合　丈を伸ばす場合

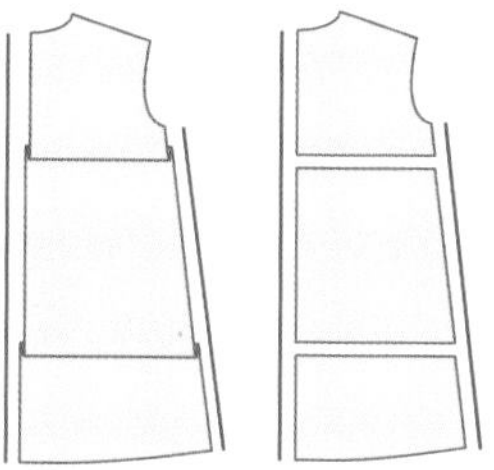

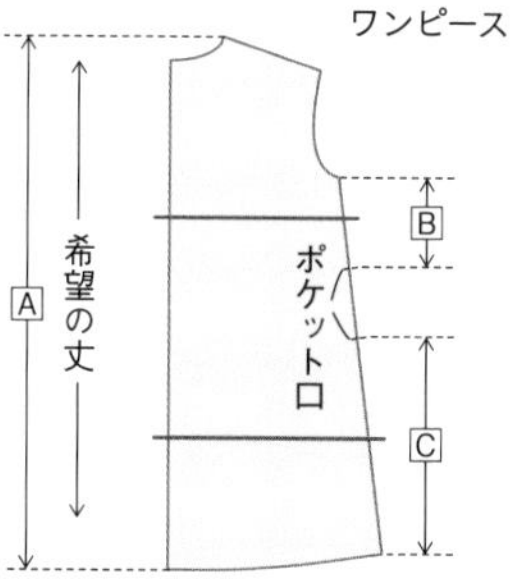
ワンピース
A
希望の丈
B
C
ポケット口

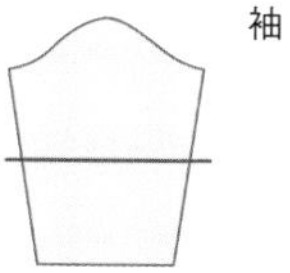
袖

袖の場合は中央あたりに線を引き操作する。

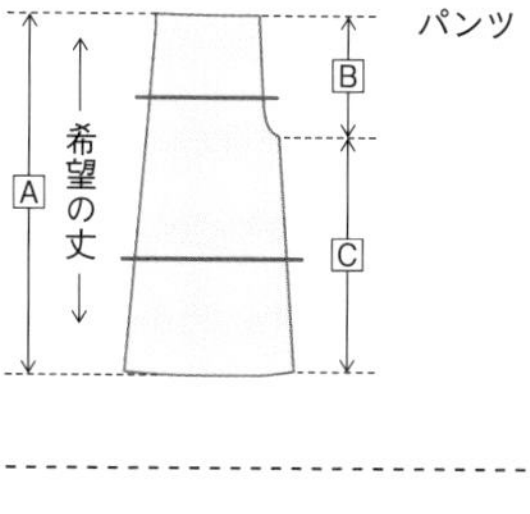
パンツ
A
希望の丈
B
C

製図のポイント

製図をするときの線引きの順番は、①前中心や後ろ中心など一番長い縦線、②バストやヒップ、ネックポイントの延長線などのメインの横線、③細部の線、などの順で引くのがおすすめ。

パターンの縫い代つけ

作り方ページの裁ち合わせ図を参照して、出来上がり線に平行に縫い代をつける。袖口など傾斜のある部分は縫い代が不足しないように図のように縫い代をつける。

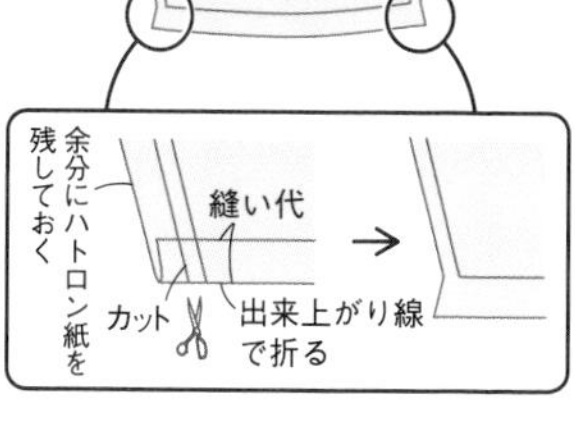
袖
余分にハトロン紙を残しておく
縫い代
カット
出来上がり線で折る

製図内の注意点

[サイズ表記]
共通＝黒
Sサイズ＝青
Mサイズ＝赤
Lサイズ＝緑
LLサイズ＝橙

＊指定以外、製図に縫い代は含まれていません。各作品の裁ち合わせ図を参考に縫い代をつけ、裁断します（P.64、P.69参照）。
＊ワンピースはⒶVネックの基本のワンピースの製図から指定の寸法で線を引き直して、各作品の製図を作成します。
＊ワンピースの袋布は全て同じ製図です。

この本のサイズ表

	T	B	W	H
S	154	84	64	90
M	158	87	67	93
L	162	90	70	96
LL	166	93	73	99

Ⓐ Vネックの基本のワンピースの製図

photo ／ P.12　how to make ／ P.64

[出来上がり寸法] ※左からS／M／L／LLサイズ
バスト…107／111／115／119㎝
着丈…103.8／106.8／109.8／112.8㎝

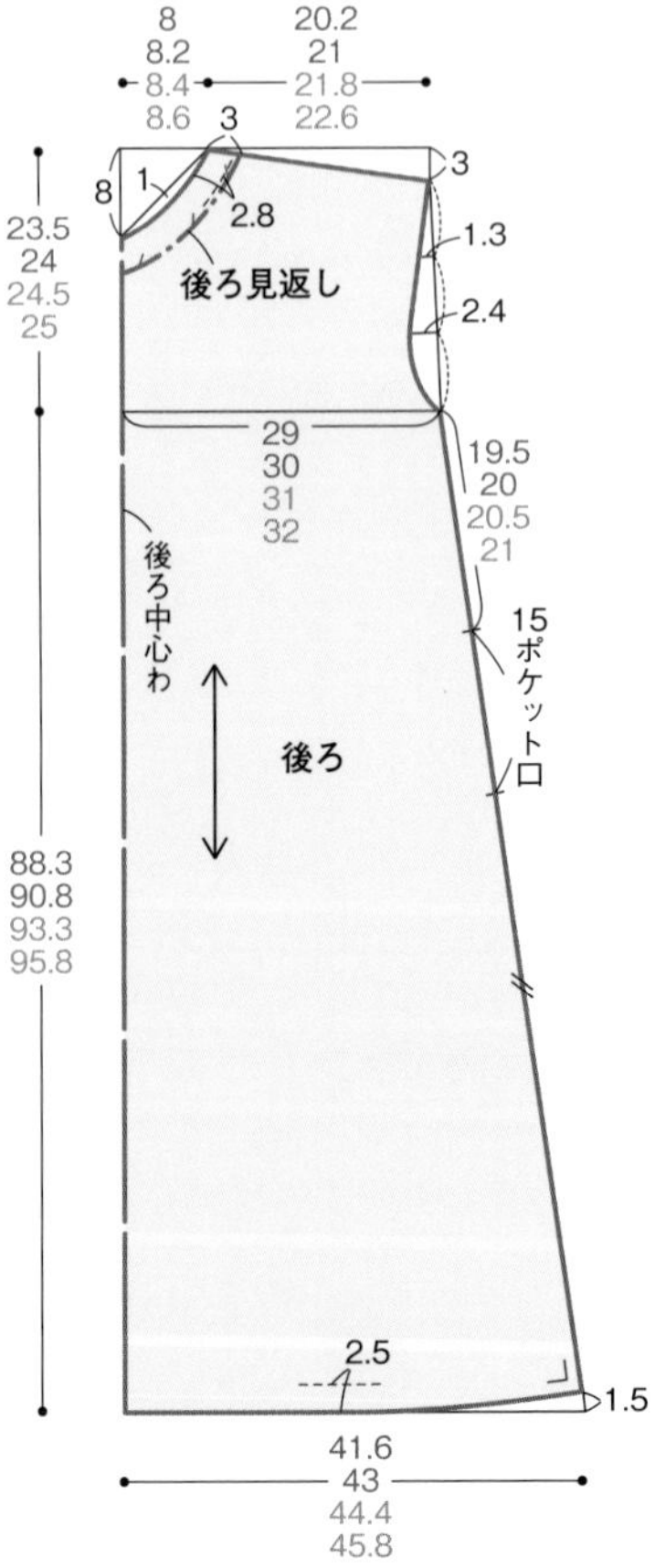

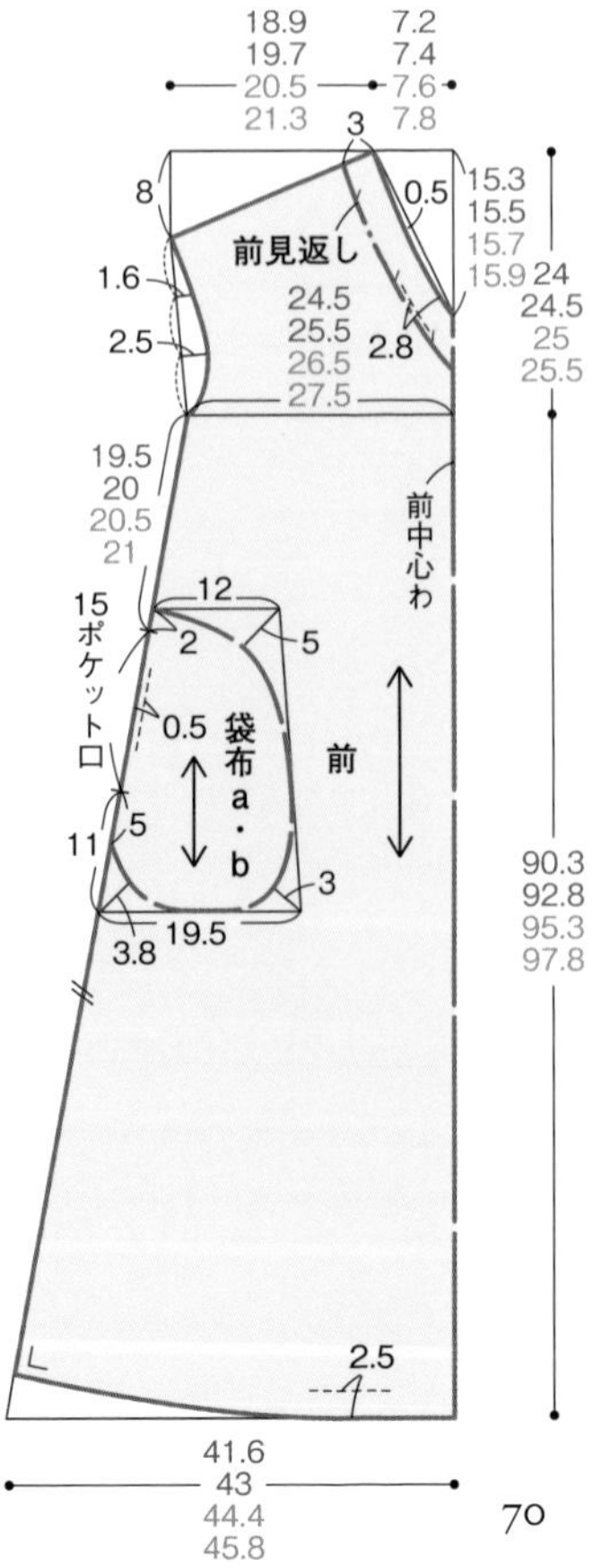

Ⓑ 背中ボタンのギャザーワンピースの製図

photo ／ P.12　how to make ／ P.86

［出来上がり寸法］※左からS／M／L／LLサイズ
バスト…107／111／115／119㎝
着丈…113.7／116.7／119.7／122.7㎝

・前身頃と後ろ身頃の製図はⒶVネックの基本のワンピースの製図を引き、指定の寸法で引き直して作成する。

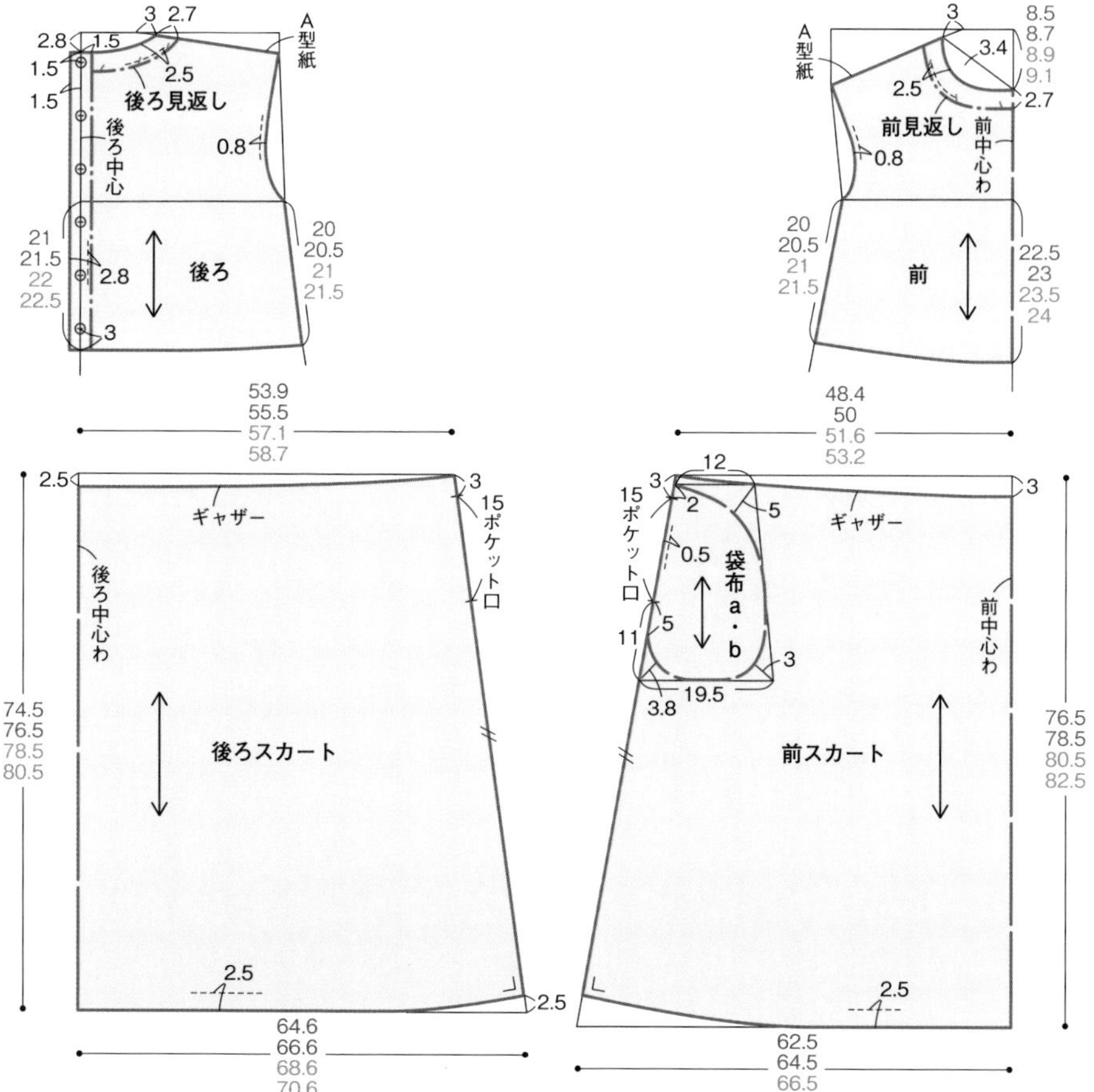

Ⓒ 胸ギャザーのワンピースの製図

photo／P.13
how to make／P.88

Ⓓ てんこさんのワンピースの製図

photo／P.14、P.62
how to make／P.89

［出来上がり寸法］ ※左からS／M／L／LLサイズ
バスト…109／113／117／121㎝（共通）
着丈…109／112／115／118㎝（共通）
袖丈…11.7／12／12.3／12.6㎝（C）

・前身頃と後ろ身頃の製図はⒶVネックの基本のワンピースの製図を引き、指定の寸法で引き直して作成する。

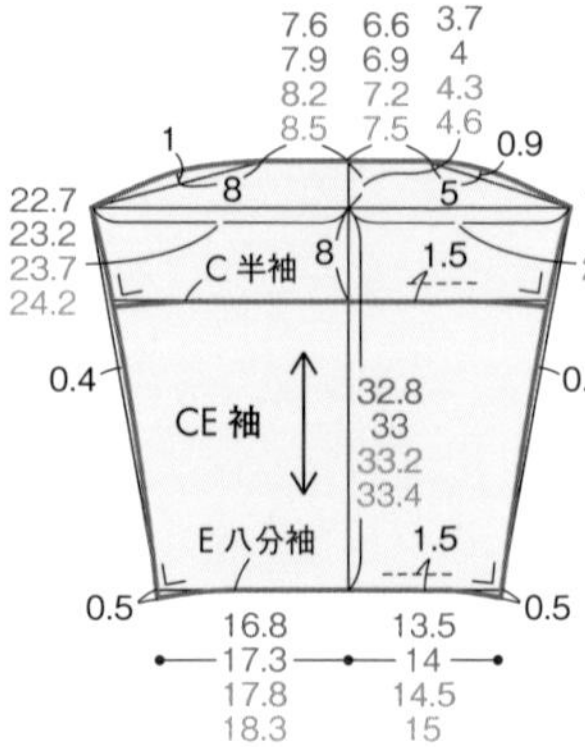

〈C布ループ・ボタンつけ位置〉

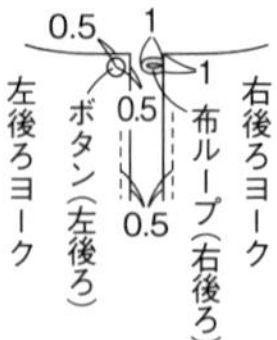

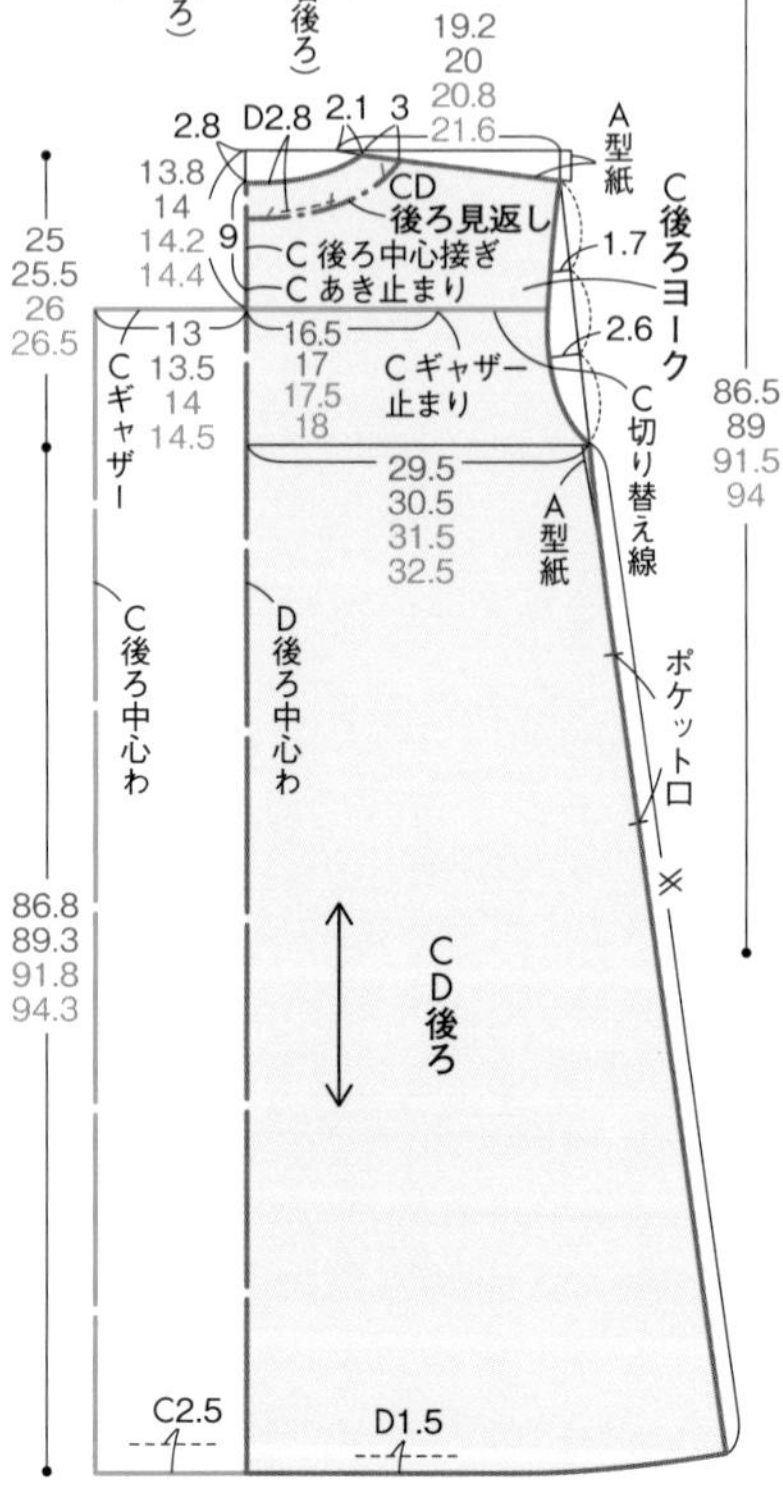

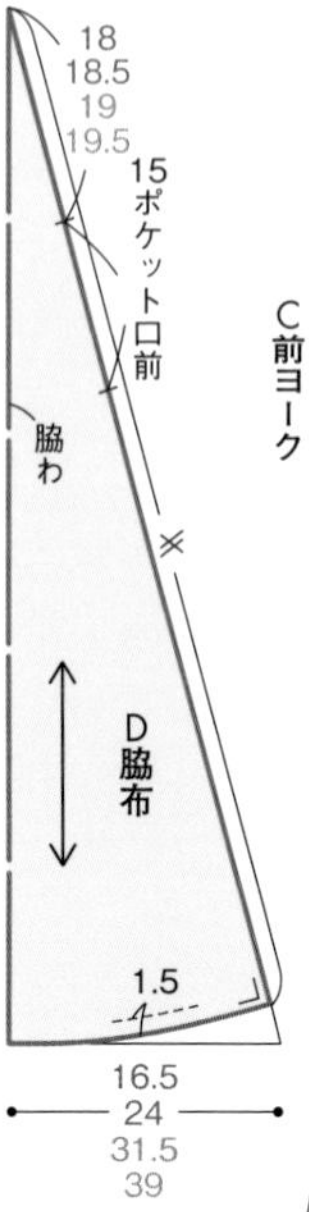

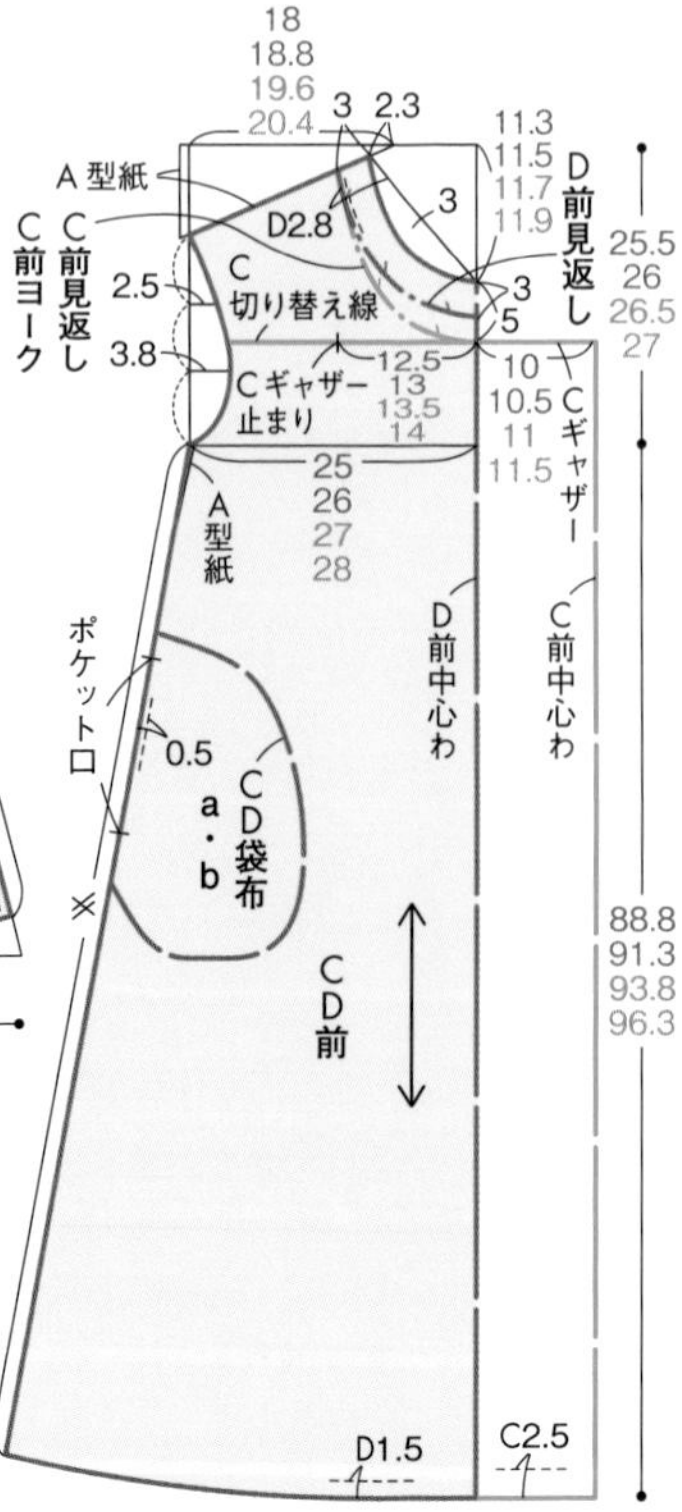

※ゆとりのある袖ぐりにするため、ⒶVネックの基本のワンピースより袖底の高さを下げています。

Ⓔ ウエストリボンのワンピースの製図

photo ／ P.14
how to make ／ P.90

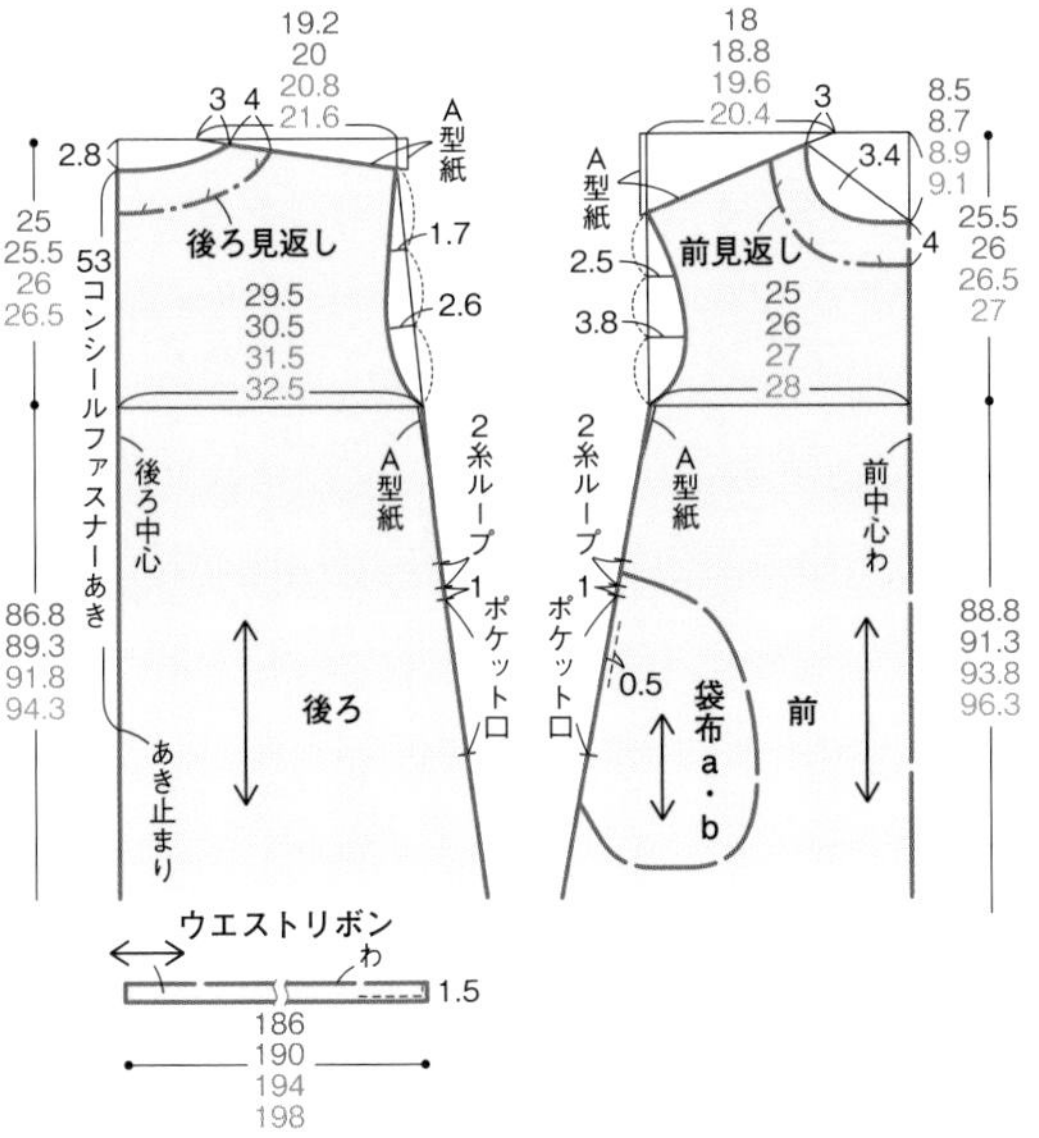

[出来上がり寸法]
※左からS／M／L／LLサイズ
バスト…109／113／117／121cm
着丈…109／112／115／118cm
袖丈…36.5／37／37.5／38cm

- 前身頃と後ろ身頃の製図はⒶVネックの基本のワンピースの製図を引き、指定の寸法で引き直して作成する。
- 袖の製図はP.72を参照。

Ⓚ プルオーバーの製図

photo ／ P.15、P52　how to make ／ P.91

[出来上がり寸法] ※左からS／M／L／LLサイズ
バスト…107／111／115／119cm
着丈…61.5／63.2／64.9／66.6cm

- 前身頃と後ろ身頃の製図はⒶVネックの基本のワンピースの製図を引き、指定の寸法で引き直して作成する。

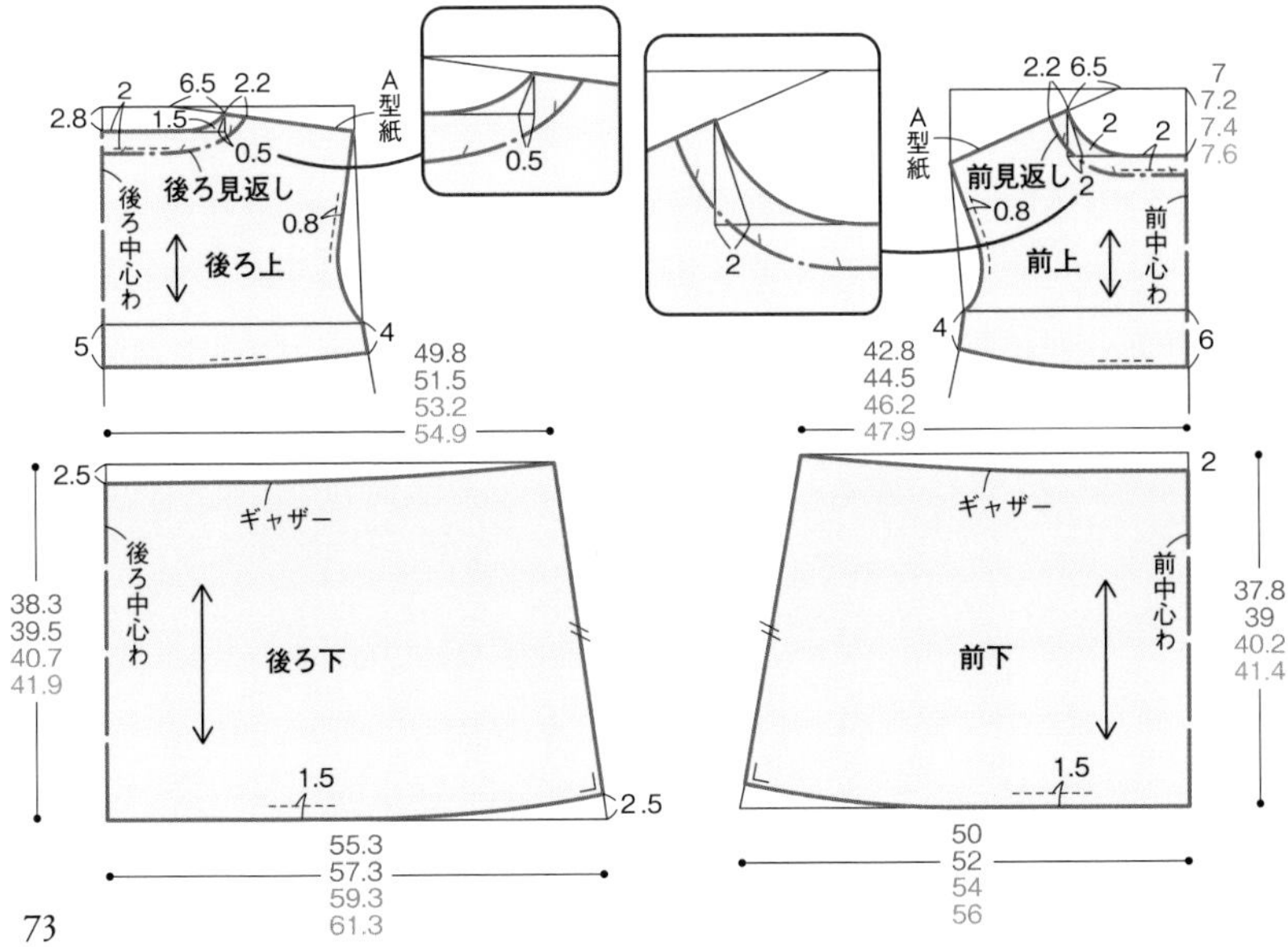

(F) ノースリーブシャツの製図

photo ／ P.38、P53
how to make ／ P.96

(H) スタンドカラーのシャツワンピースの製図

photo ／ P.39、P.41
how to make ／ P.97

［出来上がり寸法］※左からS／M／L／LLサイズ
バスト…118／122／126／130㎝（共通）
着丈…56／57／58／59㎝（F）
103／105／107／109㎝（H）

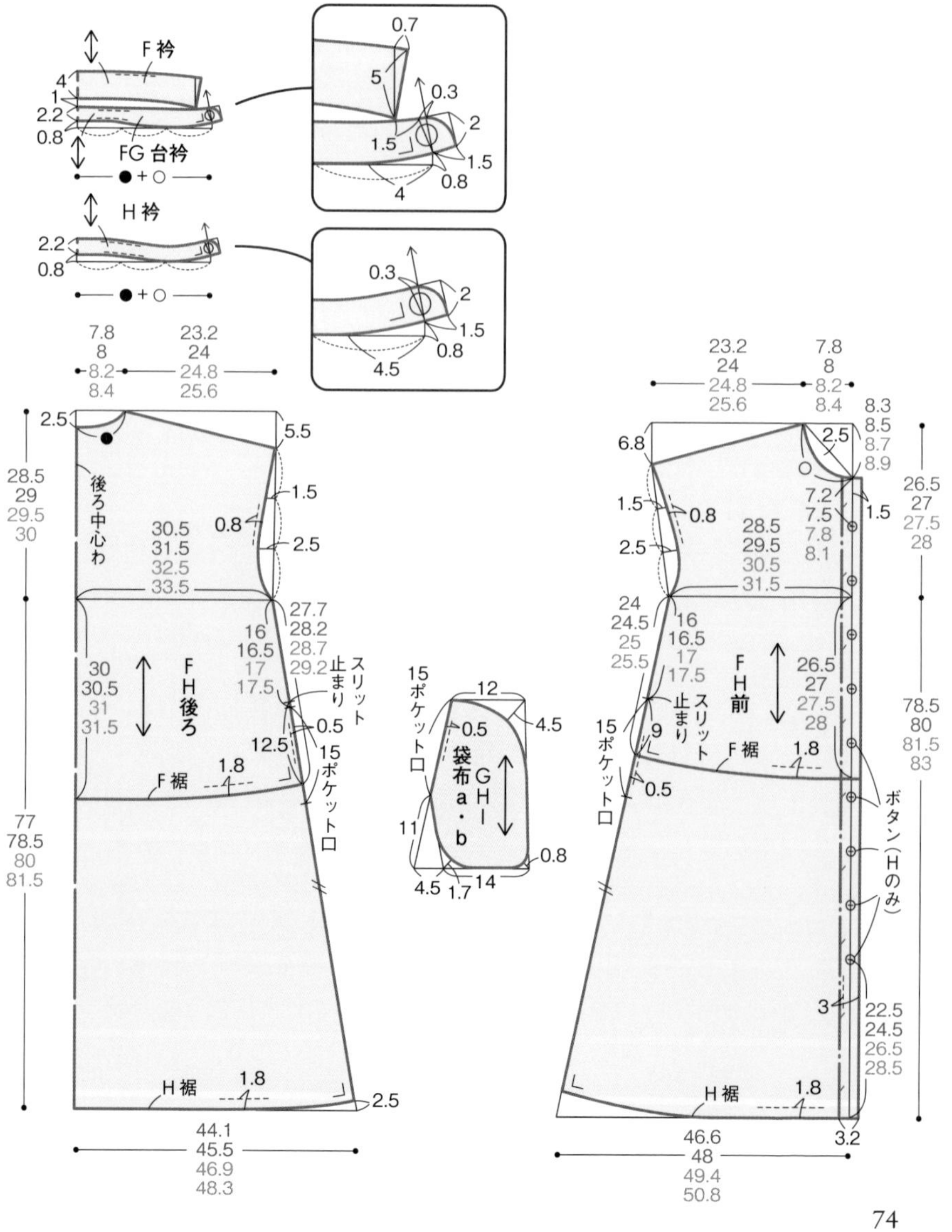

Ⓖ ウエストリボンのシャツワンピースの製図

photo／P.39　how to make／P.94

［出来上がり寸法］※左からS／M／L／LLサイズ
バスト…124／128／132／136cm
着丈…109.5／112／114.5／117cm
袖丈…49.7／50.5／51.3／52.1cm

・台衿、袋布の製図はP.74を参照。

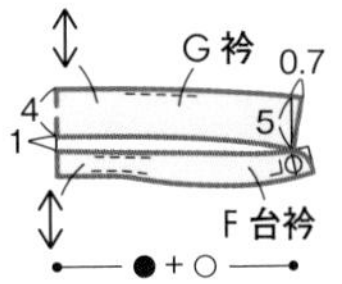
G衿
0.7
4
5
1
F台衿
●＋○

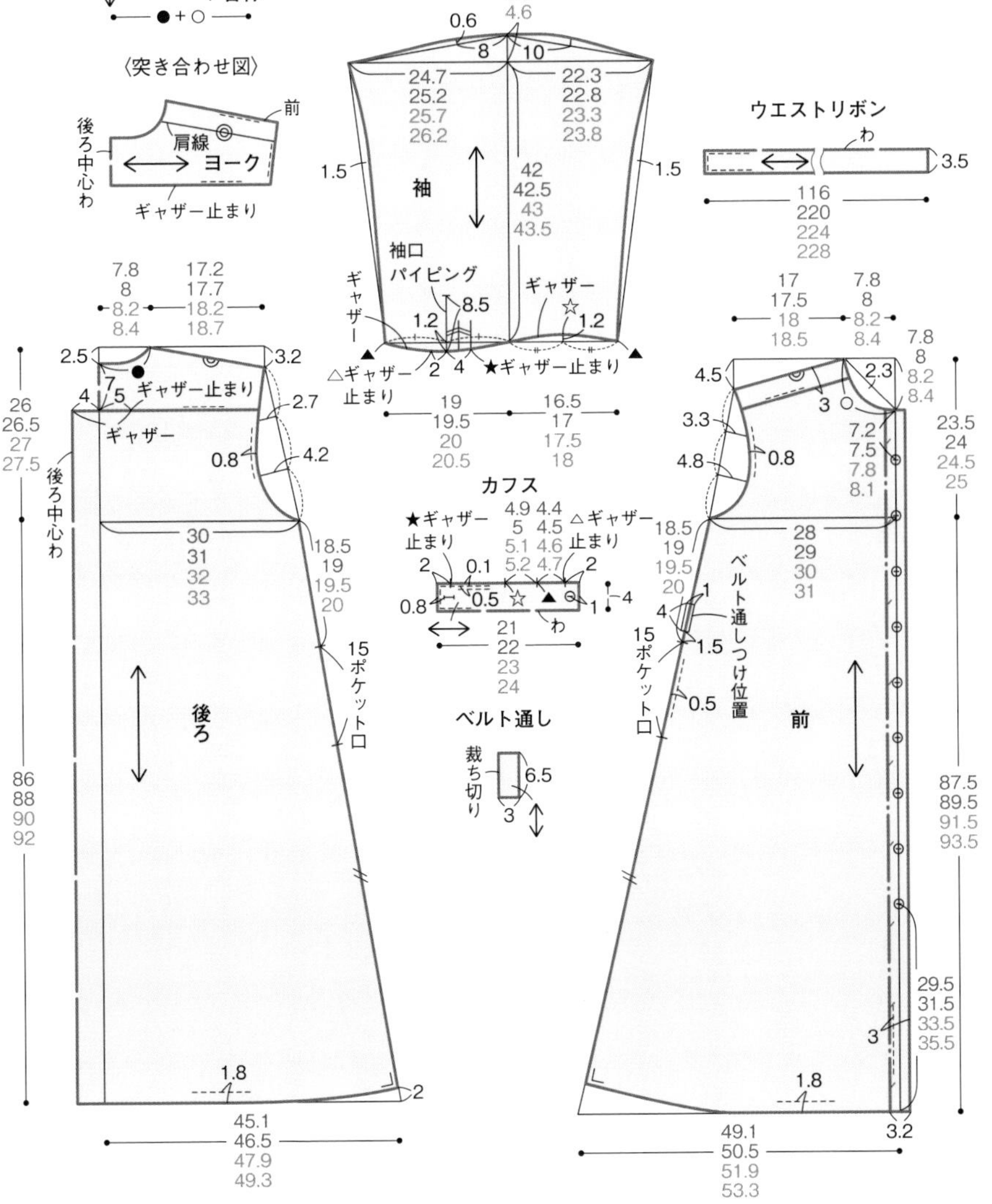
〈突き合わせ図〉
後ろ中心わ
肩線
ヨーク
前
ギャザー止まり
袖
3.7
4
4.3
4.6
0.6
8
10
24.7
25.2
25.7
26.2
22.3
22.8
23.3
23.8
1.5
42
42.5
43
43.5
袖口パイピング
ギャザー
8.5
1.2
2
4
△ギャザー止まり
★ギャザー止まり
19
19.5
20
20.5
16.5
17
17.5
18
ウエストリボン
わ
3.5
116
220
224
228
カフス
★ギャザー止まり
△ギャザー止まり
4.9
5
5.1
5.2
4.4
4.5
4.6
4.7
0.1
0.8
0.5
21
22
23
24
ベルト通し
裁ち切り
6.5
3
7.8
8
8.2
8.4
17.2
17.7
18.2
18.7
2.5
3.2
7
4
5
2.7
4.2
0.8
26
26.5
27
27.5
後ろ中心わ
30
31
32
33
18.5
19
19.5
20
15
ポケット口
後ろ
86
88
90
92
1.8
45.1
46.5
47.9
49.3
17
17.5
18
18.5
4.5
2.3
3.3
4.8
7.2
7.5
7.8
8.1
23.5
24
24.5
25
28
29
30
31
ベルト通しつけ位置
前
87.5
89.5
91.5
93.5
29.5
31.5
33.5
35.5
49.1
50.5
51.9
53.3

I　ショルダーギャザーチュニックの製図

photo ／ P.40、P.62
how to make ／ P.98

[出来上がり寸法] ※左からS／M／L／LLサイズ
バスト…127／131／135／139cm
着丈…109.5／112／114.5／117cm

・前身頃と後ろ身頃の製図はⒼウエストリボンのシャツワンピースの製図を引き、指定の寸法で引き直して作成する。
・袋布の製図はP.74を参照。

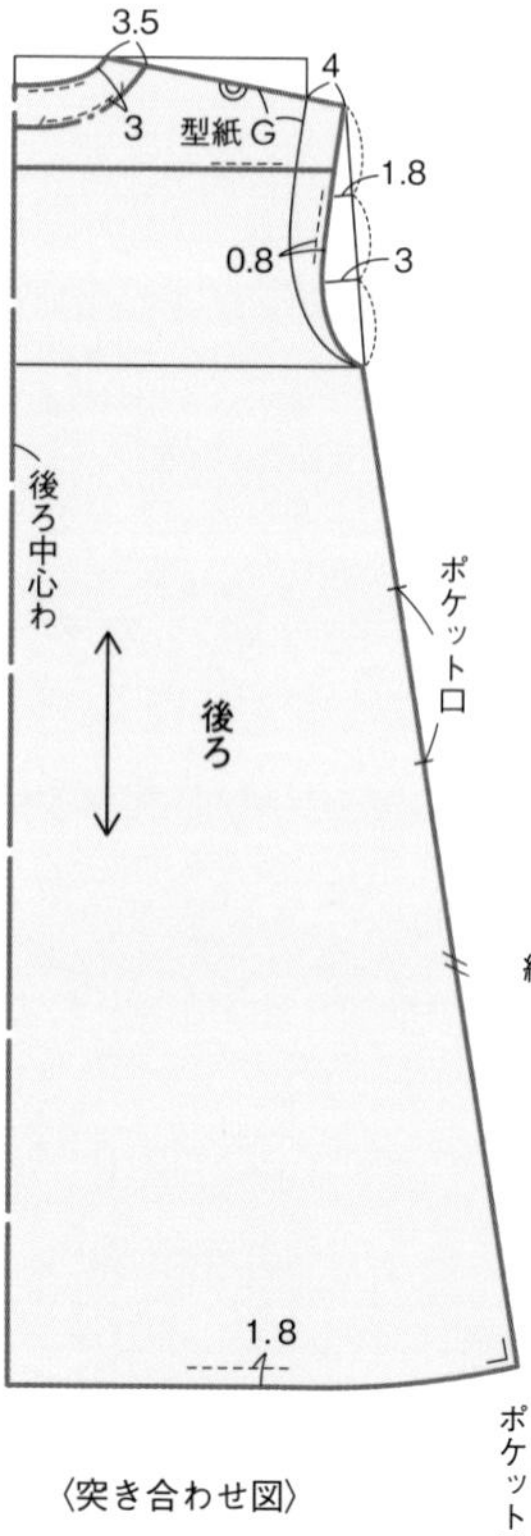

〈切り開き図〉

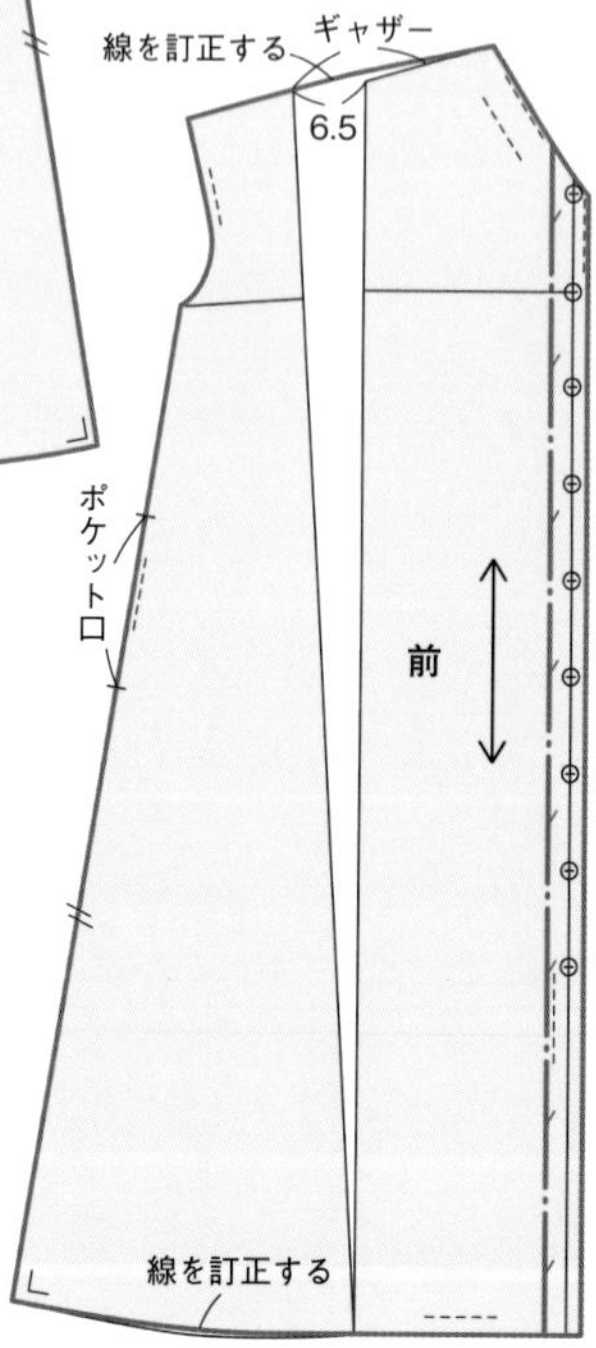

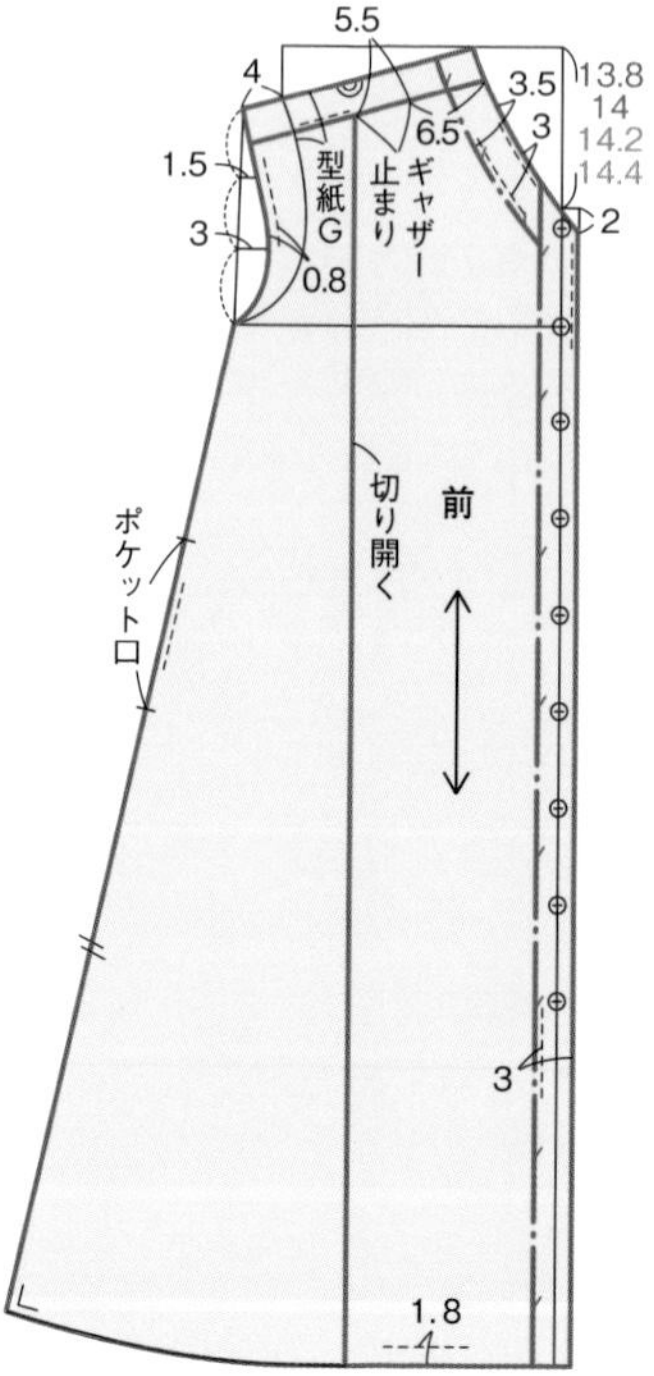

〈突き合わせ図〉

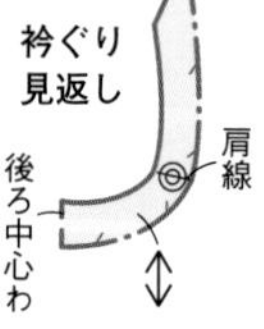

Ⓙ てんこさんのワイドパンツの製図

photo ／ P.39、P.40、P.52、P.62　how to make ／ P.101

［出来上がり寸法］ ※左からS／M／L／LLサイズ
ウエスト…69／72／75／78㎝
ヒップ…121／125／129／133㎝
パンツ丈…91.7／94.2／96.7／99.2㎝

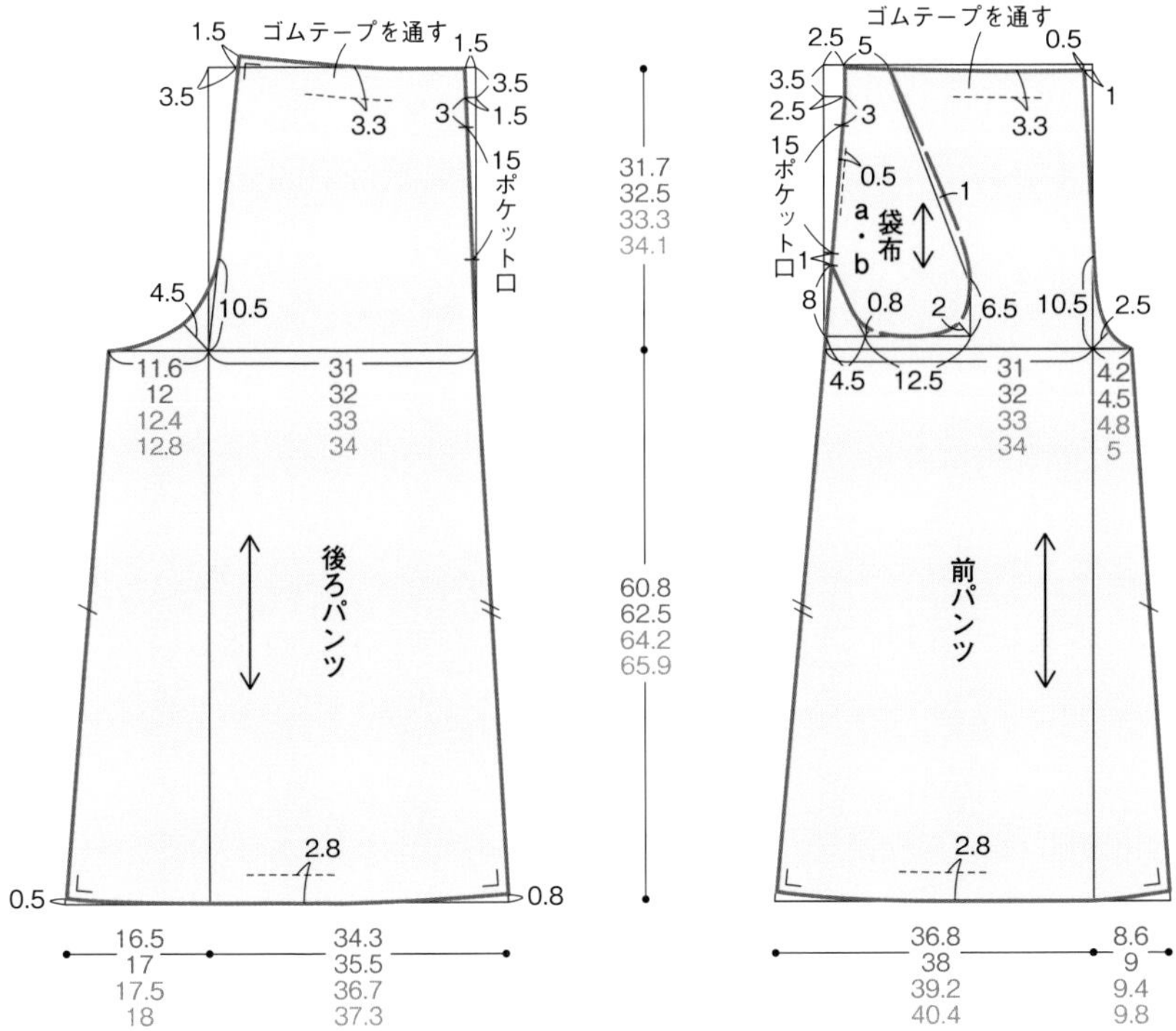

Ⓛ ほっそり ワイドパンツの製図

Ⓜ ラップスカート風 パンツの製図

photo ／ P.53（L）、P.54（M）

how to make ／ P.101（L）、P.103（M）

［出来上がり寸法］

※左からS／M／L／LLサイズ

ウエスト…69／72／75／78㎝（共通）

ヒップ…106／110／114／118㎝（共通）

パンツ丈…91.7／94.2／96.7／99.2㎝（L）

83.7／86.2／88.7／91.2㎝（M）

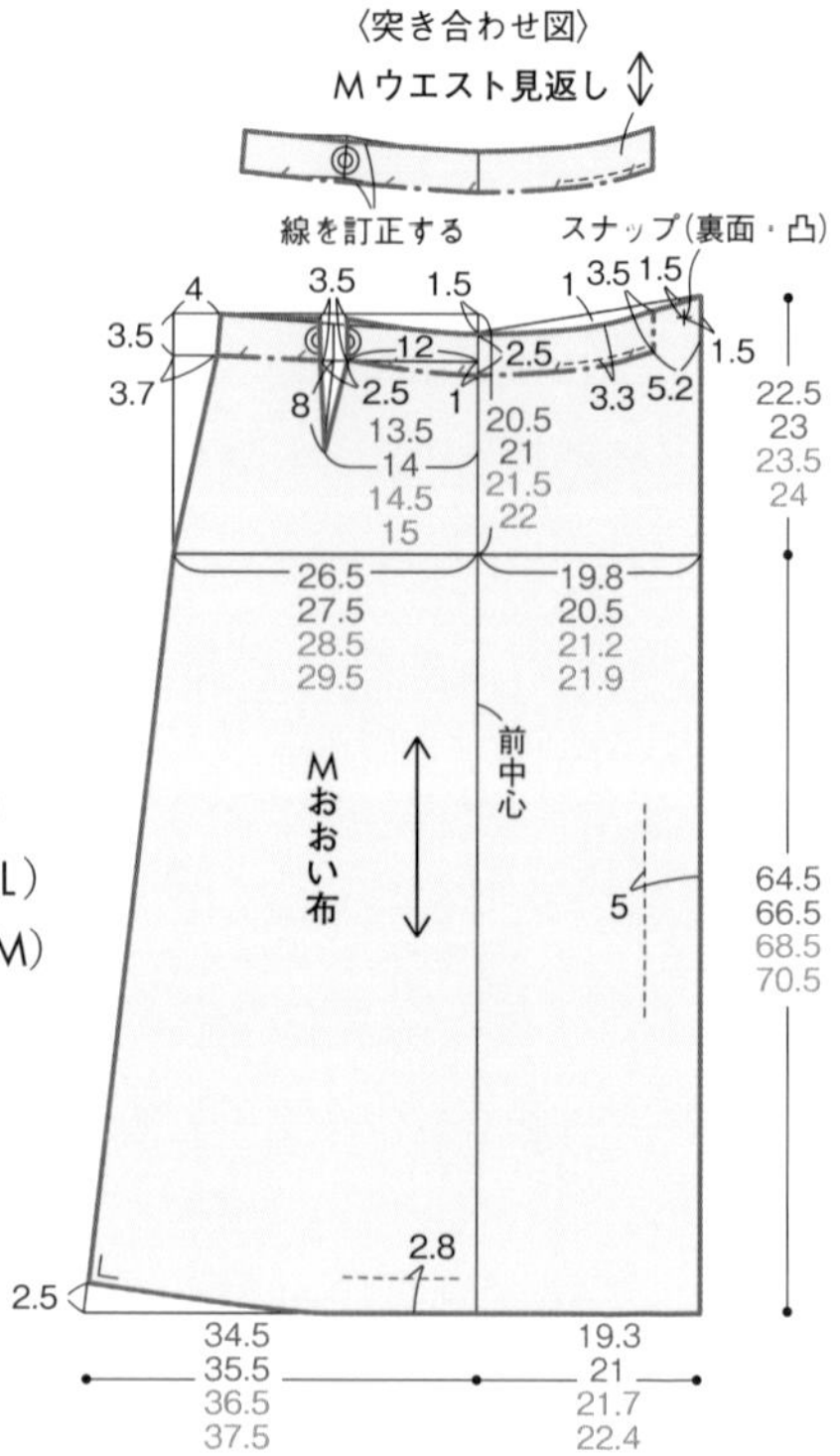

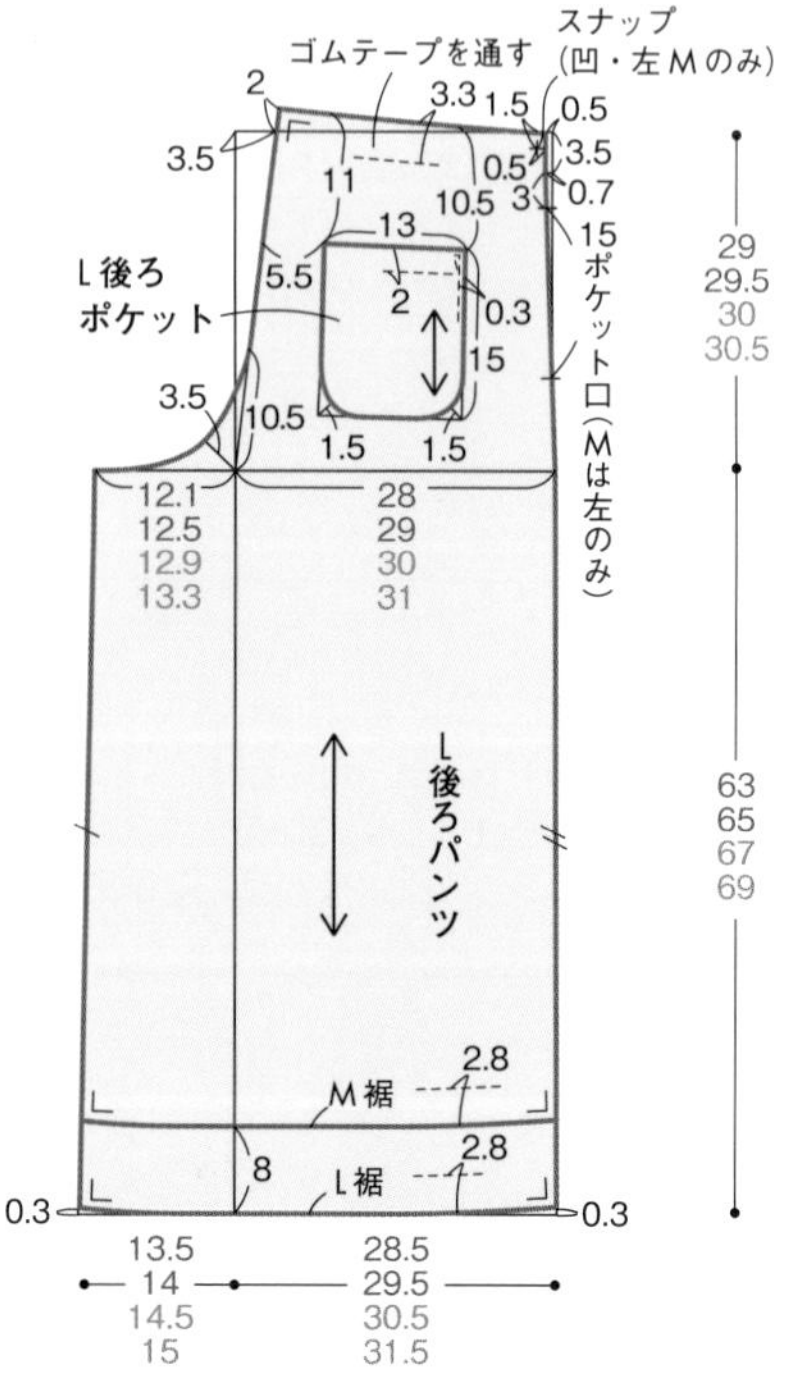

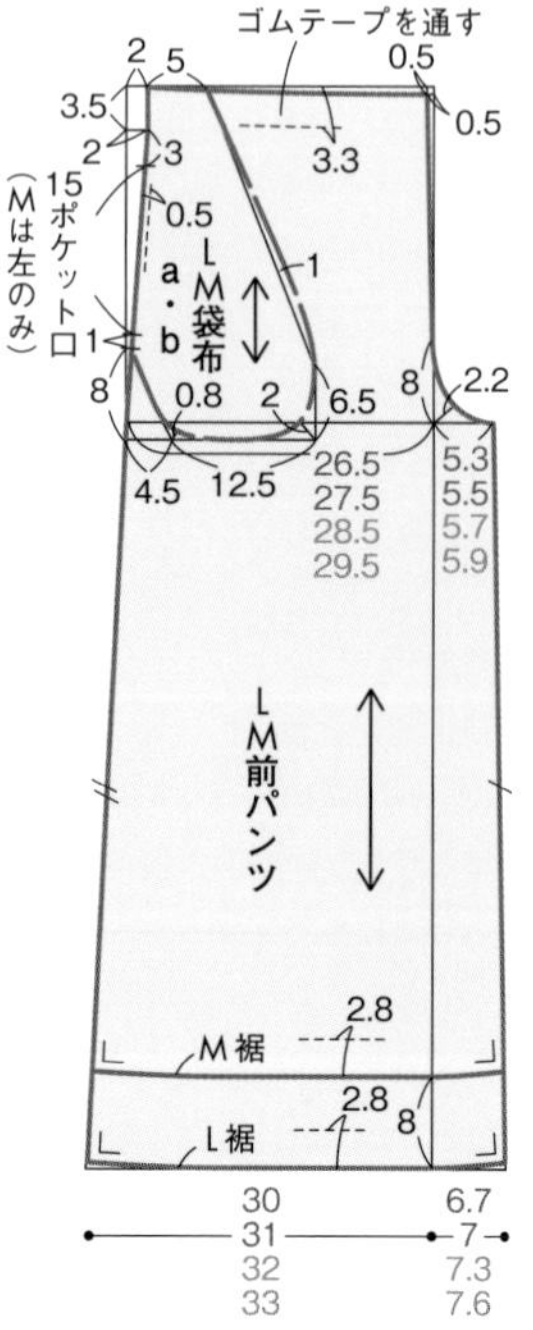

Ⓝ ハオリコートの製図
Ⓞ てんこさんのジレの製図
Ⓠ Wボタンコートの製図

photo／P.56（NO）、P.58、P.61（O）、P.59、P.62（Q）
how to make／P.105（N）、P.106（O）、P.107（Q）

［**出来上がり寸法**］※左からS／M／L／LLサイズ
バスト…113／117／121／125㎝（共通）
着丈…84.5／85／85.5／86㎝（N）
98／100／102／104㎝（OQ）
袖丈…52／52.5／53／53.5㎝（NQ共通）

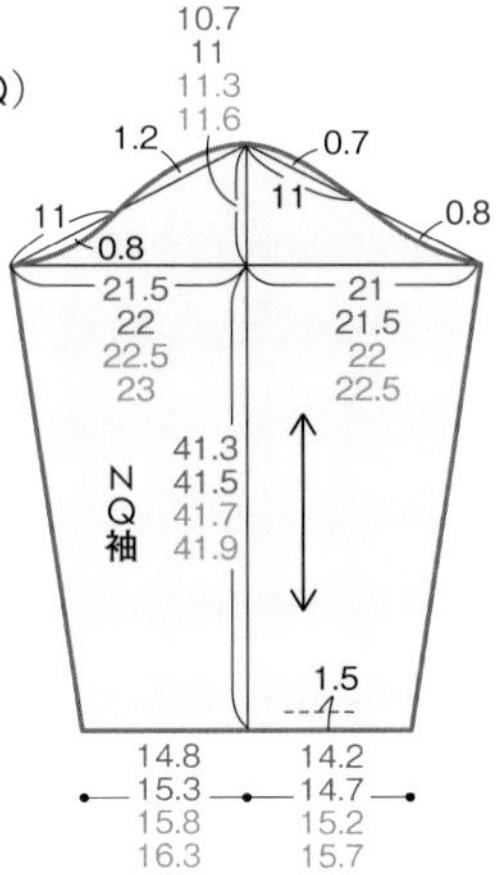

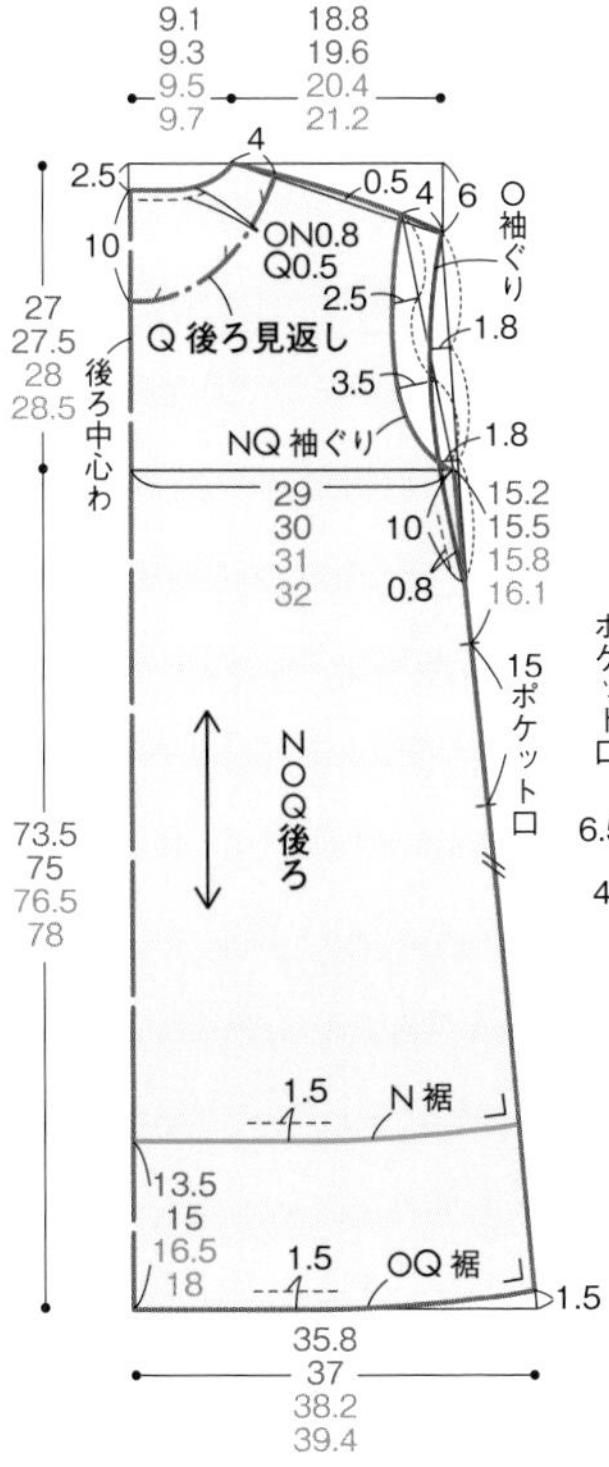

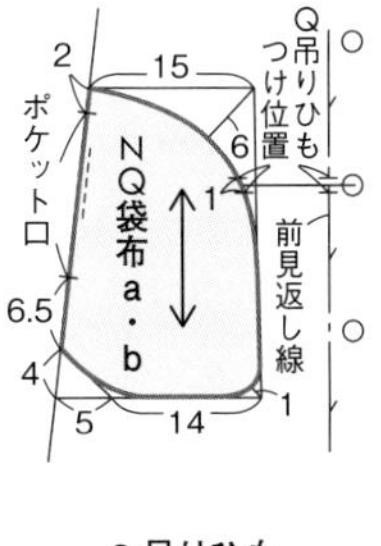

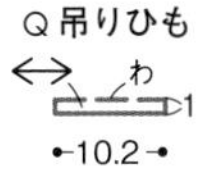

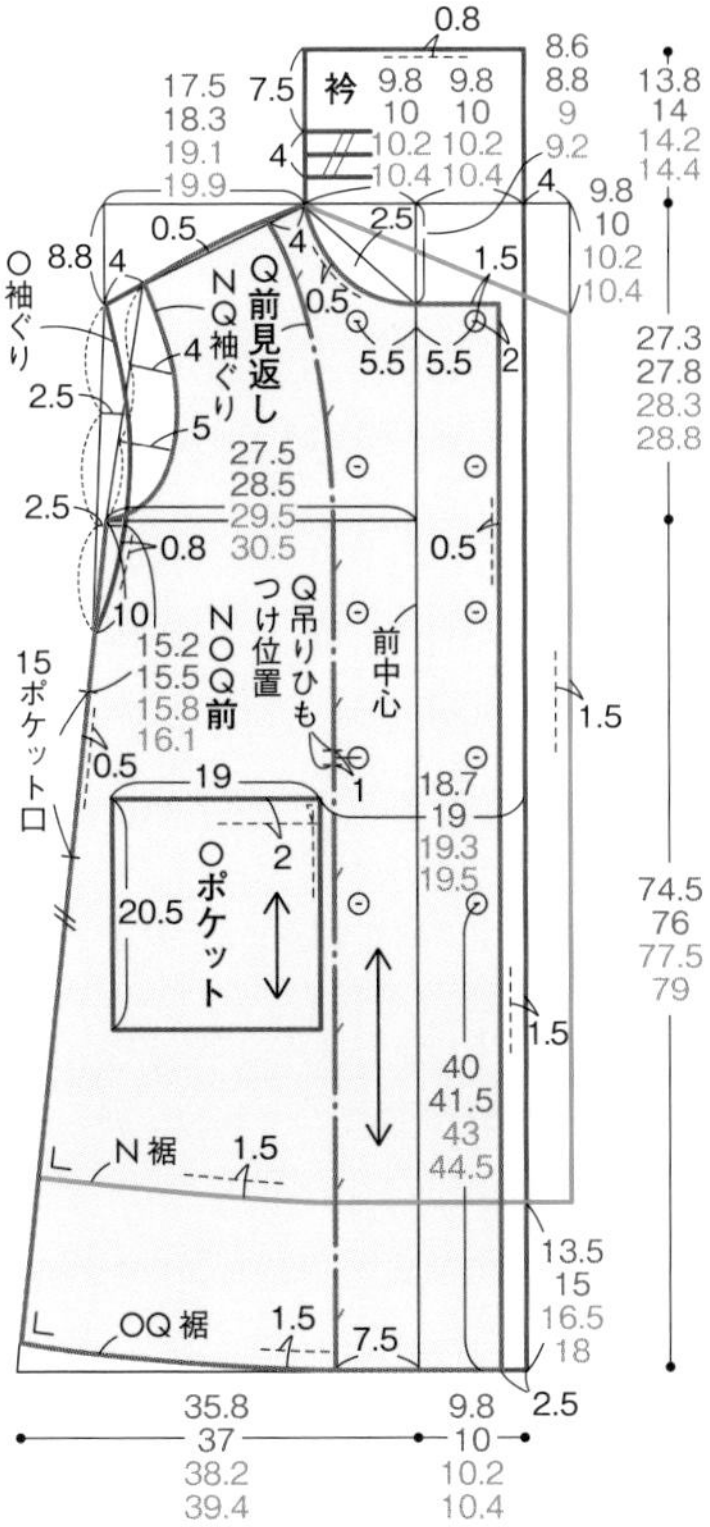

Ⓟ フードコートの製図

photo ／ P.57、P63
how to make ／ P.108

［出来上がり寸法］ ※左からS／M／L／LLサイズ
バスト…113／117／121／125㎝
着丈…111.5／115／118.5／122㎝
袖丈…52／52.5／53／53.5㎝

・前身頃と後ろ身頃の製図はⓄてんこさんのジレ、袖ぐりはⓃハオリコート・ⓆWボタンコートの製図を引き、指定の寸法で引き直して作成する。

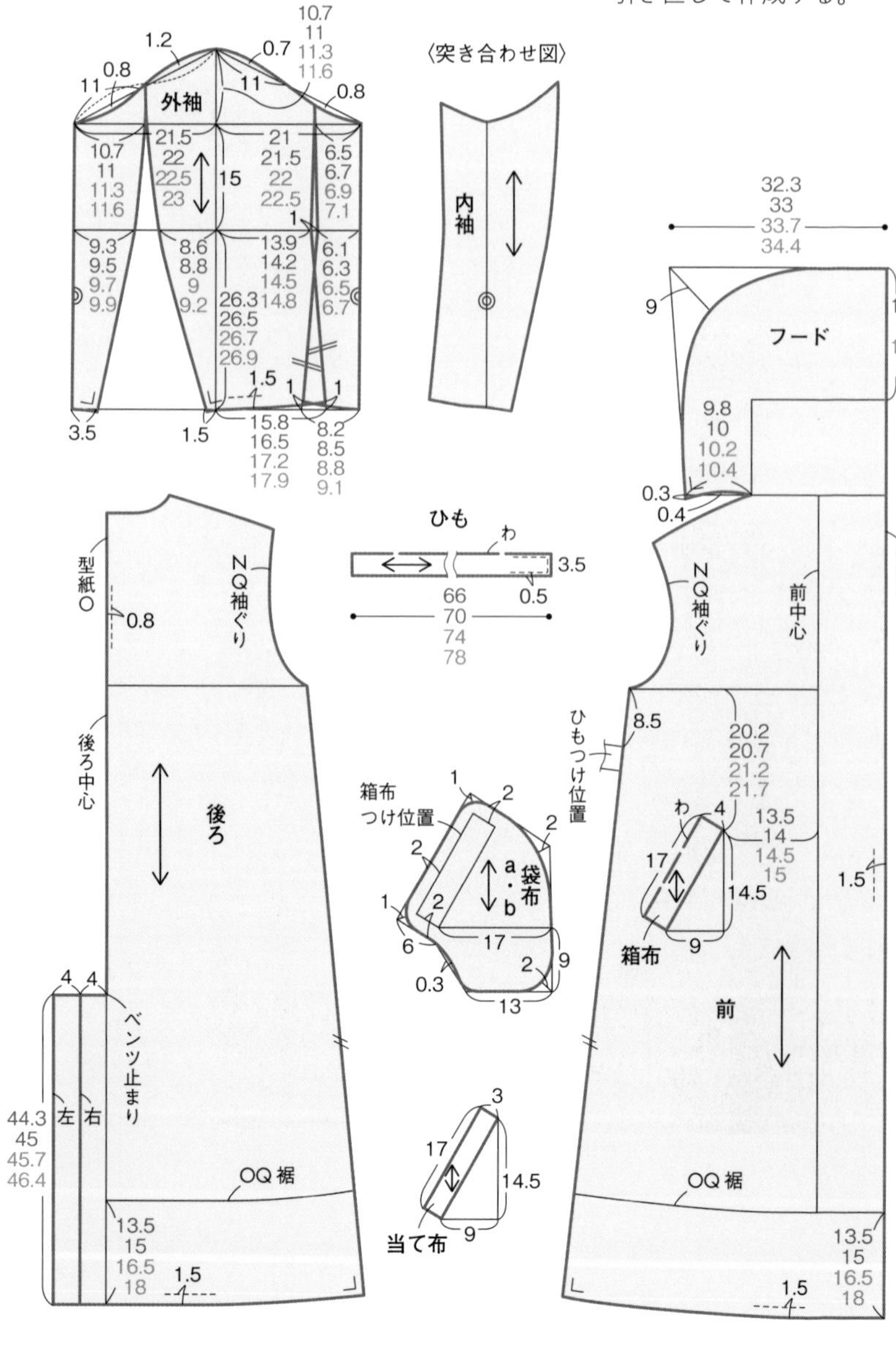

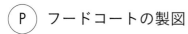

星ヶ丘に集まる人

星ヶ丘学園は再開した１９９８年頃より、さらに開かれた場所となることを目指し、さまざまな文化活動をおこなうようになりました。園内の自然を守り畑を耕す「自然の会」、園長先生を中心とした「陶芸の会」、裸婦デッサンで人体のフォームを学ぶ「絵画教室」、自然のなかで親子そろって造形を楽しむ「原っぱアトリエ」……ものづくりを愛する人なら誰もが仲間になれ、営利や〝〜のため〟といった目的意識からは離れたところで、子供の頃のように無心に手を動かすことができるのです。

「わたの会」の前身となった「ハーブの会（星庭の会）」など、この場所を愛する人たちにより、形を変えながら自然に受け継がれてゆく活動も。

人と人のつながりを大切にしながら、興味のあることや、得意なことを通じてこの場所と関わっていく。ひとつひとつは小さな集まりですが、だからこその安心感と親密さが。星ヶ丘に集まる人の在り方は、社会的な役割を離れたところで、自分が自分らしくいられる場を見つけることの可能性を教えてくれます。

上）学園の最奥に静かに佇む、陶芸の作業小屋。1999年から長きにわたり続いている活動で、手びねりやろくろによる成形から釉掛けまで学べる。下）モデルを招いての「絵画教室」は、毎年夏至の時期に「SEWING GALLERY」で力作を展示。ギャラリー担当の新谷和子さんが旗振り役となり、2003年より人物画を勉強したい人たちを募ってスタートした。

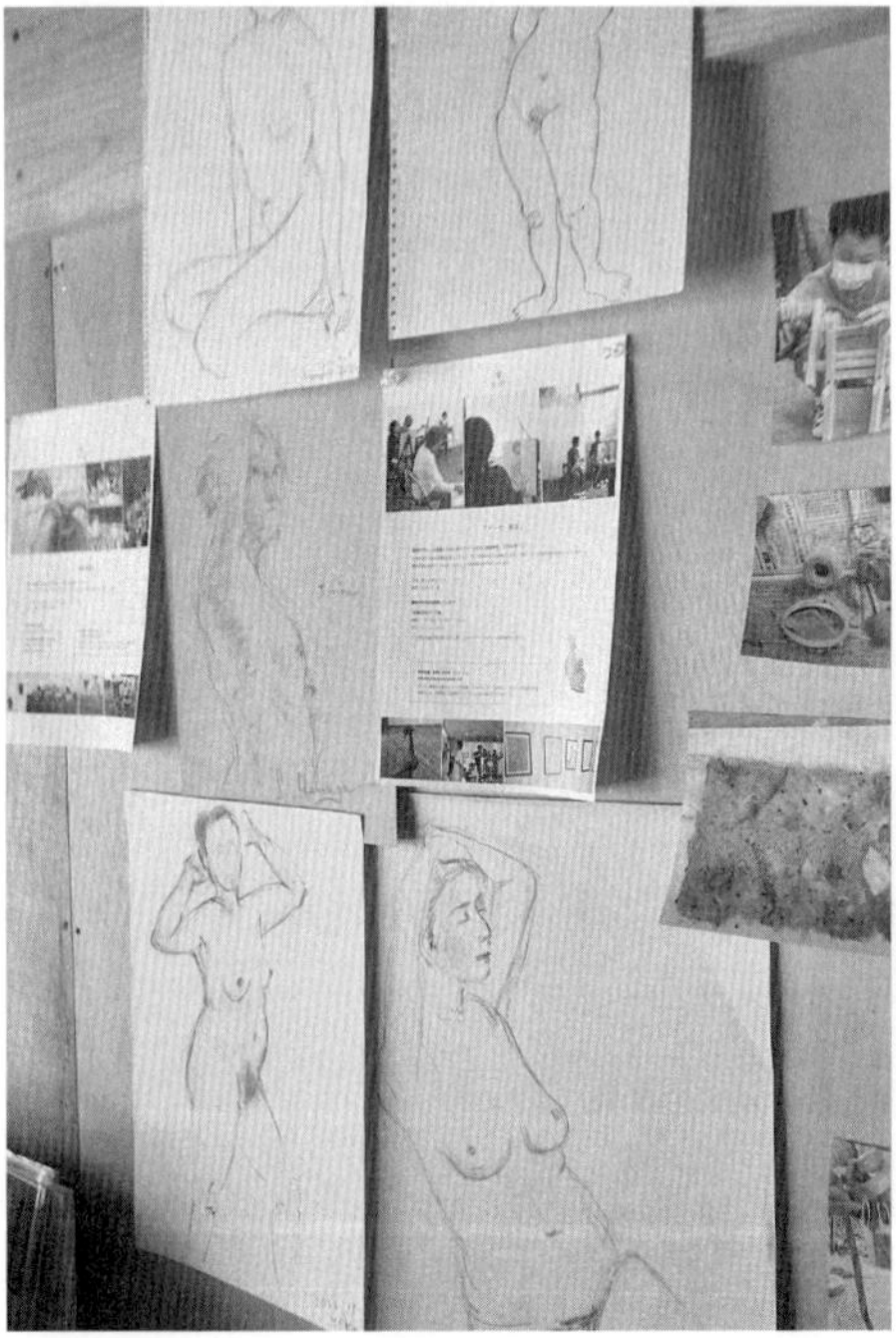

ハーブの会

自然の会

B 背中ボタンのギャザーワンピース

photo ／ P.12　製図・出来上がり寸法／ P.71

［ 材料 ］

※左から S ／ M ／ L ／ LL サイズ

表布（生地の森　ワイド幅　60番手コットンローンワッシャーブルー）…140cm幅2m70cm／2m70cm／2m80cm／2m90cm
接着芯…90cm幅20cm
伸び止めテープ…1.5cm幅40cm
ボタン…直径1.3cmを6個

［ 準備 ］

①前見返し、後ろ見返しに接着芯、ポケット口に伸び止めテープを貼る②肩、スカートの脇、ポケット脇の縫い代にロックミシンをかける

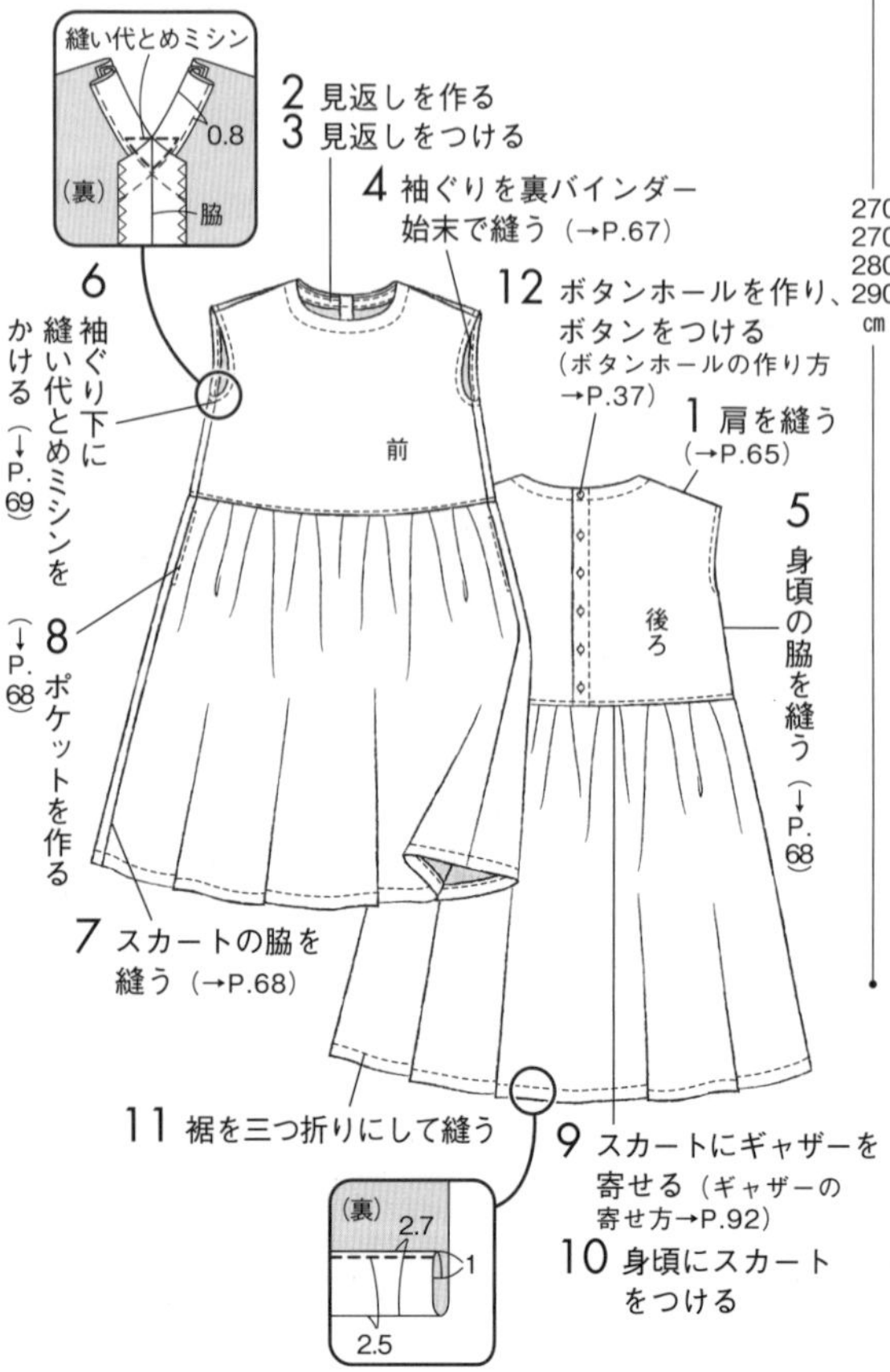

縫い代とめミシン
0.8
（裏）
脇
6 袖ぐり下に縫い代とめミシンをかける（→P.69）
2 見返しを作る
3 見返しをつける
4 袖ぐりを裏バインダー始末で縫う（→P.67）
12 ボタンホールを作り、ボタンをつける（ボタンホールの作り方→P.37）
1 肩を縫う（→P.65）
前
後ろ
5 身頃の脇を縫う（→P.68）
8 ポケットを作る（→P.68）
7 スカートの脇を縫う（→P.68）
11 裾を三つ折りにして縫う
9 スカートにギャザーを寄せる（ギャザーの寄せ方→P.92）
10 身頃にスカートをつける
（裏）
2.7
1
2.5

裁ち合わせ図

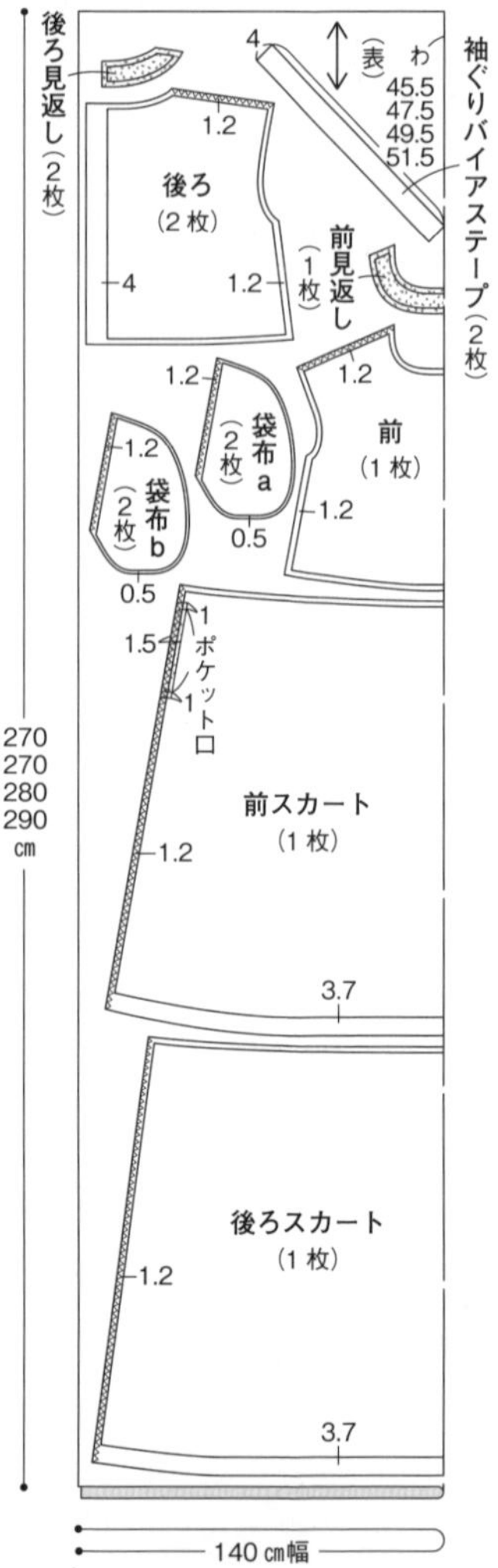

後ろ見返し（2枚）
4
（表）
わ
45.5
47.5
49.5
51.5
袖ぐりバイアステープ（2枚）
1.2
後ろ（2枚）
4
1.2
前見返し（1枚）
1.2
1.2
袋布a（2枚）
前（1枚）
1.2
1.2
袋布b（2枚）
0.5
0.5
1
1.5
ポケット口
1
270
270
280
290
cm
前スカート（1枚）
1.2
3.7
後ろスカート（1枚）
1.2
3.7
140cm幅

※指定以外の縫い代は1cm
※ ▒ は裏に接着芯、伸び止めテープを貼る
※ ╲╱╲╱ 縫い代にロックミシンをかける
※数字は上からS ／ M ／ L ／ LLサイズ
※袖ぐりバイアステープは裁ち合わせ図の寸法で直接布をカットする
※LLサイズは145cm幅以上の布を使用する

2 見返しを作る

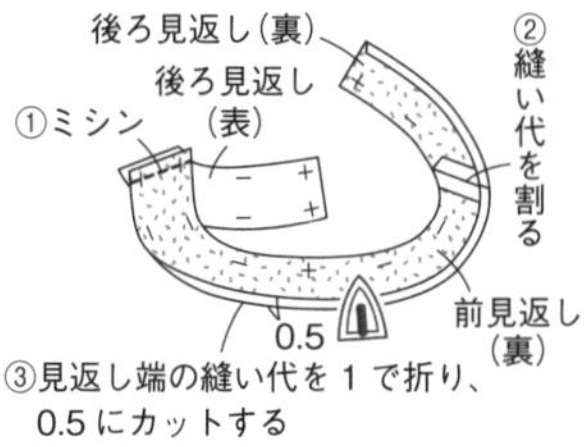

後ろ見返し（裏）
後ろ見返し（表）
①ミシン
②縫い代を割る
前見返し（裏）
0.5
③見返し端の縫い代を1で折り、0.5にカットする

3 見返しをつける

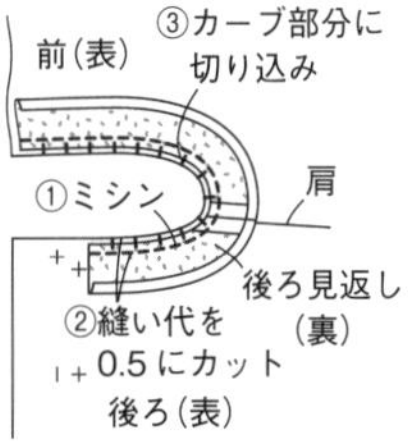

前（表）
③カーブ部分に切り込み
①ミシン
肩
後ろ見返し（裏）
②縫い代を0.5にカット
後ろ（表）

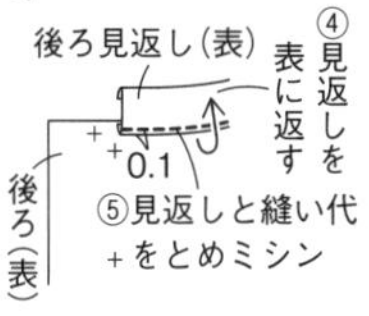

後ろ見返し（表）
④見返しを表に返す
0.1
⑤見返しと縫い代をとめミシン
後ろ（表）

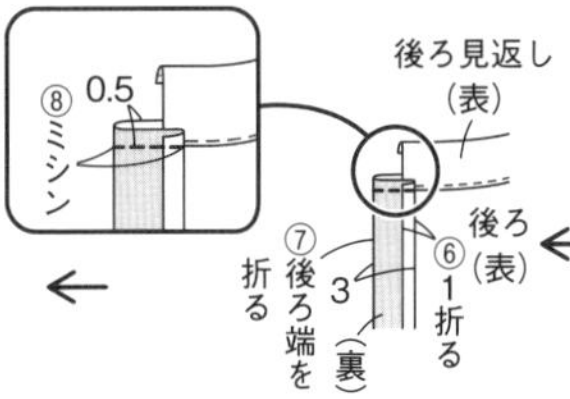

後ろ見返し（表）
0.5
⑧ミシン
後ろ（表）
⑥1折る
⑦後ろ端を折る
3
（裏）

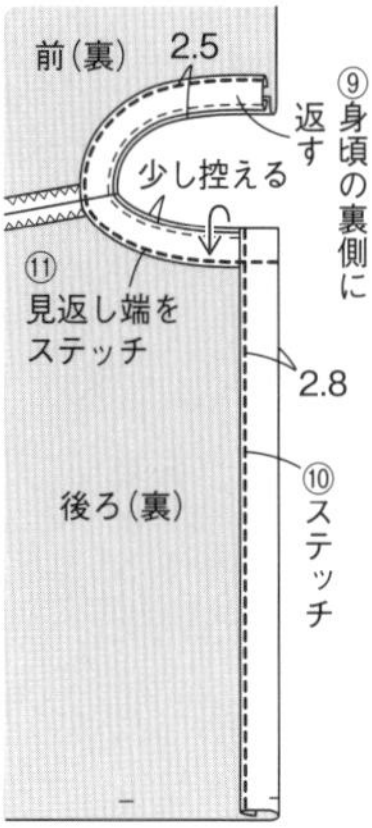

前（裏）
2.5
⑨身頃の裏側に返す
少し控える
⑪見返し端をステッチ
2.8
後ろ（裏）
⑩ステッチ

10 身頃にスカートをつける

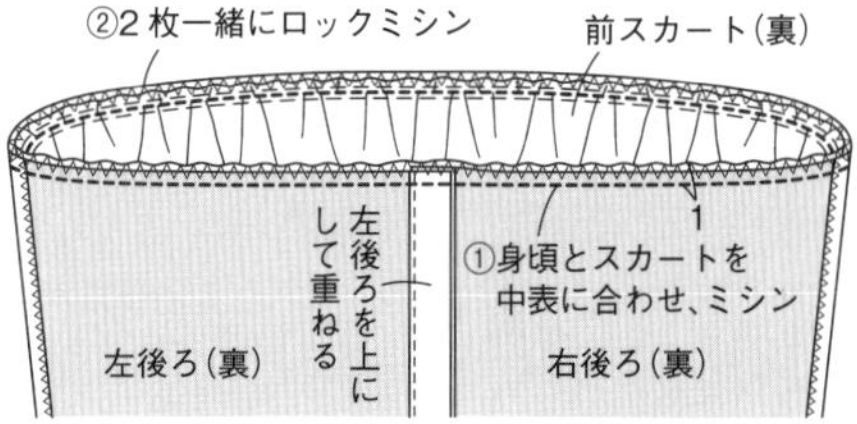

②2枚一緒にロックミシン
前スカート（裏）
1
①身頃とスカートを中表に合わせ、ミシン
左後ろを上にして重ねる
左後ろ（裏）
右後ろ（裏）

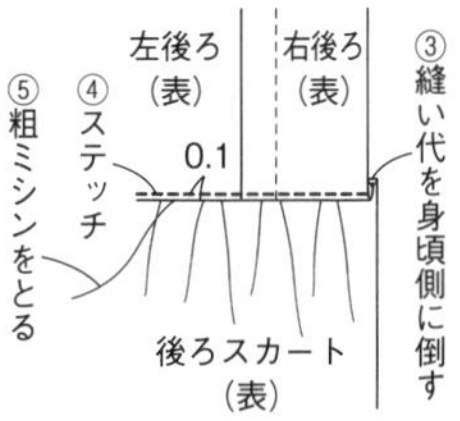

左後ろ（表）
右後ろ（表）
③縫い代を身頃側に倒す
④ステッチ
⑤粗ミシンをとる
0.1
後ろスカート（表）

E P.90 ウエストリボンのワンピースの作り方

5 袖をつける

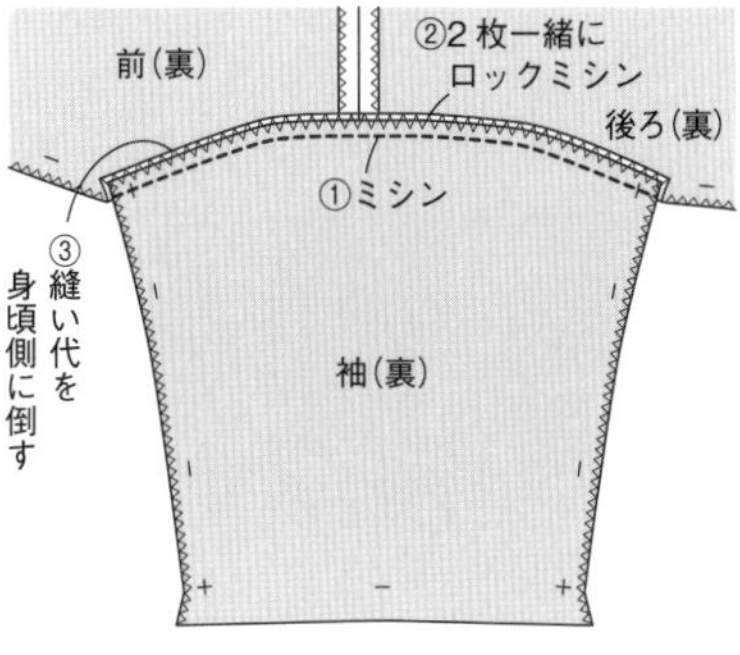

前（裏）
②2枚一緒にロックミシン
後ろ（裏）
①ミシン
③縫い代を身頃側に倒す
袖（裏）

6 袖下〜脇を縫う

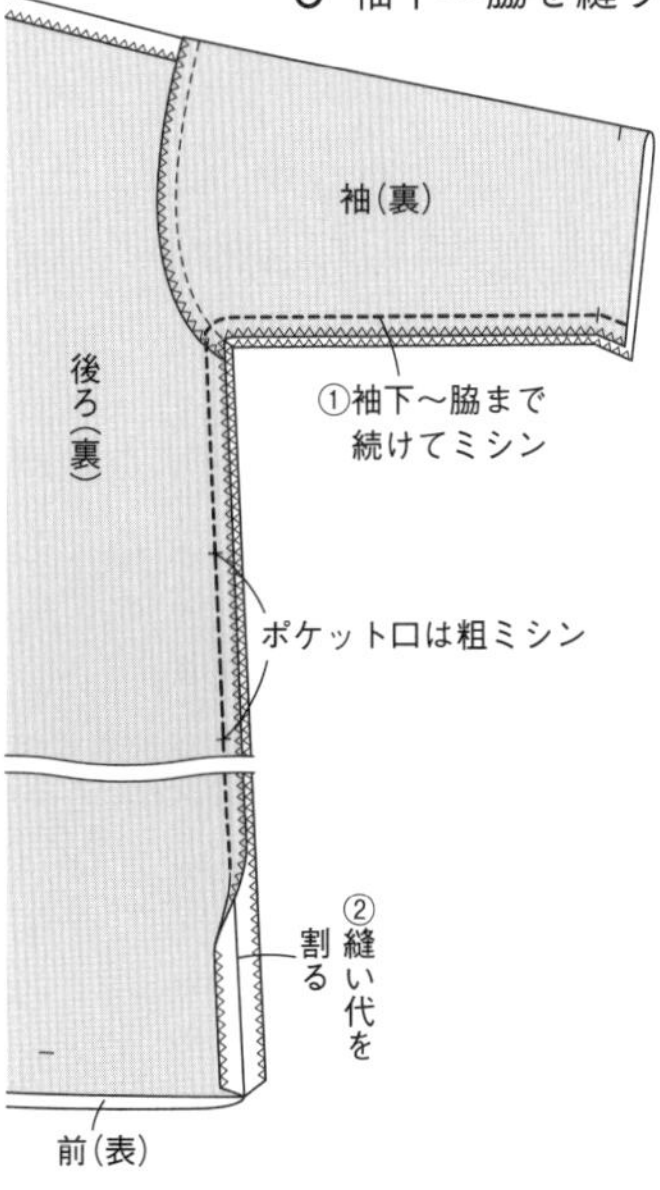

袖（裏）
後ろ（裏）
①袖下〜脇まで続けてミシン
ポケット口は粗ミシン
②縫い代を割る
前（表）

Ⓒ 胸ギャザーのワンピース

photo／P.13
製図・出来上がり寸法／P.72

［材料］
※左からS／M／L／LLサイズ
表布（船場白生地商店　40番手　生成りウォッシャーリネン）…148cm幅2m30cm／2m40cm／2m50cm／2m60cm
接着芯…90cm幅20cm、伸び止めテープ…1.5cm幅40cm、ボタン…直径1cmを1個

［準備］
①前見返し、後ろ見返しに接着芯、ポケット口に伸び止めテープを貼る②肩、脇、後ろ中心、袖下、ポケット脇の縫い代にロックミシンをかける

4 見返しを作る（→P.90）
5 見返しをつけて、後ろあきを作る
12 見返しを縫い代につける
2 布ループを作り、つける
（布ループの作り方→P.36）
13 ボタンをつける
1 後ろ中心を縫う
3 肩を縫う（→P.65）
(裏) 1.7
1
1.5
10 袖口を三つ折りにして縫う
8 袖下～脇を縫う（↓P.87）
7 袖をつける（→P.87）
9 ポケットを作る（↓P.68）
6 前後身頃にギャザーを寄せ、前後ヨークにつける（↓P.92）
前
後ろ
(裏) 2.7
1
2.5
11 裾を三つ折りにして縫う

裁ち合わせ図

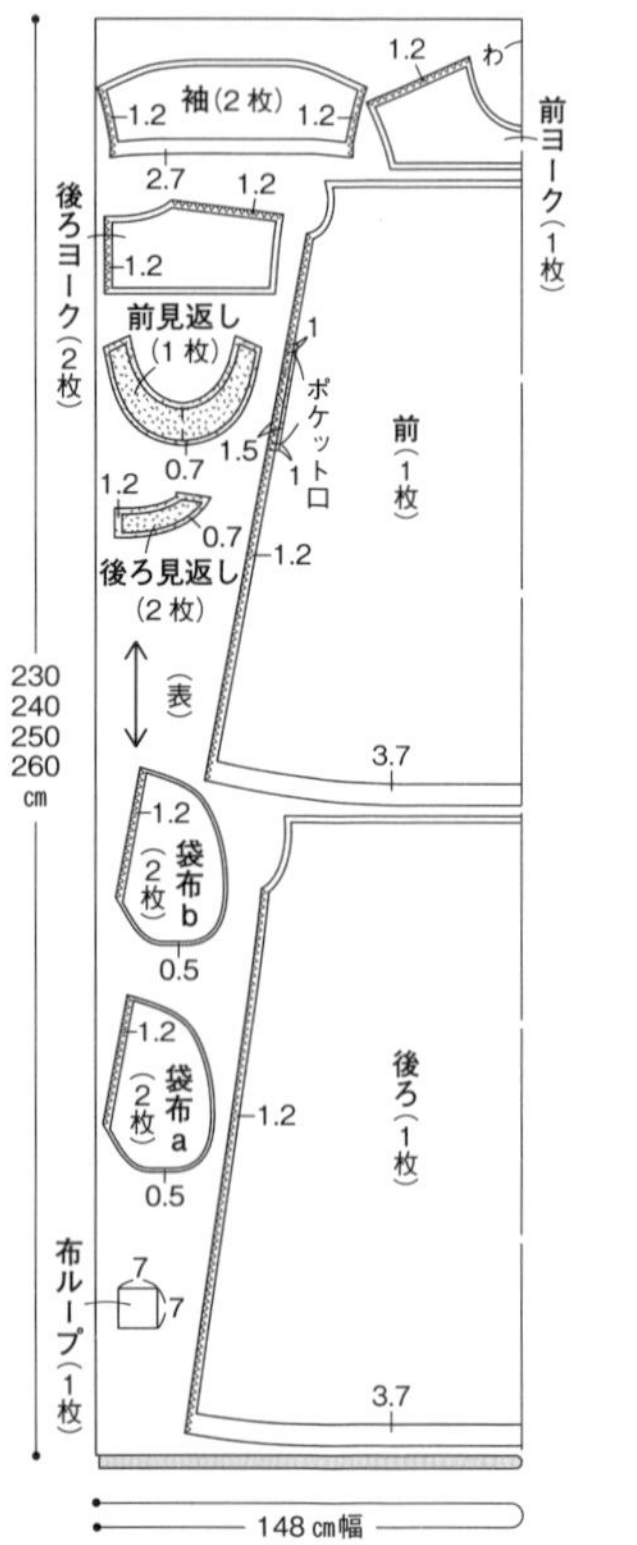

1.2
わ
前ヨーク（1枚）
袖（2枚）
1.2
1.2
2.7
1.2
後ろヨーク（2枚）
1.2
前見返し（1枚）
1
ポケット口
1.5
1
0.7
1.2
0.7
後ろ見返し（2枚）
1.2
前（1枚）
230
240
250
260
cm
（表）
3.7
1.2
袋布b（2枚）
0.5
1.2
袋布a（2枚）
1.2
0.5
後ろ（1枚）
布ループ（1枚）
7
7
3.7
148cm幅

※指定以外の縫い代は1cm
※ [図：点線の網かけ] は裏に接着芯、伸び止めテープを貼る
※ ╲╱╲╱ 縫い代にロックミシンをかける
※数字は上からS／M／L／LLサイズ
※布ループは裁ち合わせ図の寸法で直接布をカットする

1 後ろ中心を縫う
2 布ループを作り、つける
（布ループの作り方→ P.36）

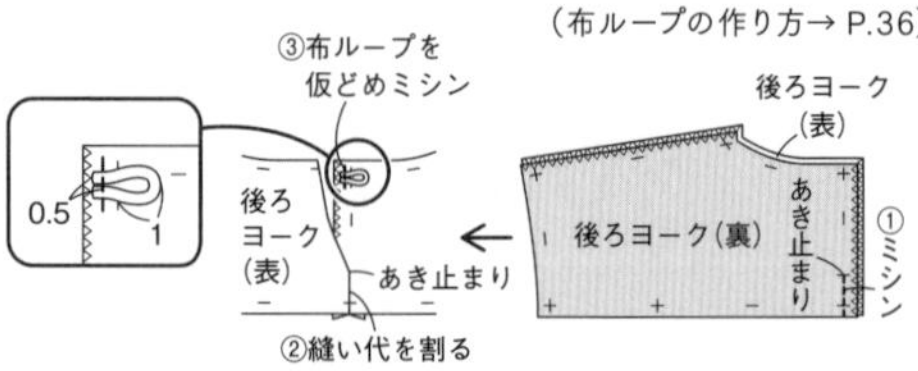

③布ループを仮どめミシン
0.5
1
後ろヨーク（表）
あき止まり
②縫い代を割る
後ろヨーク（表）
後ろヨーク（裏）
あき止まり
①ミシン

5 見返しをつけて、後ろあきを作る

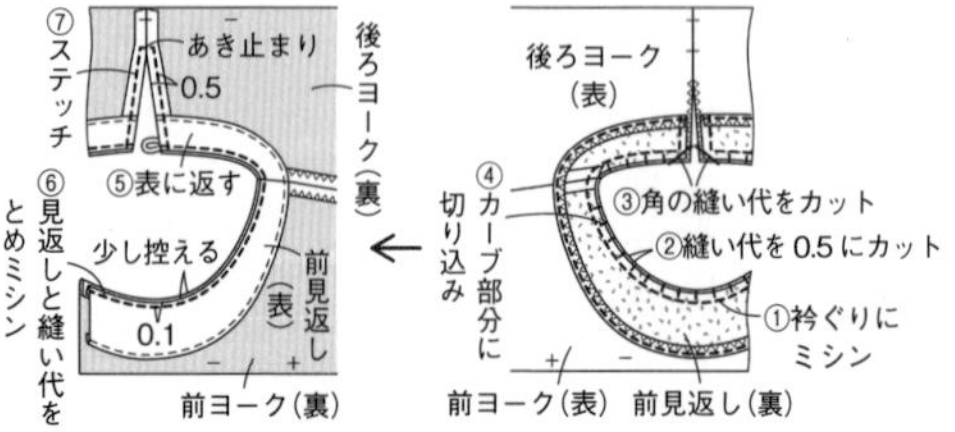

⑦ステッチ
あき止まり
0.5
後ろヨーク（裏）
⑤表に返す
⑥見返しと縫い代をとめミシン
少し控える
前見返し（表）
0.1
前ヨーク（裏）
後ろヨーク（表）
④カーブ部分に切り込み
③角の縫い代をカット
②縫い代を0.5にカット
①衿ぐりにミシン
前ヨーク（表）
前見返し（裏）

12 見返しを縫い代につける

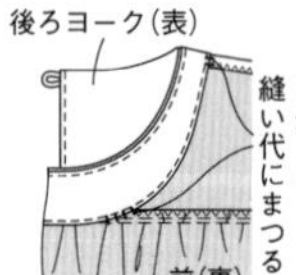

後ろヨーク（表）
見返しを縫い代にまつる
前（裏）

Ⓓ てんこさんのワンピース

photo／P.14、P.62　製図・出来上がり寸法／P.72

［材料］

※左から S／M／L／LL サイズ

表布（生地の森　洗いこまれたベルギーリネンローン60番手　ライトネイビー）…108㎝幅3m50㎝／3m60㎝／4m40㎝／4m50㎝

接着芯…90㎝幅20㎝、伸び止めテープ…1.5㎝幅40㎝

［準備］

①前見返し、後ろ見返しに接着芯、ポケット口に伸び止めテープを貼る②肩、前脇、脇布の前側、ポケット脇の縫い代にロックミシンをかける

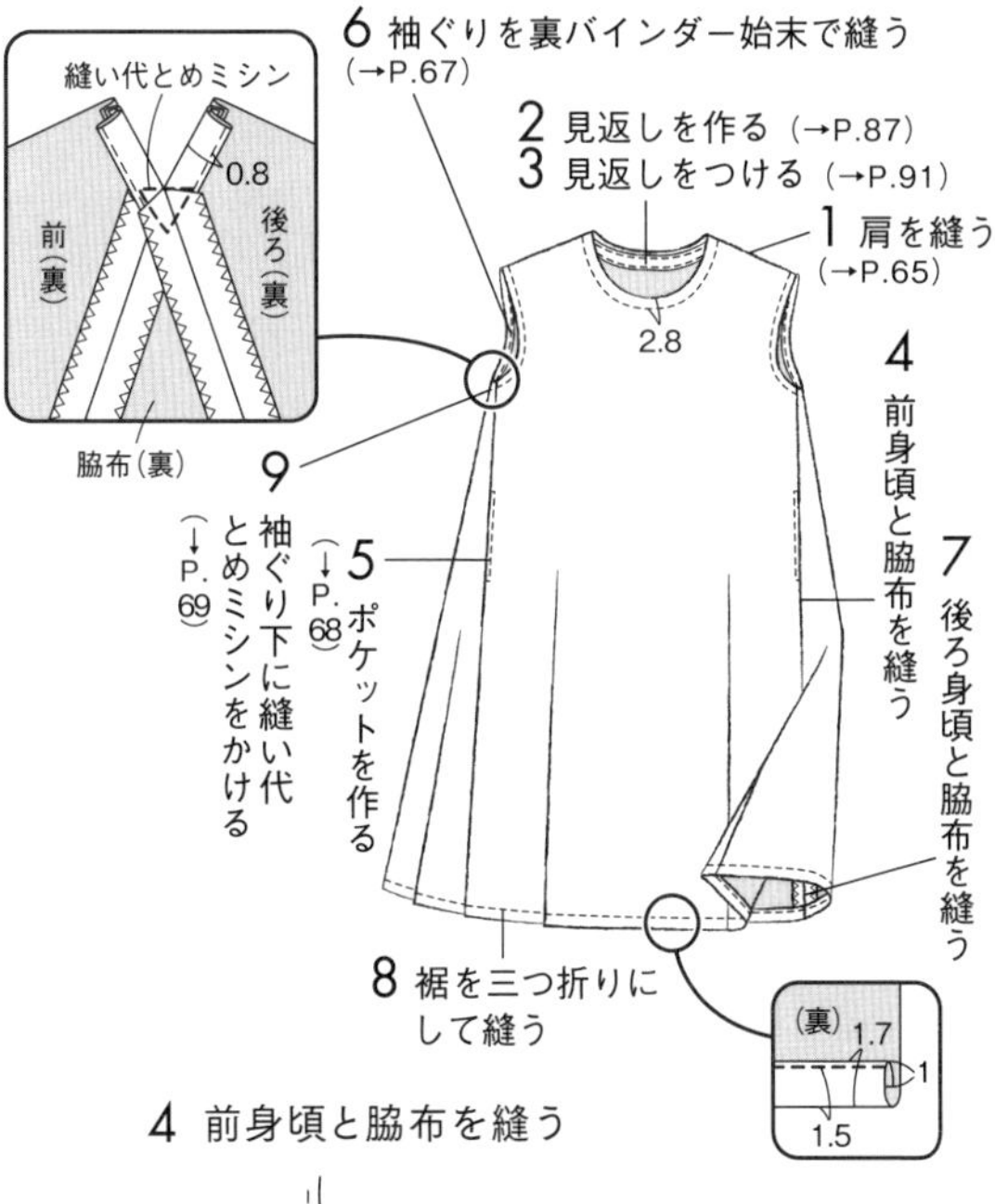

6 袖ぐりを裏バインダー始末で縫う（→P.67）
縫い代とめミシン
0.8
前（裏）
後ろ（裏）
脇布（裏）
2 見返しを作る（→P.87）
3 見返しをつける（→P.91）
1 肩を縫う（→P.65）
2.8
4 前身頃と脇布を縫う
9 袖ぐり下に縫い代とめミシンをかける（→P.69）
5 ポケットを作る（→P.68）
7 後ろ身頃と脇布を縫う
8 裾を三つ折りにして縫う
（裏）
1.7
1
1.5

4 前身頃と脇布を縫う

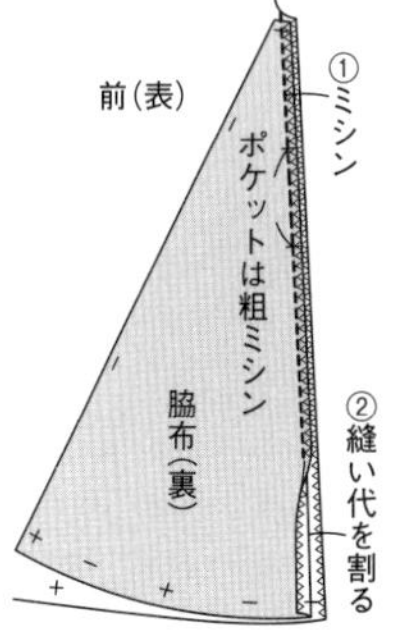

前（表）
①ミシン
ポケットは粗ミシン
脇布（裏）
②縫い代を割る

裁ち合わせ図

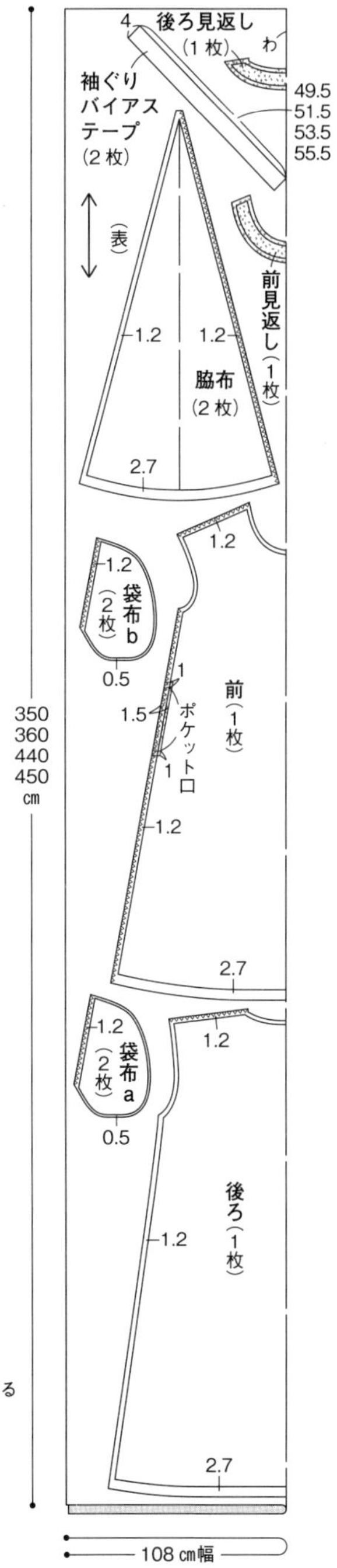

4
後ろ見返し（1枚）
わ
袖ぐりバイアステープ（2枚）
49.5
51.5
53.5
55.5
（表）
前見返し（1枚）
1.2
1.2
脇布（2枚）
2.7
1.2
1.2
袋布b（2枚）
0.5
1
1.5
ポケット口
1
前（1枚）
1.2
2.7
350
360
440
450
㎝
1.2
袋布a（2枚）
1.2
0.5
後ろ（1枚）
1.2
2.7
108㎝幅

※指定以外の縫い代は1㎝

※ ［図］ は裏に接着芯、伸び止めテープを貼る

※ ∨∨∨ 縫い代にロックミシンをかける

※数字は上からS／M／L／LLサイズ

※袖ぐりバイアステープは裁ち合わせ図の寸法で直接布をカットする

Ⓔ ウエストリボンのワンピース

photo／P.14　製図・出来上がり寸法／P.73

［材料］

※左からS／M／L／LLサイズ

表布（船場白生地商店　ネップ生成りコットン）…107cm幅3m10cm／3m20cm／3m30cm／3m40cm

接着芯…90cm幅20cm、伸び止めテープ…1.5cm幅90cm、コンシールファスナー…56cmを1本

［準備］

①前見返し、後ろ見返しに接着芯、ポケット口、ファスナーつけ位置に伸び止めテープを貼る②肩、脇、後ろ中心、袖下、ポケット脇の縫い代にロックミシンをかける

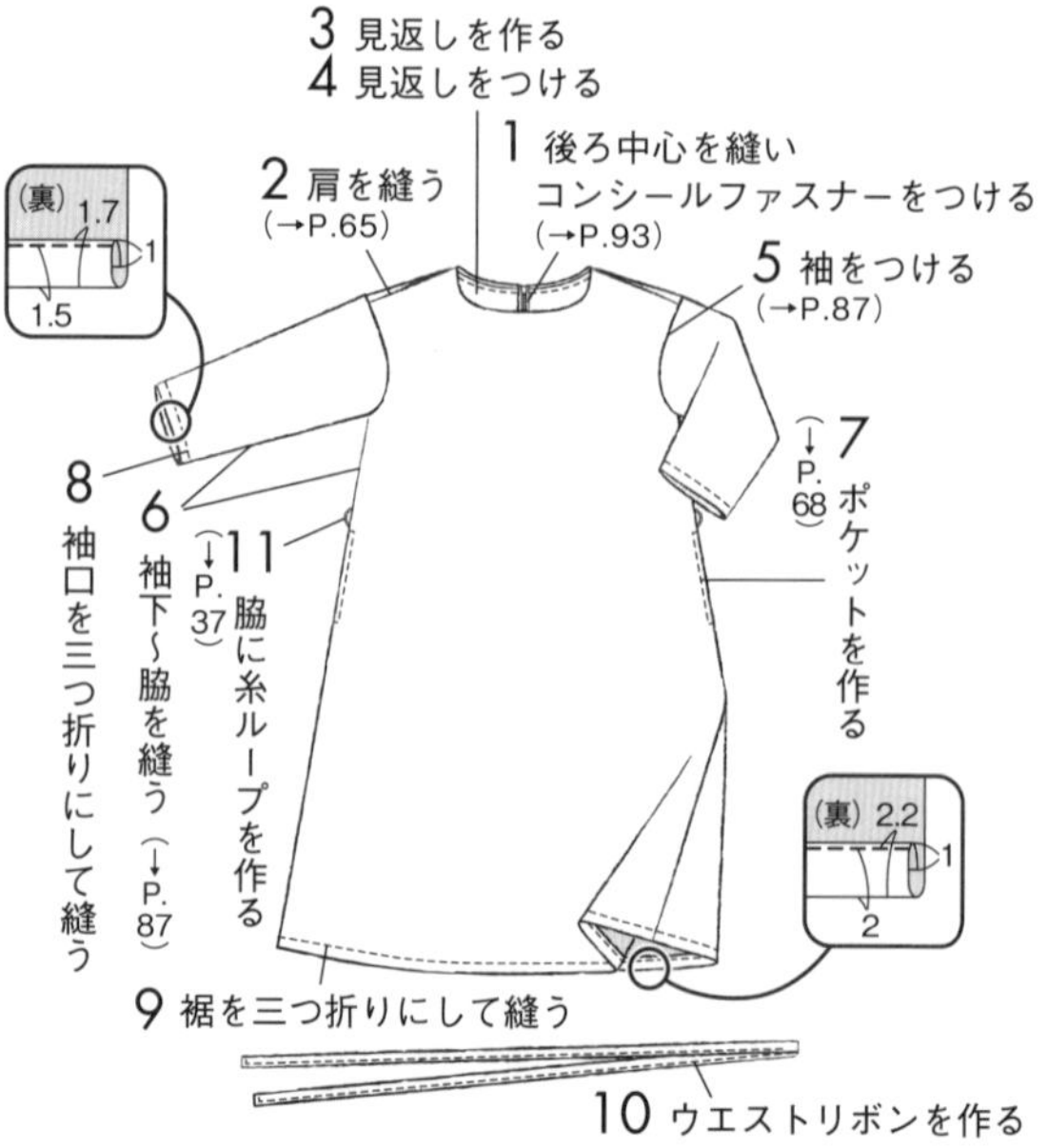

3 見返しを作る
4 見返しをつける
1 後ろ中心を縫い
コンシールファスナーをつける
(→P.93)
2 肩を縫う
(→P.65)
5 袖をつける
(→P.87)
(裏) 1.7
1
1.5
7 ポケットを作る
(→P.68)
8 袖口を三つ折りにして縫う
6 袖下～脇を縫う
(→P.87)
11 脇に糸ループを作る
(→P.37)
(裏) 2.2
1
2
9 裾を三つ折りにして縫う
10 ウエストリボンを作る

4 見返しをつける

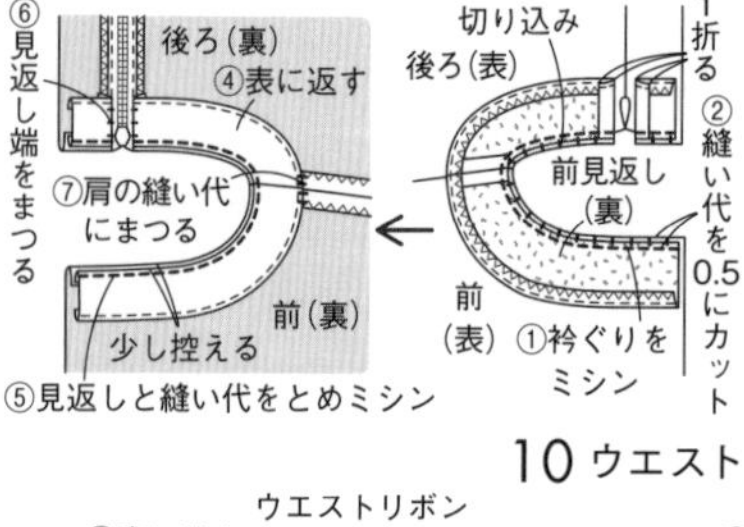

⑥見返し端をまつる
後ろ(裏)
④表に返す
⑦肩の縫い代にまつる
前(裏)
少し控える
⑤見返しと縫い代をとめミシン
③カーブ部分に切り込み
1 折る
後ろ(表)
②縫い代を0.5にカット
前見返し(裏)
前(表)
①衿ぐりをミシン

3 見返しを作る

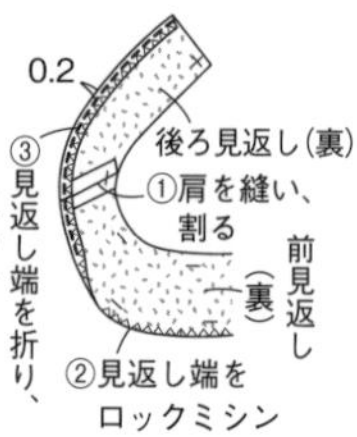

0.2
③見返し端を折り、ステッチ
後ろ見返し(裏)
①肩を縫い、割る
前見返し(裏)
②見返し端をロックミシン

10 ウエストリボンを作る

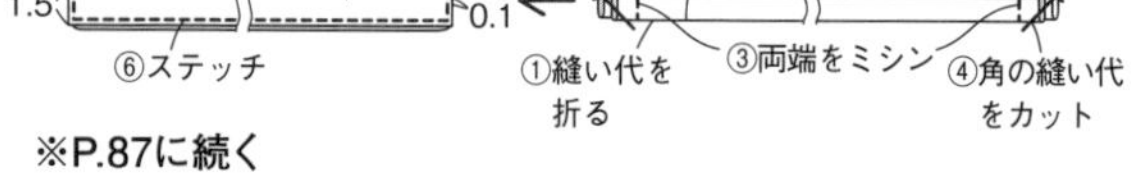

⑤表に返す
ウエストリボン(表)
1.5
0.1
⑥ステッチ
1
②二つ折り
ウエストリボン(裏)
①縫い代を折る
③両端をミシン
④角の縫い代をカット

※P.87に続く

裁ち合わせ図

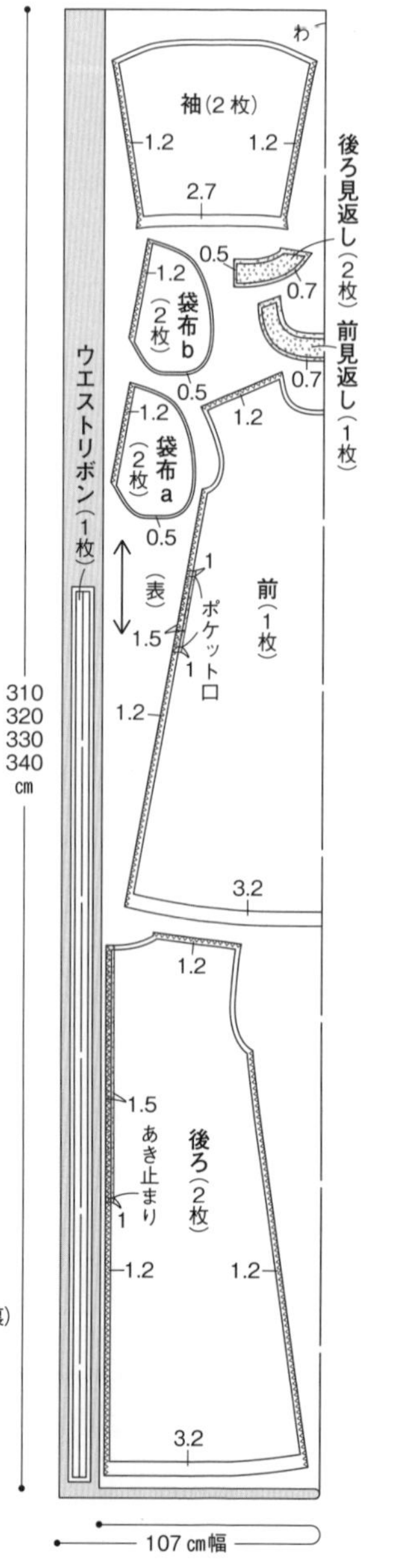

わ
袖(2枚)
1.2
1.2
2.7
後ろ見返し(2枚)
0.5
0.7
前見返し(1枚)
0.7
袋布b(2枚)
1.2
0.5
袋布a(2枚)
1.2
0.5
1.2
前(1枚)
(表)
1
ポケット口
1.5
1
1.2
3.2
ウエストリボン(1枚)
310
320
330
340
cm
後ろ(2枚)
1.2
1.5
あき止まり
1
1.2
1.2
3.2
107cm幅

※指定以外の縫い代は1cm

※ ［図］ は裏に接着芯、伸び止めテープを貼る

※ ＼/＼/＼/ 縫い代にロックミシンをかける

※数字は上からS／M／L／LLサイズ

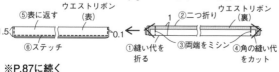

Ⓚ プルオーバー

photo ／ P.15、P.52　製図・出来上がり寸法／ P.73

［ 材料 ］

※左から S ／ M ／ L ／ LL サイズ

表布（生地の森　コットンローンソフトワッシャー無地染め　ホワイト）

…148㎝幅1m50㎝／1m50㎝／1m60㎝／1m60㎝

接着芯…90㎝幅20㎝

［ 準備 ］

①前見返し、後ろ見返しに接着芯を貼る②肩、前下身頃、後ろ下身頃の脇の縫い代にロックミシンをかける

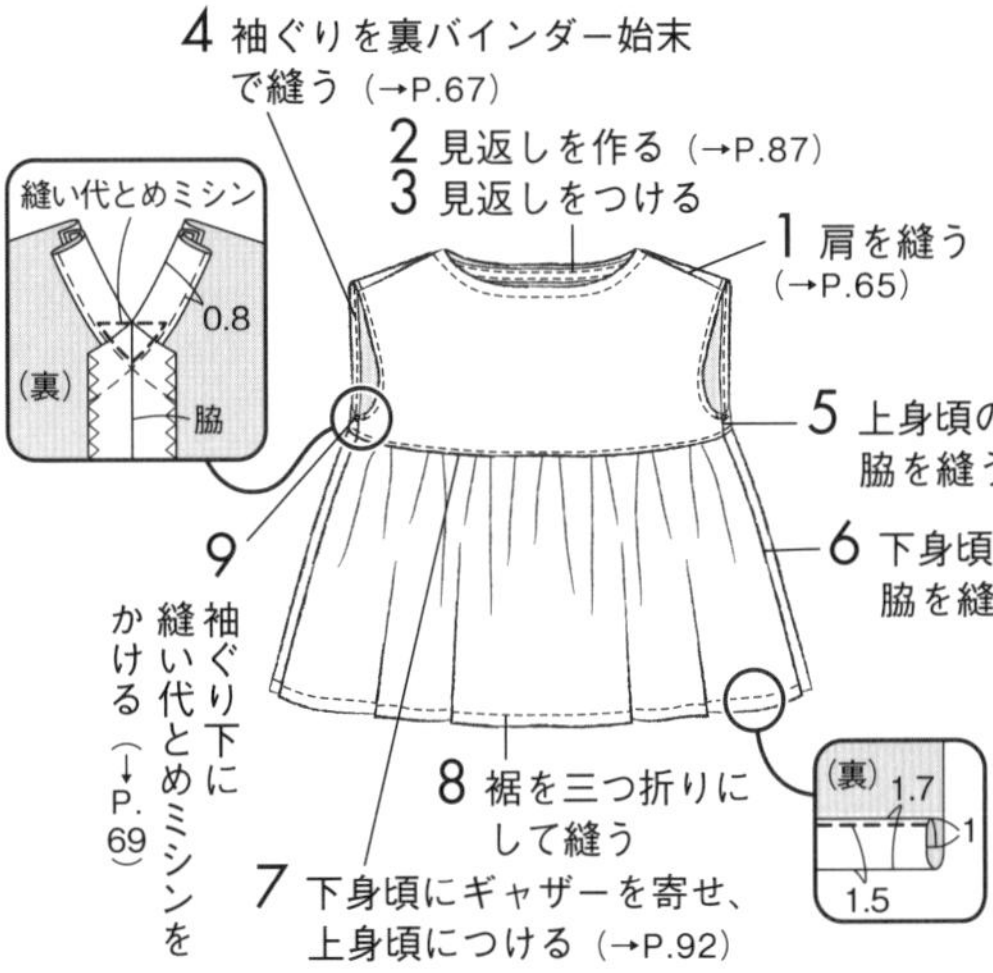

4 袖ぐりを裏バインダー始末で縫う（→P.67）
2 見返しを作る（→P.87）
3 見返しをつける
1 肩を縫う（→P.65）
縫い代とめミシン
0.8
（裏）
脇
5 上身頃の脇を縫う
6 下身頃の脇を縫う
9 袖ぐり下に縫い代とめミシンをかける（→P.69）
8 裾を三つ折りにして縫う
（裏）
1.7
1
1.5
7 下身頃にギャザーを寄せ、上身頃につける（→P.92）

裁ち合わせ図

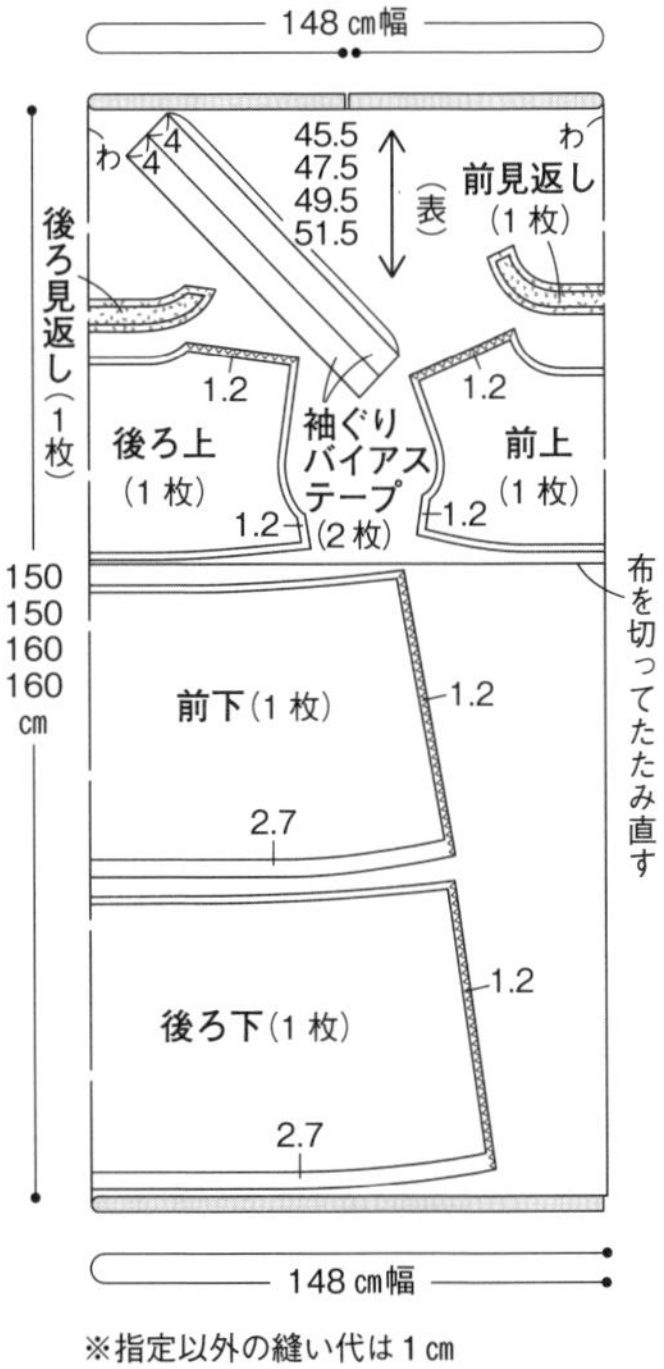

148㎝幅
わ
4
4
45.5
47.5
49.5
51.5
（表）
わ
前見返し（1枚）
後ろ見返し（1枚）
1.2
後ろ上（1枚）
1.2
袖ぐりバイアステープ（2枚）
1.2
前上（1枚）
1.2
150
150
160
160
㎝
布を切ってたたみ直す
前下（1枚）
1.2
2.7
後ろ下（1枚）
1.2
2.7
148㎝幅

※指定以外の縫い代は1㎝

※ ［ドット］ は裏に接着芯を貼る

※ ╲╱╲╱ 縫い代にロックミシンをかける

※数字は上から S ／ M ／ L ／ LL サイズ

※袖ぐりバイアステープは裁ち合わせ図の寸法で直接布をカットする

3 見返しをつける

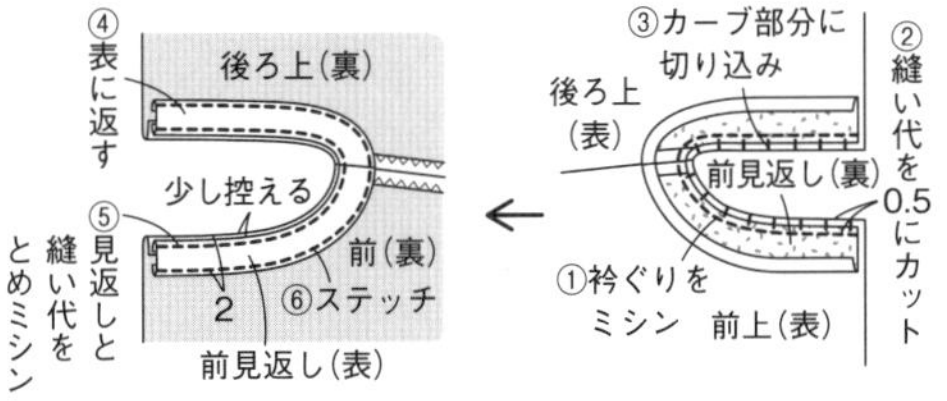

④表に返す
後ろ上（裏）
少し控える
⑤見返しと縫い代をとめミシン
2
前（裏）
⑥ステッチ
前見返し（表）
③カーブ部分に切り込み
後ろ上（表）
前見返し（裏）
②縫い代を0.5にカット
①衿ぐりをミシン
前上（表）

6 下身頃の脇を縫う

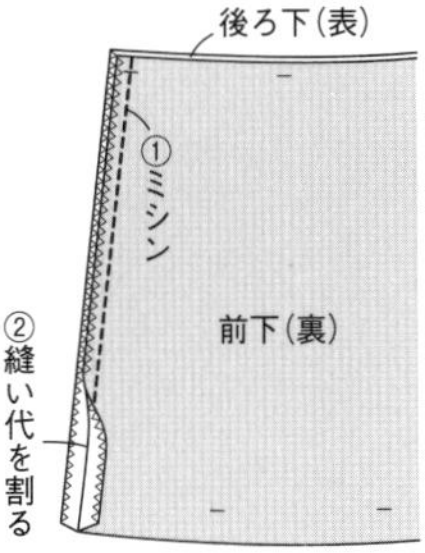

後ろ下（表）
①ミシン
前下（裏）
②縫い代を割る

ギャザーの寄せ方

パーツを縫い合わせるときは、ここでは縫いやすいよう、２本の粗ミシンの間を本縫いします。生地の目が細かく、ほどくとミシン目の跡が残る場合は、粗ミシンを布端から0.3cm、0.5cm（縫い代が１cmの場合）で縫い、粗ミシンの外側を本縫いします。

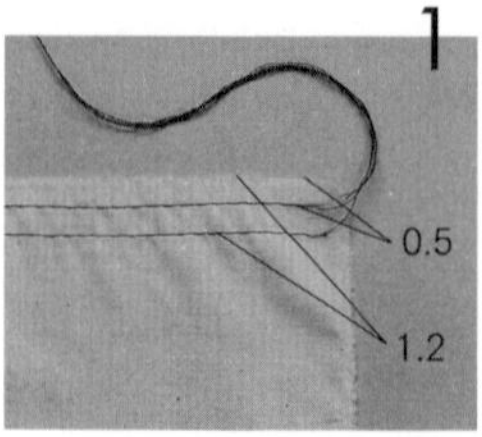

ミシンの上糸を弱くし、布端から0.5cm、1.2cm（縫い代が１cmの場合）の位置に粗ミシンを2本かける。

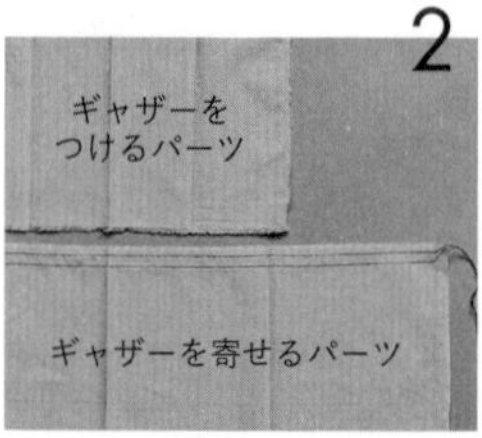

ギャザーをつけるパーツとギャザーを寄せるパーツの中央とその半分など大まかに布を合わせてまち針でとめる。

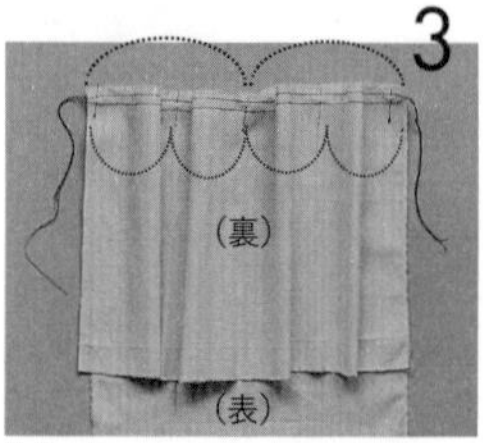

まち針どうしの間の位置を、さらにまち針で均等にとめる。

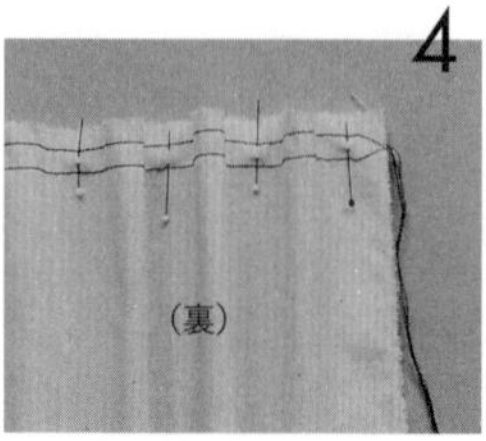

片側の糸端を２本一緒に結び、反対側の糸を引いてギャザーを寄せる。

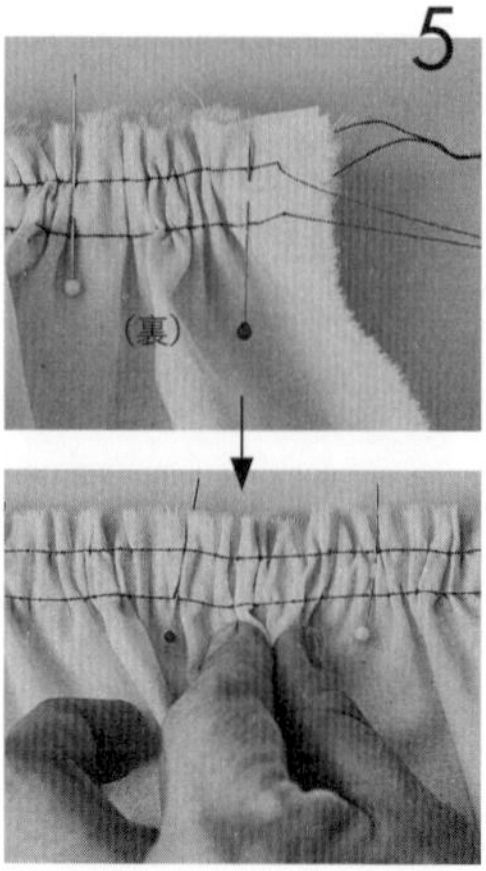

ギャザーをつけるパーツとギャザーを寄せるパーツの長さを揃える。まち針とまち針の間に均等にギャザーが入るように指や目打ちで整える。

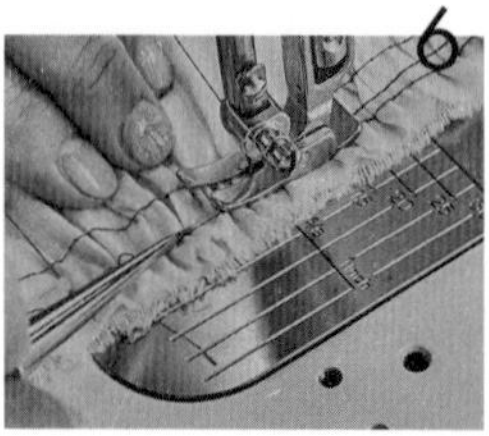

ギャザーをつけるパーツとギャザーを寄せるパーツを中表に合わせ、２本の粗ミシンの間を目打ちで押さえながら縫う。

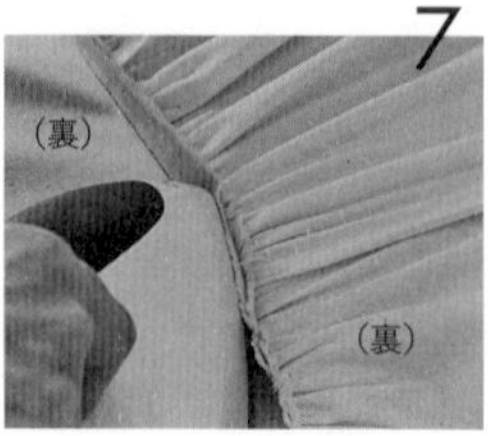

粗ミシンを取り、裏側でギャザーを引っぱりながら、縫い目にアイロンをかける。

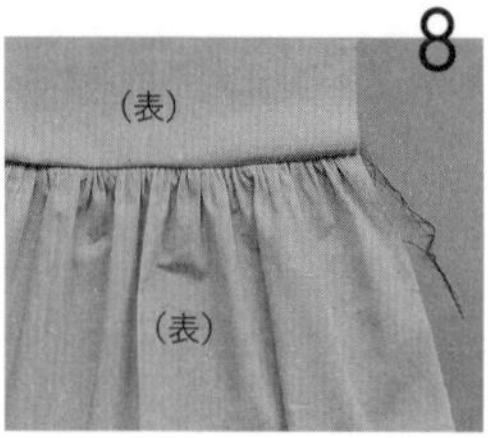

ギャザーをつけるパーツ側に縫い代を倒して完成。

コンシールファスナーのつけ方

ミシン目を見せずに、あきを作れるコンシールファスナー。あき止まりの長さより3cm以上長めのファスナーを用意します。

1

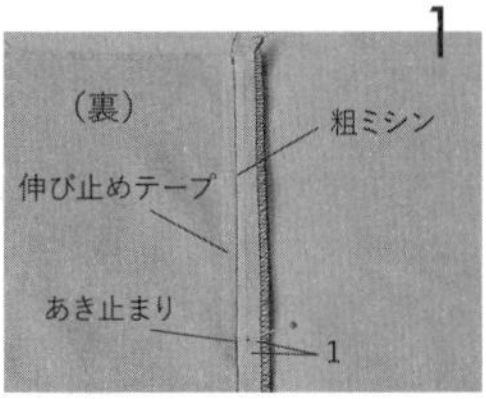
(裏)
粗ミシン
伸び止めテープ
あき止まり
1

縫い代のあき止まりに切りじつけ（P.36参照）をする。あき止まりの1cm下まで伸び止めテープを貼り、ファスナーがつく部分に粗ミシンをかける。あき止まりから下は普通に縫い合わせる。

2

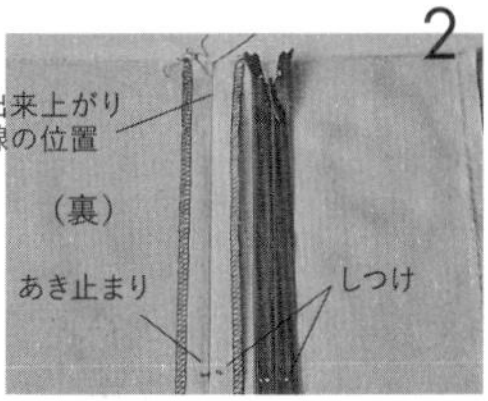
出来上がり
線の位置
(裏)
あき止まり
しつけ

縫い代をアイロンで割り、ファスナーの金具の頭が出来上がり線の位置のすぐ下にくるように合わせ、ファスナーのあき止まりの位置に切りじつけをする。

3

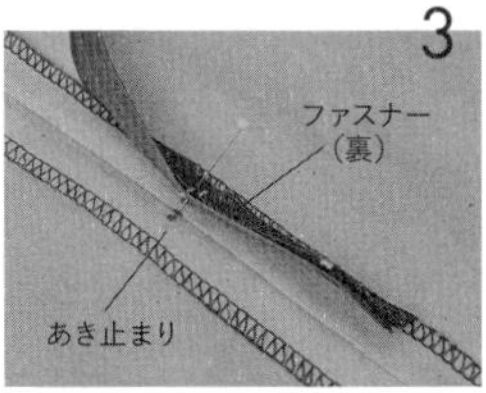
ファスナー
(裏)
あき止まり

ファスナーの裏を上にして置き、切りじつけどうしを合わせて、まち針でとめる。ファスナーと縫い目の中心が合うように合わせる。

4

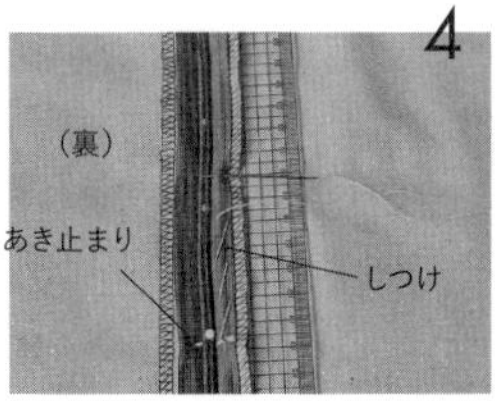
(裏)
あき止まり
しつけ

縫い代と身頃の間に定規などを挟み、縫い代にファスナーを斜めじつけで縫いとめる。

5

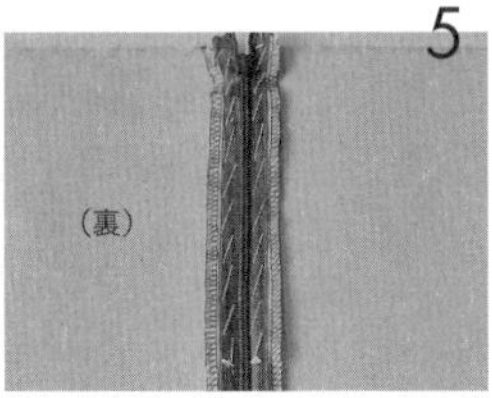
(裏)

縫いとめたところ。

6

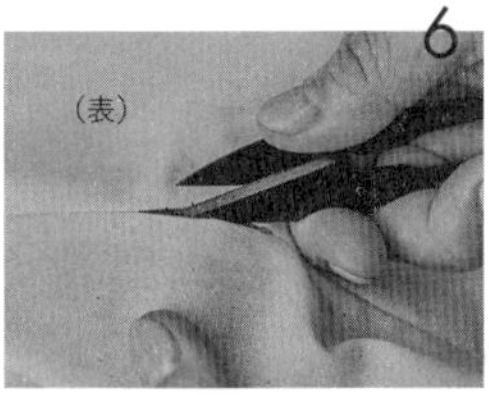
(表)

あき止まりまでの粗ミシンをにぎりばさみでカットしてほどく。

7

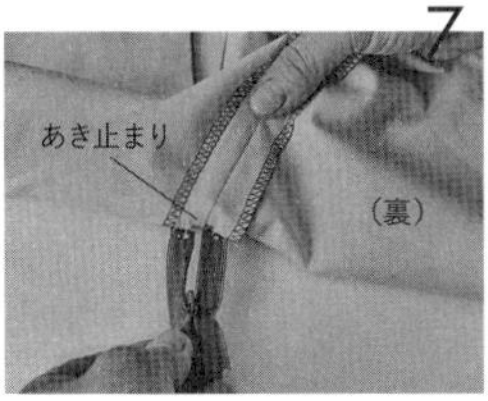
あき止まり
(裏)

スライダーをあき止まりより下まで下げる。

8

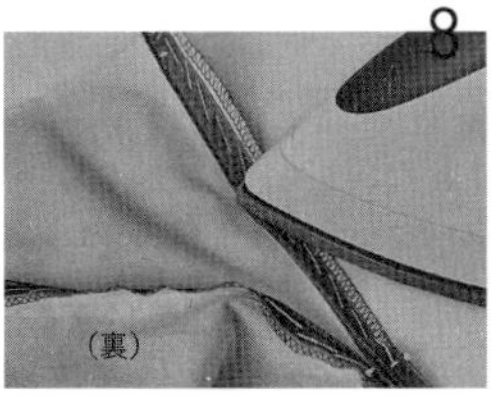
(裏)

ファスナーの務歯《ムシ》に低温のアイロンをかけて伸ばす。

9

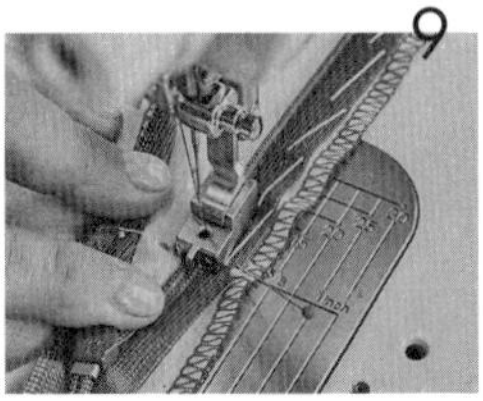

コンシールファスナー押えをミシンに取りつけ、溝にファスナーの務歯《ムシ》を合わせて縫う。もう片方も同様に縫う。

10

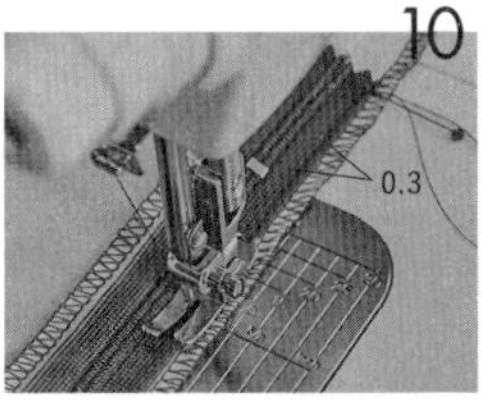
0.3

直線縫いの押え金に戻し、スライダーを上まで引き上げ、ファスナーの両脇を縫い代だけに縫いとめる。

11

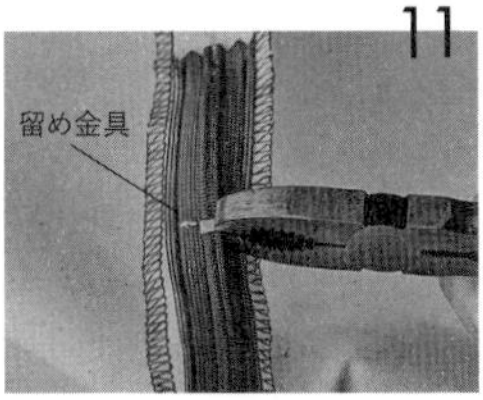
留め金具

ファスナーの留め金具をあき止まりまで移動させてペンチなどで固定する。

12

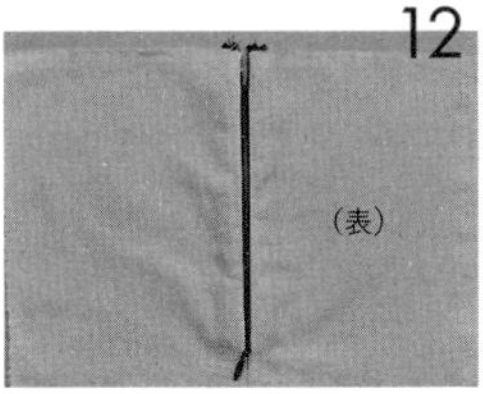
(表)

しつけをとって完成。

Ⓖ ウエストリボンのシャツワンピース

photo／P.39　製図・出来上がり寸法／P.75

［材料］※左からS／M／L／LLサイズ

表布（生地の森　ワイド幅　ベルギーリネン60番手ナチュラル染めタンブラー仕上げ　シルバーグレイ）

…142cm幅2m80cm／2m90cm／3m／3m20cm

接着芯…90cm幅1m10cm／1m10cm／1m20cm／1m20cm

伸び止めテープ…1.5cm幅40cm

ボタン…直径1.15cmを12個

［準備］

①表衿、裏衿、表台衿、裏台衿、前端、カフスに接着芯、ポケット口に伸び止めテープを貼る②脇、袖下、ポケット脇の縫い代にロックミシンをかける

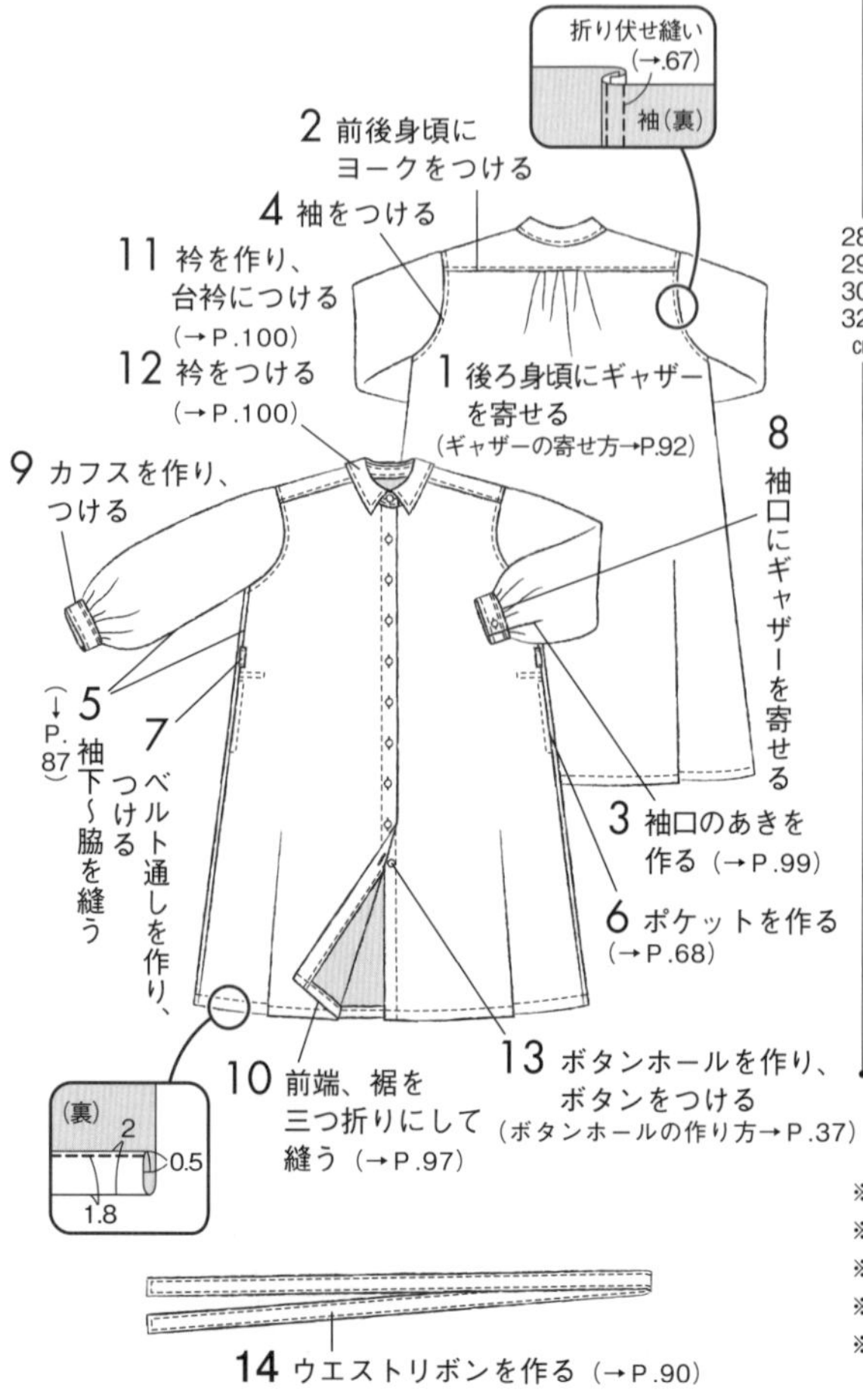

折り伏せ縫い
(→.67)
袖(裏)
2 前後身頃にヨークをつける
4 袖をつける
11 衿を作り、台衿につける
(→P.100)
12 衿をつける
(→P.100)
1 後ろ身頃にギャザーを寄せる
(ギャザーの寄せ方→P.92)
9 カフスを作り、つける
8 袖口にギャザーを寄せる
5 袖下〜脇を縫う
(→P.87)
7 ベルト通しを作り、つける
3 袖口のあきを作る (→P.99)
6 ポケットを作る
(→P.68)
(裏)
2
0.5
1.8
10 前端、裾を三つ折りにして縫う (→P.97)
13 ボタンホールを作り、ボタンをつける
(ボタンホールの作り方→P.37)
14 ウエストリボンを作る (→P.90)

裁ち合わせ図

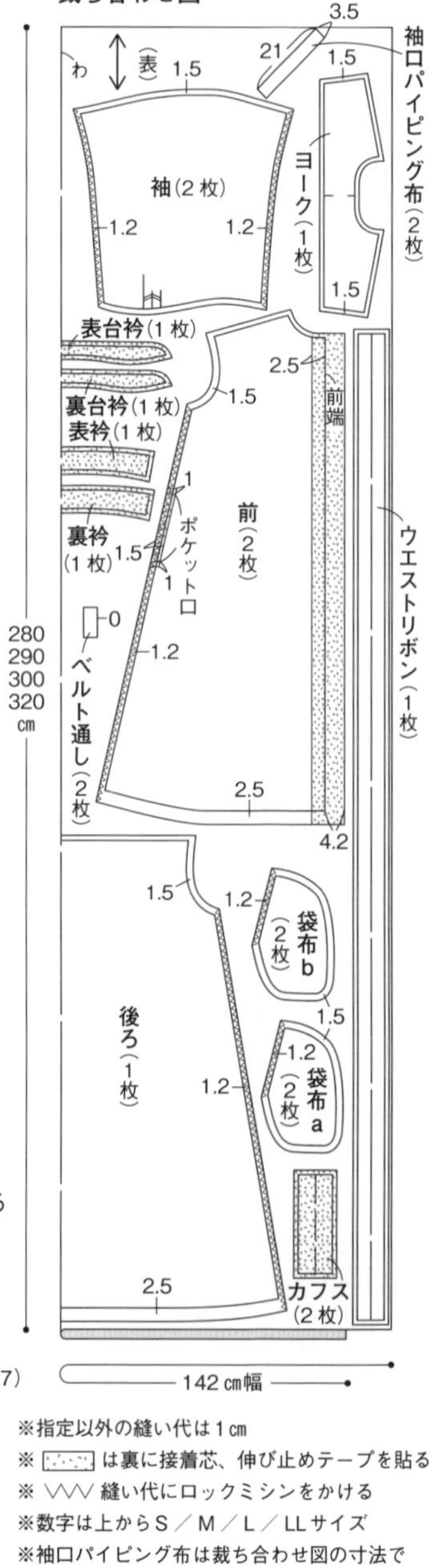

3.5
21
袖口パイピング布(2枚)
わ
(表)
1.5
袖(2枚)
1.2
1.2
1.5
ヨーク(1枚)
1.5
表台衿(1枚)
裏台衿(1枚)
表衿(1枚)
裏衿(1枚)
2.5
1.5
前端
1
ポケット口
1.5
1
前(2枚)
0
ベルト通し(2枚)
1.2
280
290
300
320
cm
2.5
4.2
ウエストリボン(1枚)
1.5
1.2
袋布b(2枚)
1.5
1.2
袋布a(2枚)
後ろ(1枚)
1.2
2.5
カフス(2枚)
142cm幅

※指定以外の縫い代は1cm

※ [図] は裏に接着芯、伸び止めテープを貼る

※ ╲╱╲╱ 縫い代にロックミシンをかける

※数字は上からS／M／L／LLサイズ

※袖口パイピング布は裁ち合わせ図の寸法で直接布をカットする

2 前後身頃にヨークをつける

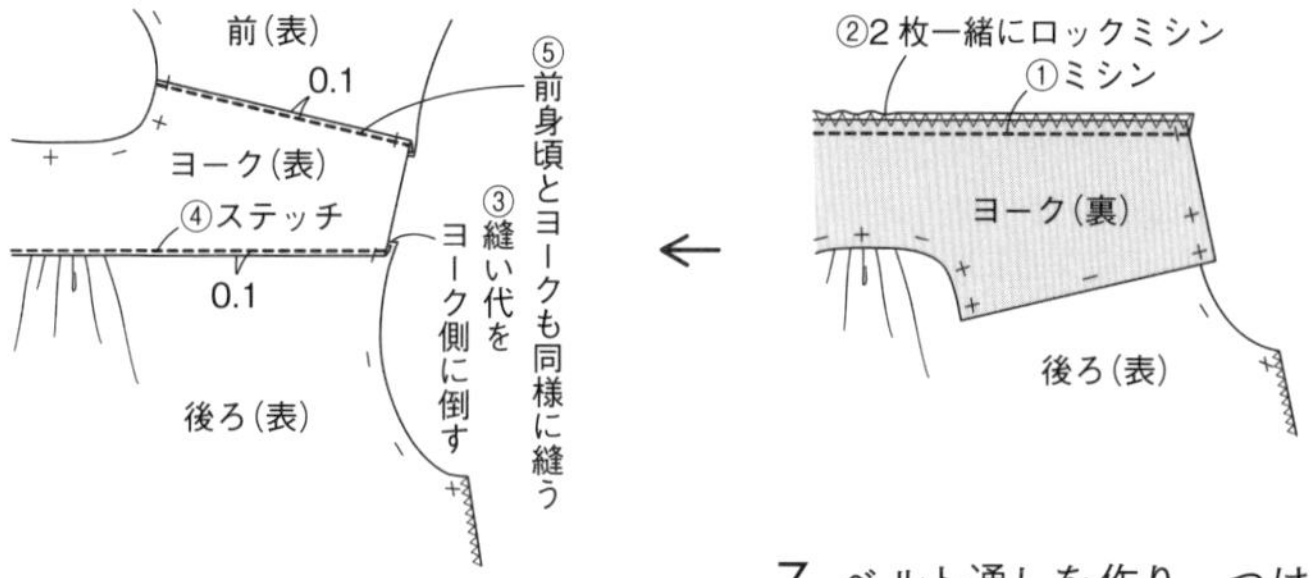

②2枚一緒にロックミシン
①ミシン
ヨーク(裏)
後ろ(表)
前(表)
0.1
ヨーク(表)
④ステッチ
0.1
後ろ(表)
⑤前身頃とヨークも同様に縫う
③縫い代をヨーク側に倒す

7 ベルト通しを作り、つける

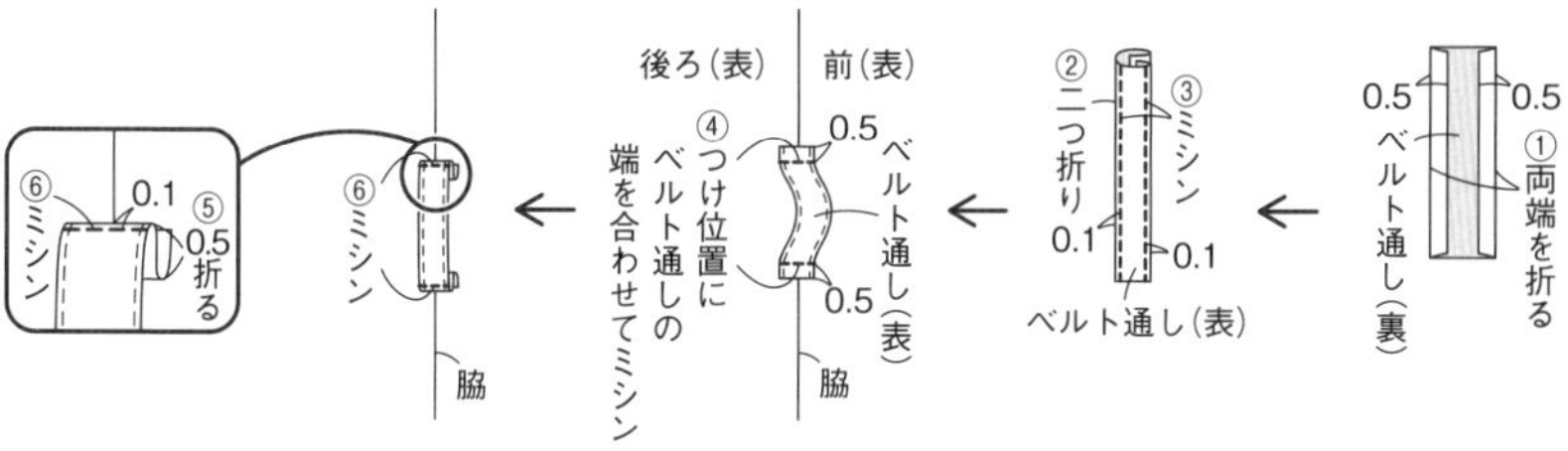

0.5
0.5
①両端を折る
ベルト通し(裏)
②二つ折り
③ミシン
0.1
0.1
ベルト通し(表)
後ろ(表)
前(表)
0.5
0.5
④つけ位置にベルト通しの端を合わせてミシン
ベルト通し(表)
脇
⑥ミシン
脇
⑥ミシン
0.1
⑤0.5折る

8 袖口にギャザーを寄せる

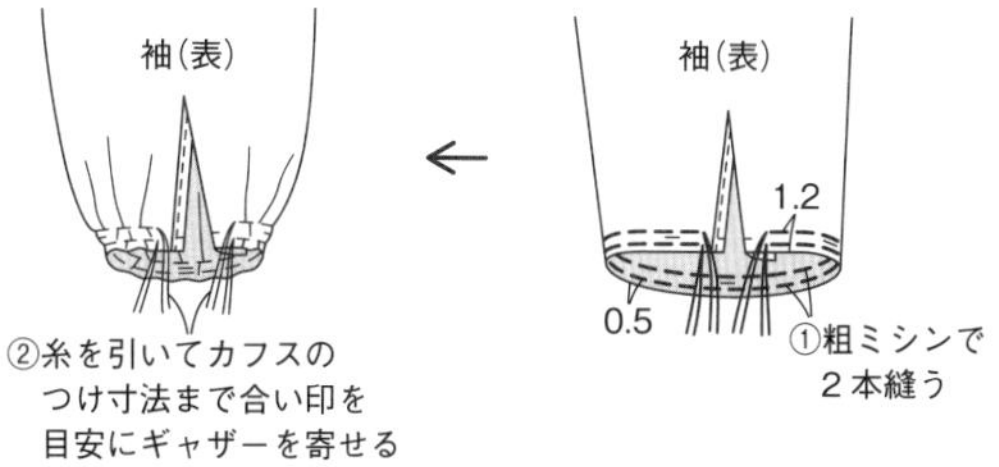

袖(表)
1.2
0.5
①粗ミシンで
2本縫う
袖(表)
②糸を引いてカフスの
つけ寸法まで合い印を
目安にギャザーを寄せる

9 カフスを作り、つける

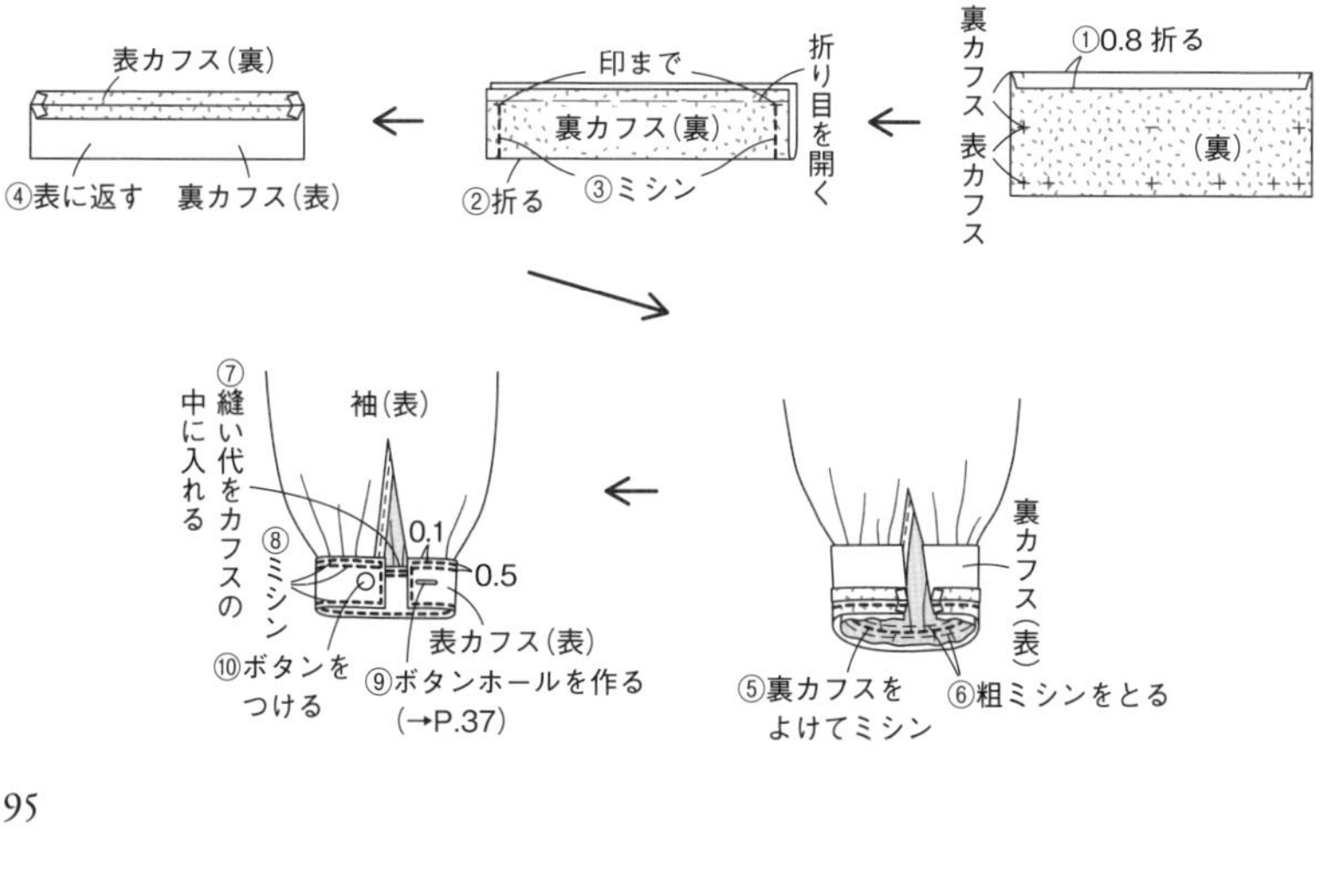

裏カフス
表カフス
①0.8折る
(裏)
折り目を開く
印まで
裏カフス(裏)
②折る
③ミシン
表カフス(裏)
④表に返す
裏カフス(表)
裏カフス(表)
⑤裏カフスを
よけてミシン
⑥粗ミシンをとる
袖(表)
⑦縫い代をカフスの中に入れる
⑧ミシン
0.1
0.5
表カフス(表)
⑩ボタンを
つける
⑨ボタンホールを作る
(→P.37)

F ノースリーブシャツ

photo／P.38、P.53　製図・出来上がり寸法／P.74

［ 材料 ］

※左から S／M／L／LL サイズ

表布（DARUMA FABRIC　Tane　Ice blue × Lemon コットンローン）…112㎝幅1m60㎝／1m60㎝／1m70㎝／1m70㎝

接着芯…90㎝幅50㎝／60㎝／60㎝／60㎝

伸び止めテープ…1.5㎝幅60㎝

ボタン…直径1.15㎝を5個

［ 準備 ］

①表衿、裏衿、表台衿、裏台衿、前端に接着芯、前肩に伸び止めテープを貼る②肩の縫い代にロックミシンをかける

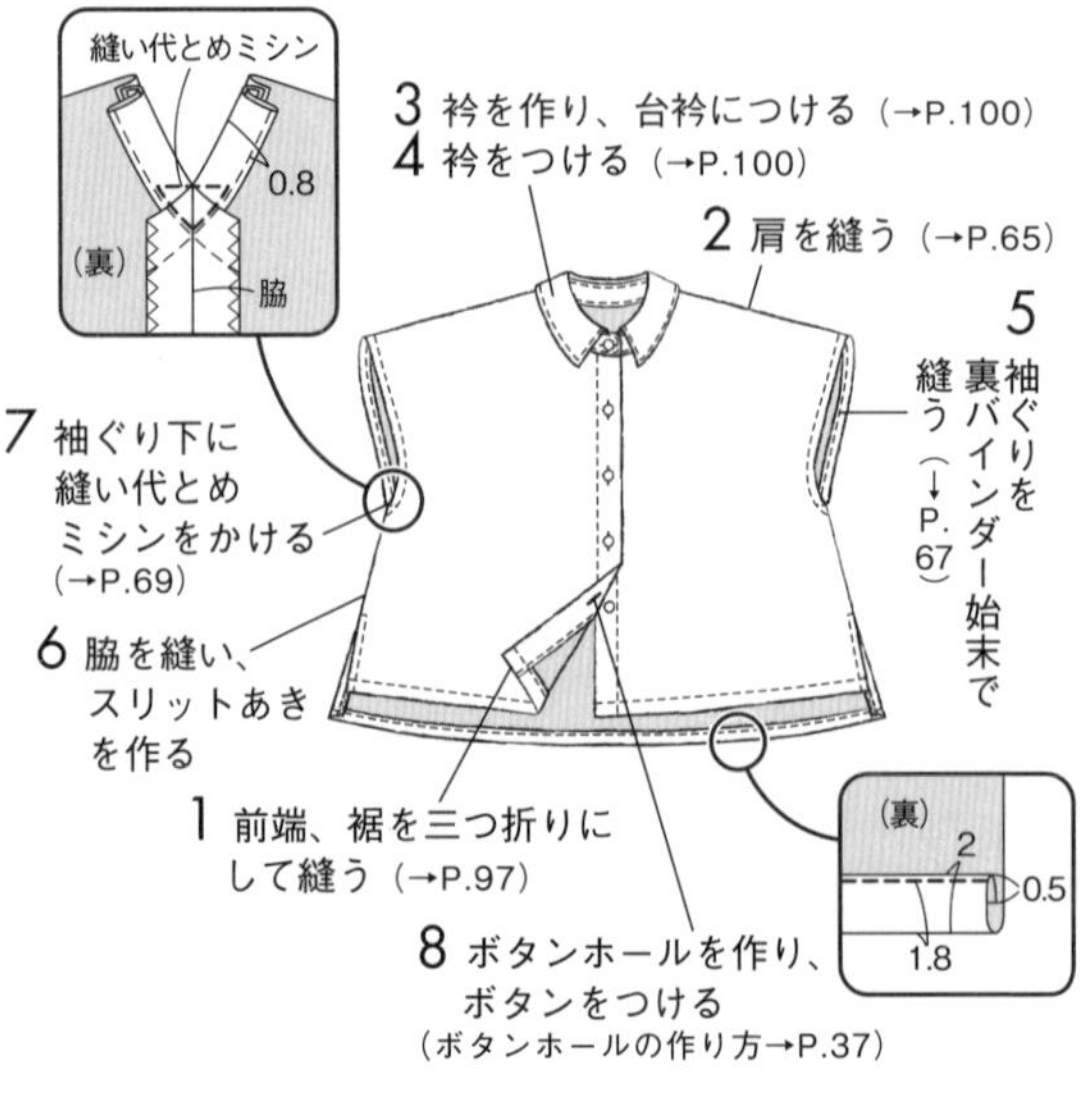

縫い代とめミシン
0.8
（裏）
脇
3 衿を作り、台衿につける（→P.100）
4 衿をつける（→P.100）
2 肩を縫う（→P.65）
5 袖ぐりを裏バインダー始末で縫う（→P.67）
7 袖ぐり下に縫い代とめミシンをかける（→P.69）
6 脇を縫い、スリットあきを作る
1 前端、裾を三つ折りにして縫う（→P.97）
（裏）
2
0.5
1.8
8 ボタンホールを作り、ボタンをつける
（ボタンホールの作り方→P.37）

裁ち合わせ図

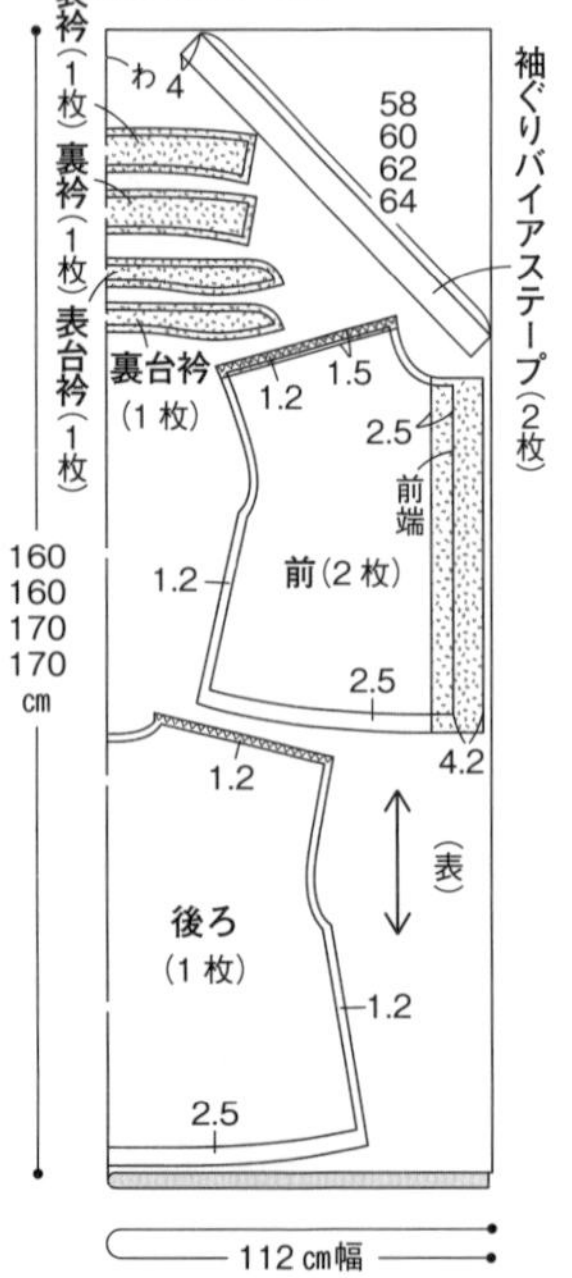

表衿（1枚）
裏衿（1枚）
表台衿（1枚）
裏台衿（1枚）
わ
4
58
60
62
64
袖ぐりバイアステープ（2枚）
1.5
1.2
2.5
前端
前（2枚）
1.2
2.5
4.2
160
160
170
170
㎝
1.2
（表）
後ろ（1枚）
1.2
2.5
112㎝幅

※指定以外の縫い代は1㎝

※ は裏に接着芯、伸び止めテープを貼る

※ 縫い代にロックミシンをかける

※数字は上からS／M／L／LLサイズ

※袖ぐりバイアステープは裁ち合わせ図の寸法で直接布をカットする

6 脇を縫い、スリットあきを作る

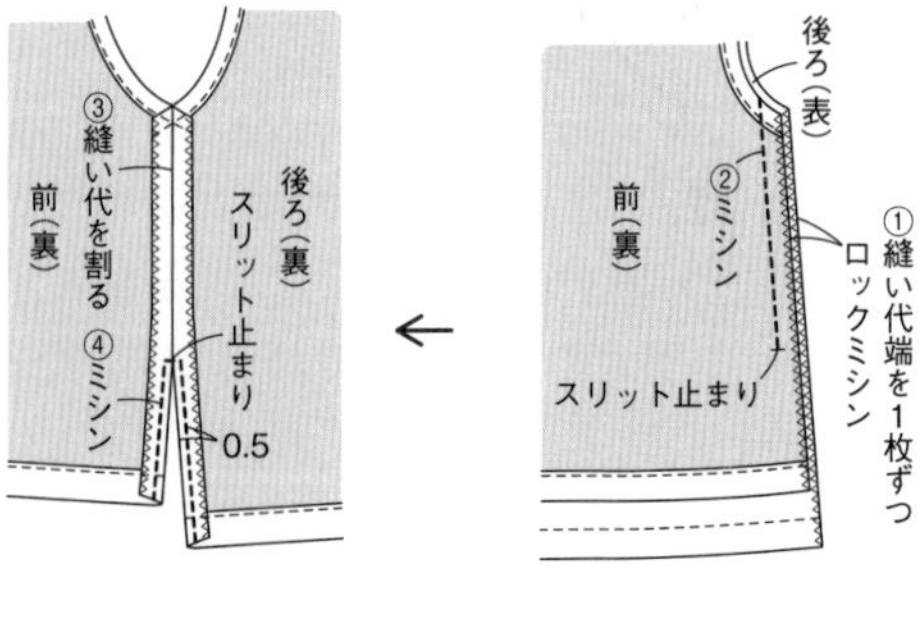

後ろ（表）
前（裏）
②ミシン
①縫い代端を1枚ずつロックミシン
スリット止まり
←
前（裏）
③縫い代を割る
後ろ（裏）
スリット止まり
④ミシン
0.5

Ⓗ スタンドカラーのシャツワンピース

photo ／ P.39、P.41　製図・出来上がり寸法／ P.74

［ 材料 ］

※左から S／M／ L ／LL サイズ

表布（染工房・色草紙　播州織ストライプ）

…120cm幅2m50cm／2m50cm／2m60cm／2m70cm

接着芯…90cm幅1m ／1m10cm／1m10cm／1m10cm

伸び止めテープ…1.5cm幅1m

ボタン…直径1.15cmを10個

［ 準備 ］

①表衿、裏衿、前端に接着芯、前肩、ポケット口に伸び止めテープを貼る②肩、ポケット脇の縫い代にロックミシンをかける

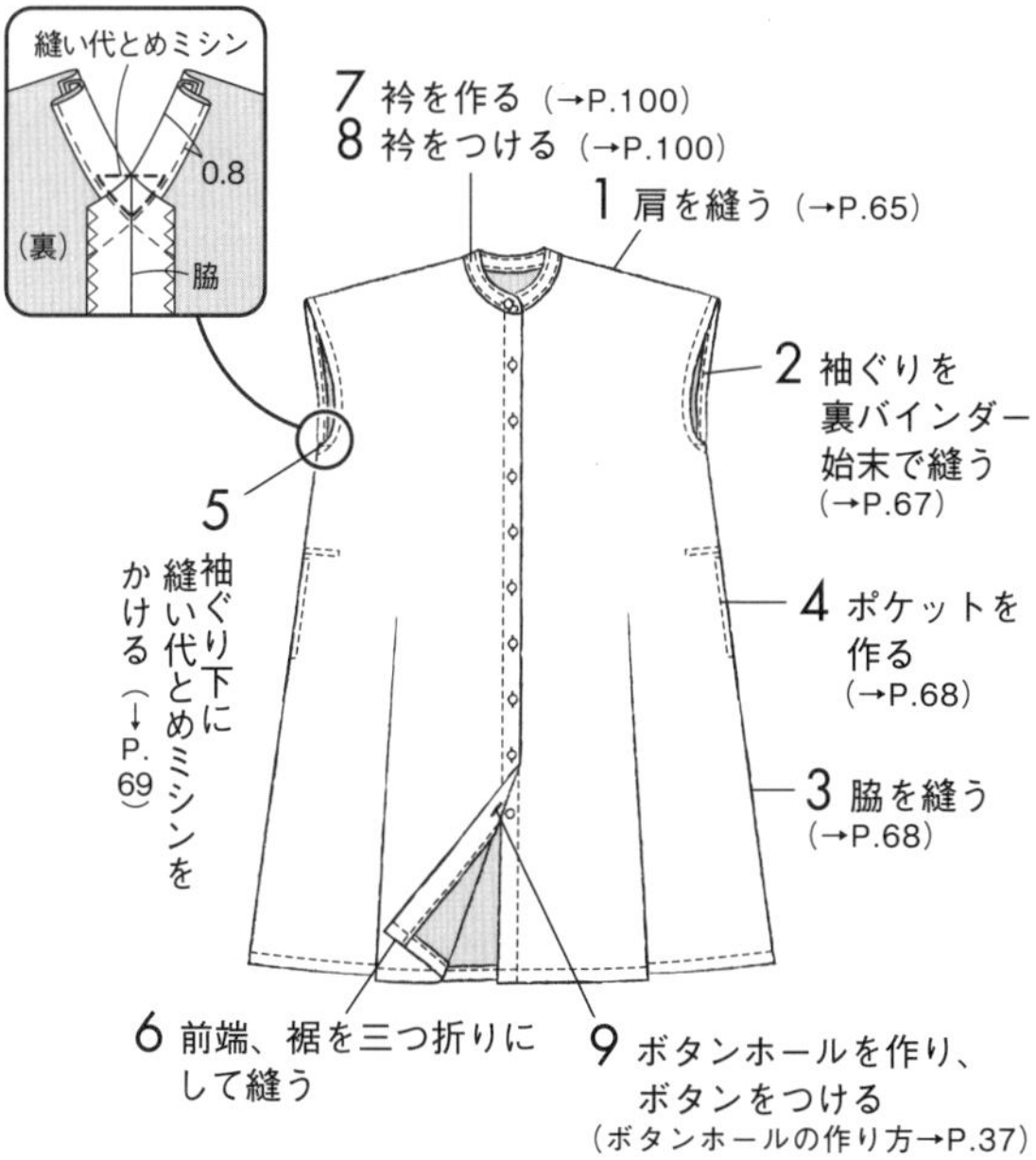

縫い代とめミシン
0.8
(裏)
脇
7 衿を作る（→P.100）
8 衿をつける（→P.100）
1 肩を縫う（→P.65）
2 袖ぐりを裏バインダー始末で縫う（→P.67）
5 袖ぐり下に縫い代とめミシンをかける（→P.69）
4 ポケットを作る（→P.68）
3 脇を縫う（→P.68）
6 前端、裾を三つ折りにして縫う
9 ボタンホールを作り、ボタンをつける（ボタンホールの作り方→P.37）

裁ち合わせ図

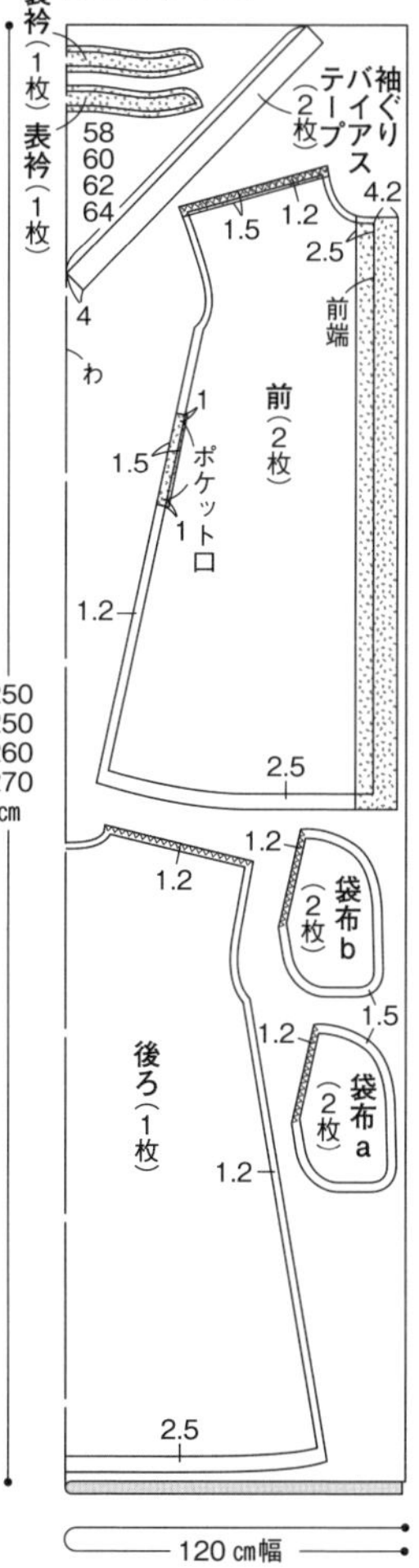

裏衿（1枚）
表衿（1枚）
58
60
62
64
4
わ
袖ぐりバイアステープ（2枚）
4.2
1.5
1.2
2.5
前端
前（2枚）
1
1.5
ポケット口
1
1.2
2.5
250
250
260
270
cm
1.2
袋布b（2枚）
1.5
1.2
袋布a（2枚）
後ろ（1枚）
1.2
2.5
120cm幅

※指定以外の縫い代は1cm

※ [図] は裏に接着芯を貼る

※ ＶＶＶ 縫い代にロックミシンをかける

※数字は上からS ／ M ／ L ／ LLサイズ

※袖ぐりバイアステープは裁ち合わせ図の寸法で直接布をカットする

6 前端、裾を三つ折りにして縫う

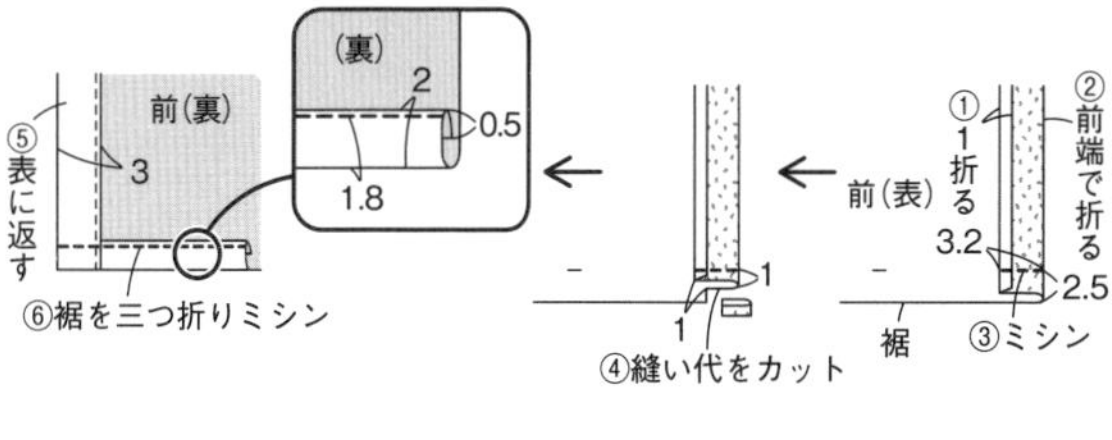

前(裏)
⑤表に返す
3
⑥裾を三つ折りミシン
(裏)
2
0.5
1.8
1
1
④縫い代をカット
前(表)
①1折る
②前端で折る
3.2
2.5
裾
③ミシン

① ショルダーギャザーチュニック

photo ／ P40、P.62　製図・出来上がり寸法／ P.76

[材料]

※左から S／M／L／LL サイズ

表布（CHECK&STRIPE　コットンローン　ラミティエ　木いちご）

…105cm幅3m50cm／3m60cm／3m70cm／3m80cm

接着芯…90cm幅1m10cm／1m10cm／1m20cm／1m20cm

伸び止めテープ…1.5cm幅40cm

ボタン…直径1.15cmを9個

[準備]

①衿ぐり見返し、前端に接着芯、ポケット口に伸び止めテープを貼る②ポケット脇の縫い代、見返し端にロックミシンをかける

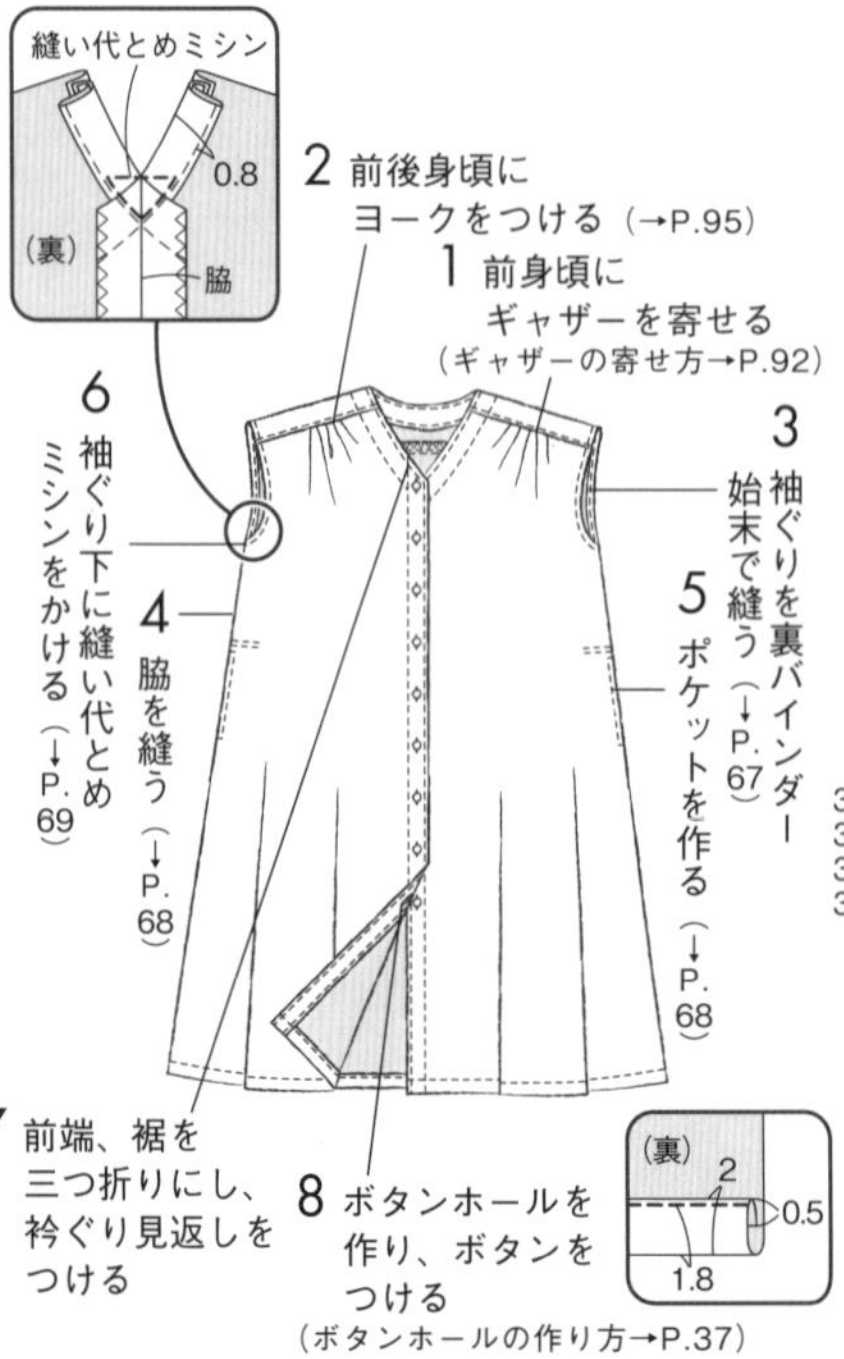

縫い代とめミシン
0.8
(裏)
脇
2 前後身頃にヨークをつける（→P.95）
1 前身頃にギャザーを寄せる
（ギャザーの寄せ方→P.92）
3 袖ぐりを裏バインダー始末で縫う（→P.67）
5 ポケットを作る（→P.68）
6 袖ぐり下に縫い代とめミシンをかける（→P.69）
4 脇を縫う（→P.68）
7 前端、裾を三つ折りにし、衿ぐり見返しをつける
8 ボタンホールを作り、ボタンをつける
（ボタンホールの作り方→P.37）
(裏)
2
0.5
1.8

裁ち合わせ図

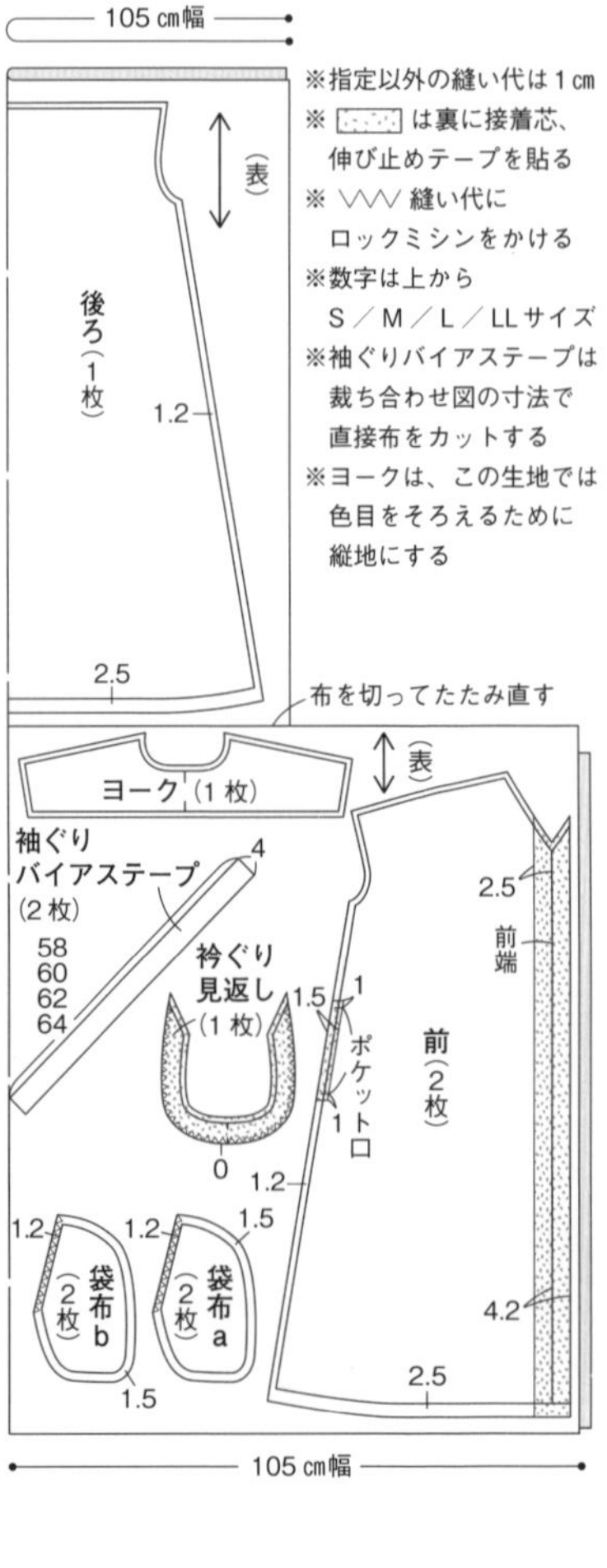

105 cm幅
※指定以外の縫い代は 1 cm
※ は裏に接着芯、伸び止めテープを貼る
※ ╲╱╲╱ 縫い代にロックミシンをかける
※数字は上から S ／ M ／ L ／ LL サイズ
※袖ぐりバイアステープは裁ち合わせ図の寸法で直接布をカットする
※ヨークは、この生地では色目をそろえるために縦地にする
(表)
後ろ（1 枚）
1.2
2.5
350
360
370
380
cm
布を切ってたたみ直す
(表)
ヨーク（1 枚）
袖ぐりバイアステープ（2 枚）
4
58
60
62
64
衿ぐり見返し（1 枚）
1.5
1
ポケット口
1
0
2.5
前端
前（2 枚）
1.2
1.2
1.2
1.5
袋布 b（2 枚）
袋布 a（2 枚）
1.5
4.2
2.5
105 cm幅

7 前端、裾を三つ折りにし、衿ぐり見返しをつける

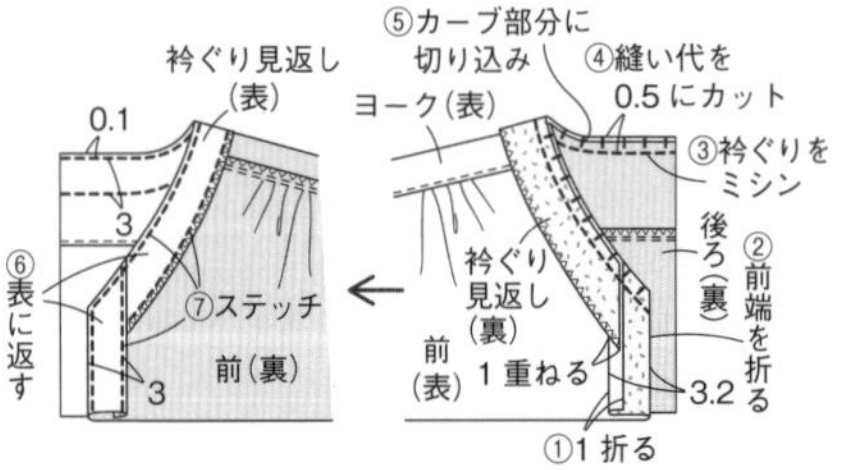

衿ぐり見返し（表）
0.1
3
⑥表に返す
⑦ステッチ
前（裏）
3
⑤カーブ部分に切り込み
④縫い代を 0.5 にカット
ヨーク（表）
③衿ぐりをミシン
衿ぐり見返し（裏）
後ろ（裏）
②前端を折る
前（表）
1 重ねる
3.2
①1 折る

※前端裾の作り方→P.97

袖口のあきを作る「いってこい始末」の方法

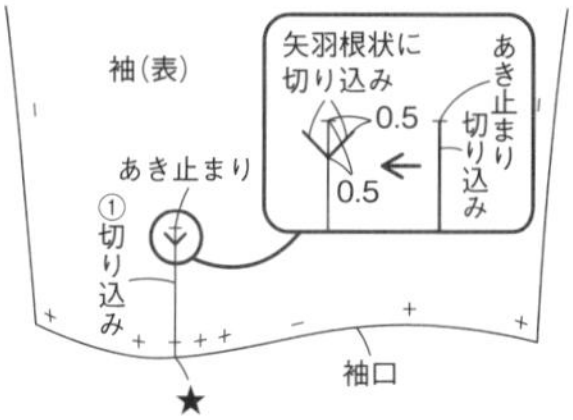

袖(表)
矢羽根状に
切り込み
あき止まり
切り込み
0.5
0.5
あき止まり
①切り込み
袖口

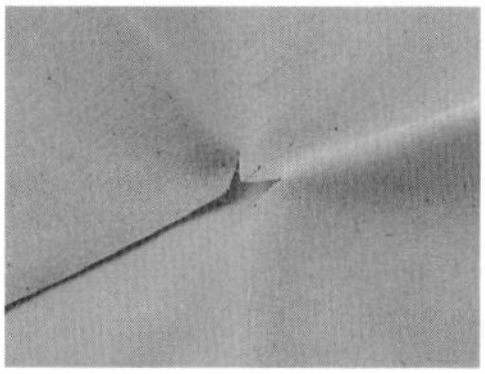
矢羽根状にカットした状態。

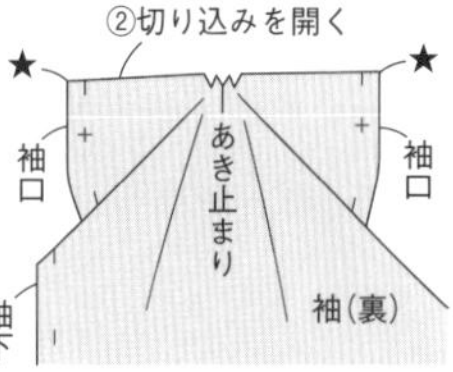

②切り込みを開く
袖口
袖口
あき止まり
袖下
袖(裏)

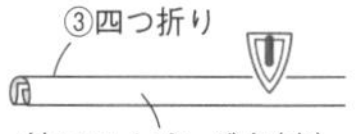

③四つ折り
袖口パイピング布(表)

切り込み部分を開いて縫ったところ。

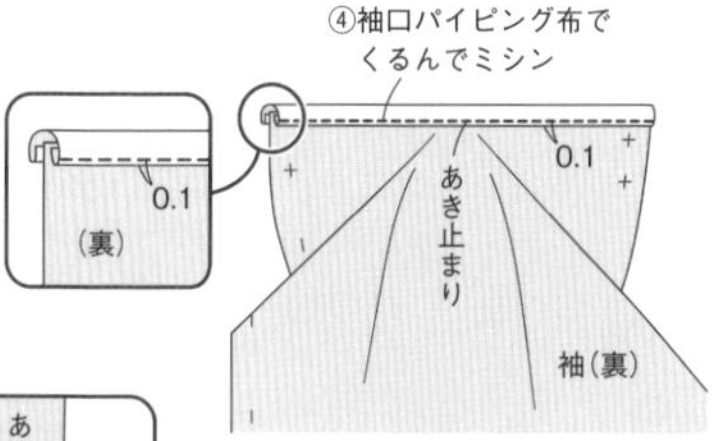

④袖口パイピング布で
くるんでミシン
0.1
(裏)
0.1
あき止まり
袖(裏)

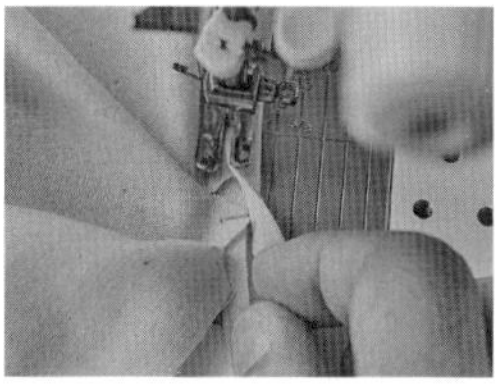
パインピング布をはさみながら縫うときは、矢羽根部分がおさまるよう注意。

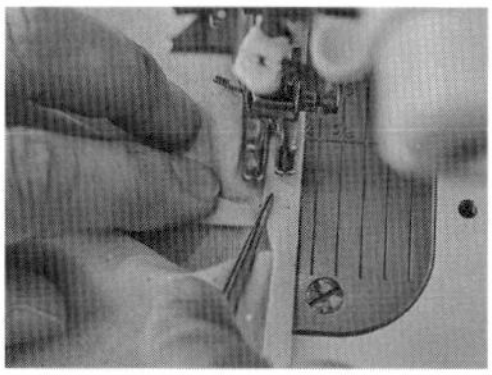
矢羽根部分は、目打ちを使ってゆっくり縫う。

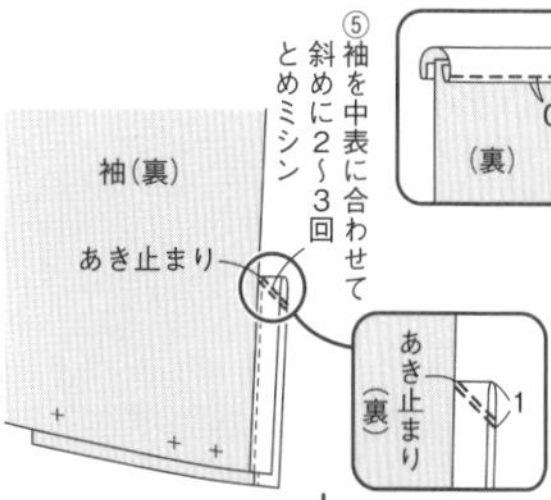

⑤袖を中表に合わせて斜めに2～3回とめミシン
袖(裏)
あき止まり
あき止まり
(裏)
1

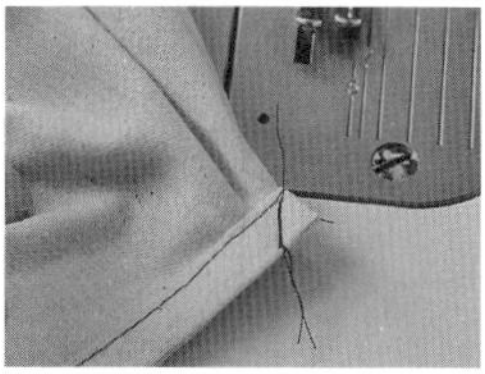
とめミシンで縫ったところ。

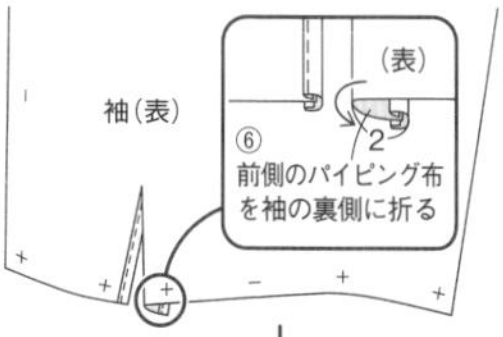

袖(表)
(表)
2
⑥前側のパイピング布を袖の裏側に折る

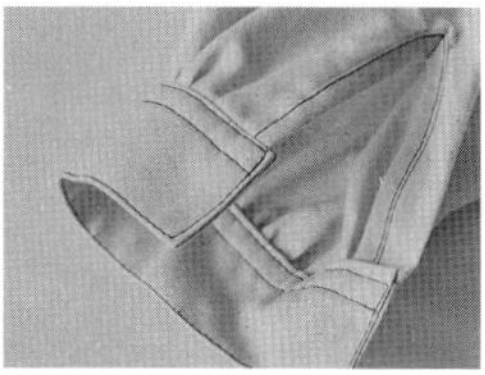
この、いってこい始末でカフスをつけると、前側のパイピング布部分が内側に折られているのでボタンを閉めるとパイピング布は見えなくなる。

point

きれいに仕上げるコツ

ちょっとした縫い代でもアイロン定規を使うのがおすすめ。角の部分は縫い代の始末をし、目打ちを使って内側から角を出す。

角を出すときは
目打ちで

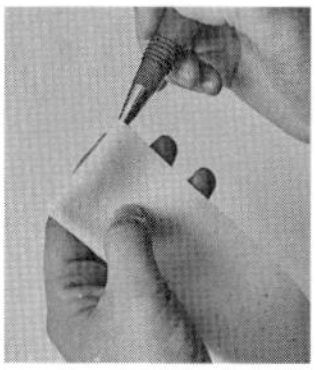

アイロン定規
を使う

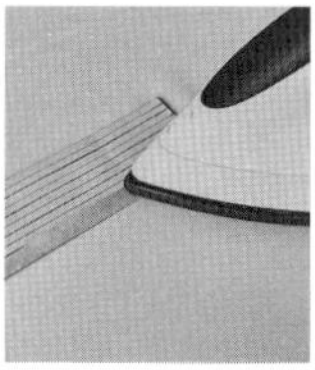

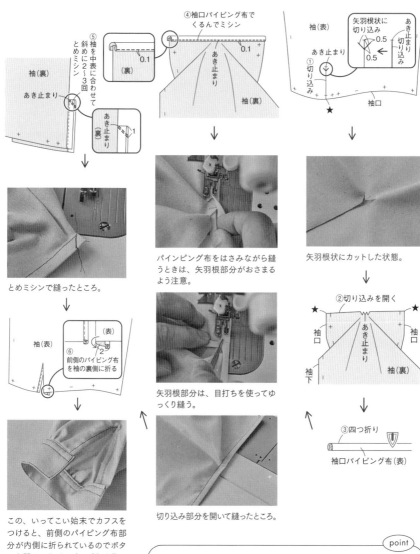

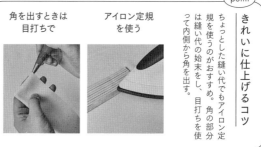

衿を作り、つける（Ⓗは上衿なしで縫う）

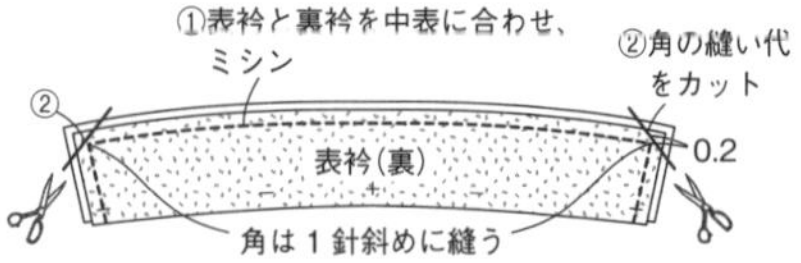
①表衿と裏衿を中表に合わせ、ミシン
②角の縫い代をカット
②
0.2
表衿（裏）
角は１針斜めに縫う

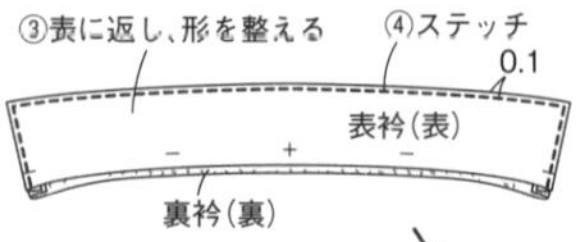
③表に返し、形を整える
④ステッチ
0.1
表衿（表）
裏衿（裏）

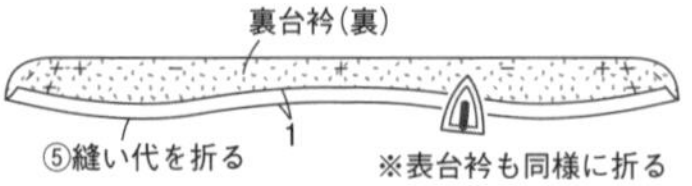
裏台衿（裏）
⑤縫い代を折る
1
※表台衿も同様に折る

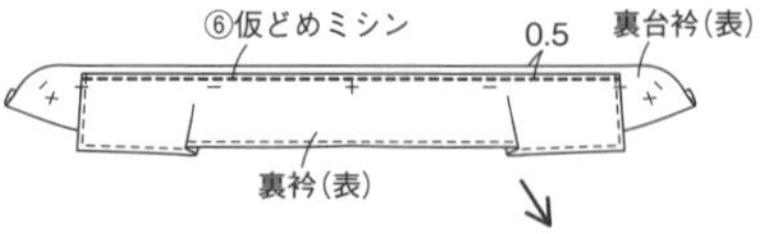
⑥仮どめミシン
0.5
裏台衿（表）
裏衿（表）

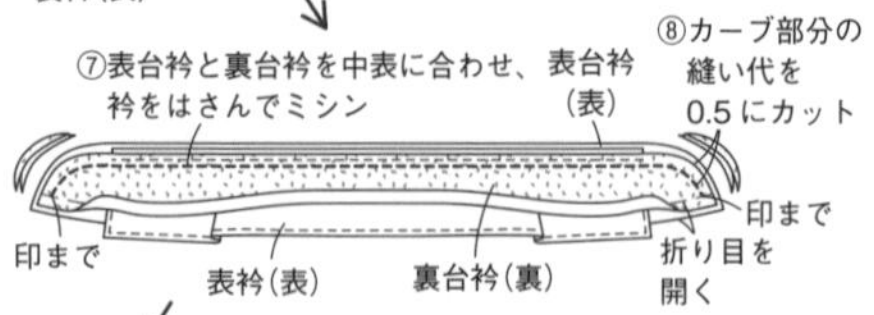
⑦表台衿と裏台衿を中表に合わせ、衿をはさんでミシン
表台衿（表）
⑧カーブ部分の縫い代を0.5にカット
印まで
印まで
折り目を開く
表衿（表）
裏台衿（裏）

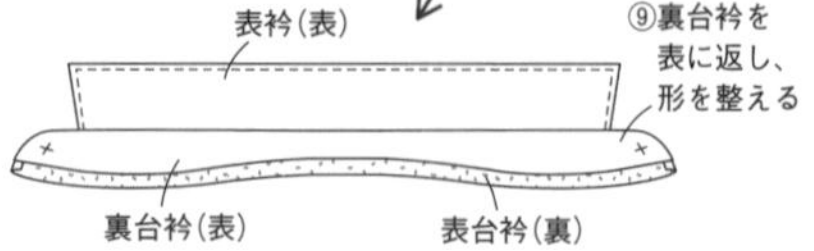
表衿（表）
⑨裏台衿を表に返し、形を整える
裏台衿（表）
表台衿（裏）

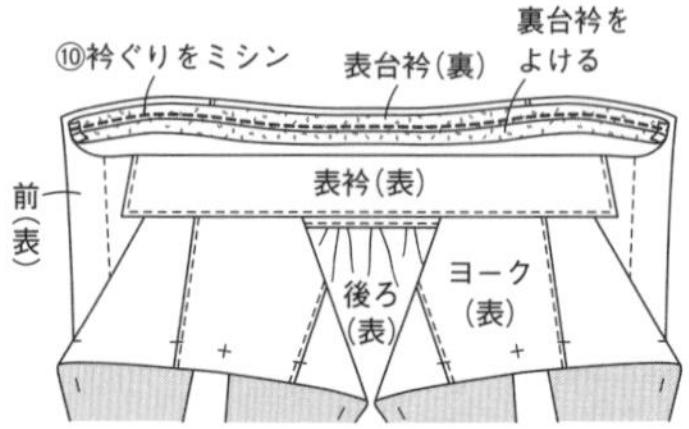
⑩衿ぐりをミシン
表台衿（裏）
裏台衿をよける
前（表）
表衿（表）
後ろ（表）
ヨーク（表）

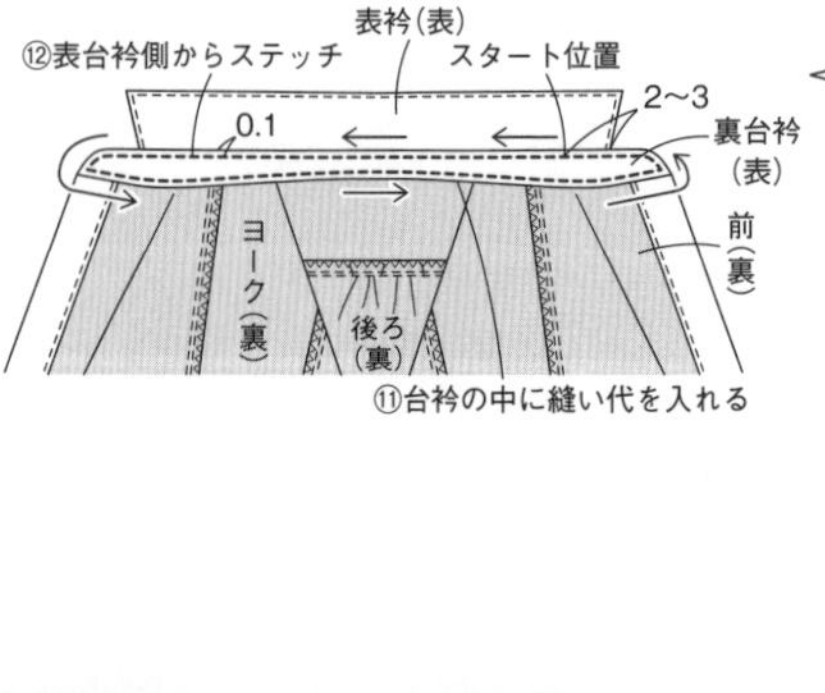
表衿（表）
⑫表台衿側からステッチ
スタート位置
2~3
0.1
裏台衿（表）
前（裏）
ヨーク（裏）
後ろ（裏）
⑪台衿の中に縫い代を入れる

point

角を1針斜めに縫うときは針先を落とし、ミシンを手回しで縫う。

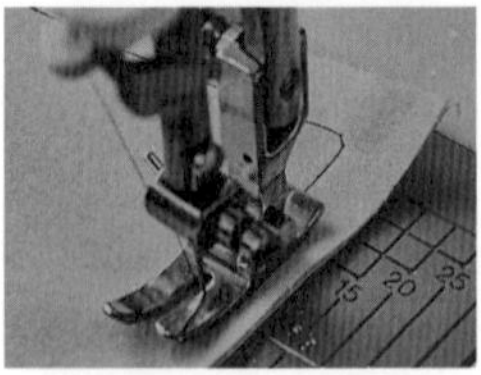

角を1針斜めに縫ったところ。

角の縫い代をカットしたところ。

point

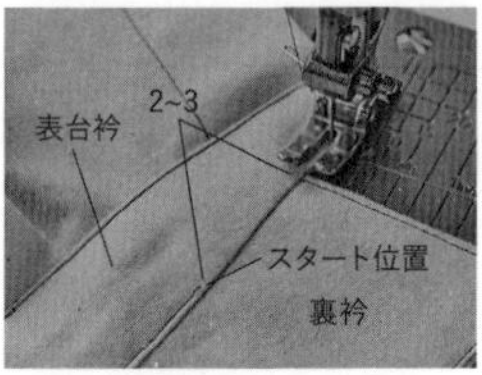
表台衿
2~3
スタート位置
裏衿

上衿がつく場合の台衿のステッチは表台衿の上衿つけ位置から2～3㎝のところから縫うと仕上がりがきれいに。

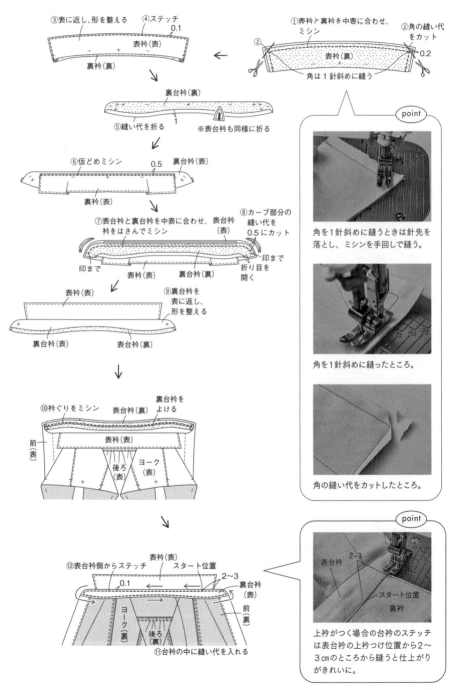

Ⓙ てんこさんのワイドパンツ

photo／P.38、P.40、P.52、P.62
製図・出来上がり寸法／P.77

Ⓛ ほっそりワイドパンツ

photo／P.53
製図・出来上がり寸法／P.78

［ Jの材料 ］

※左から S／M／L／LL サイズ

表布（ソールパーノ　60sローンソフトワッシャー　12177　32ウォッシュブルー）…105㎝幅3m／3m30㎝／3m60㎝／3m70㎝

表布（nani IRO　BIRDS EYE　80サテン）…110㎝幅3m／3m30㎝／3m60㎝／3m70㎝

表布（Pres-de　ワイド幅　60番手リネン無地　天日干しワッシャー仕上げ）…142㎝幅2m10㎝／2m20㎝／2m20㎝／2m30㎝

伸び止めテープ…1.5㎝幅40㎝、ゴムテープ…3㎝幅71㎝／74㎝／77㎝／80㎝

［ Lの材料 ］

※左から S／M／L／LL サイズ

表布（CHECK&STRIPE　よそいきのハーフリネン　ゴールドブラウン）…120㎝幅2m10㎝／2m20㎝／2m20㎝／2m30㎝

接着芯…20㎝×10㎝

伸び止めテープ…1.5㎝幅40㎝、ゴムテープ…3㎝幅71㎝／74㎝／77㎝／80㎝

［ 準備 ］

①後ろポケット口に接着芯（Lのみ）、ポケット口に伸び止めテープを貼る②脇、ポケット脇の縫い代にロックミシンをかける

※指定以外の縫い代は1㎝

※ [網点] は裏に接着芯伸び止めテープを貼る

※ ╲╱╲╱ 縫い代にロックミシンをかける

※数字は上からS／M／L／LLサイズ

J・L裁ち合わせ図

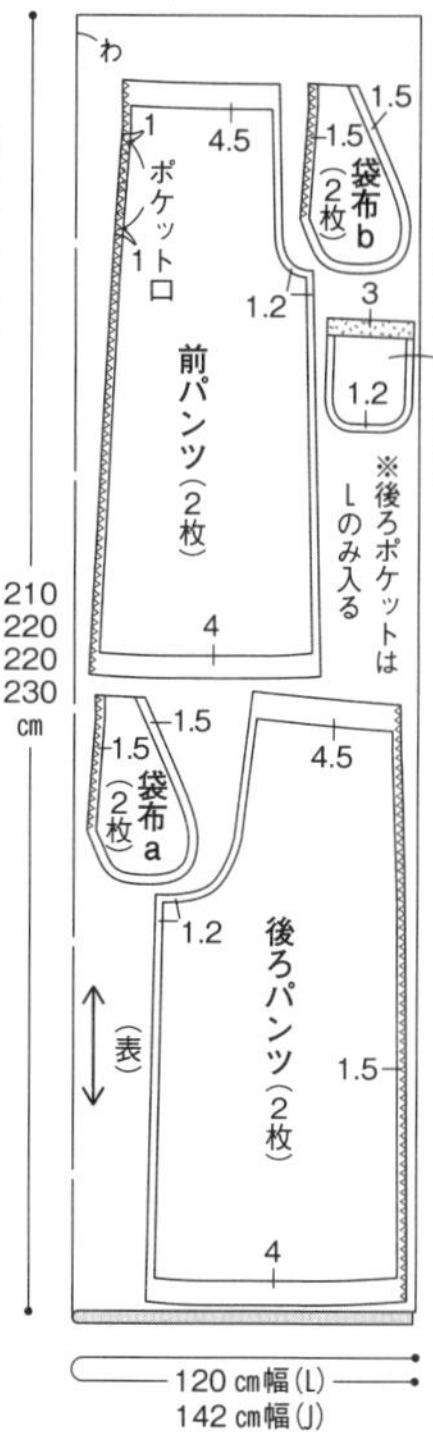

わ
1
4.5
ポケット口
1
1.2
前パンツ（2枚）
4
1.5
1.5
袋布b（2枚）
3
1.2
後ろポケット（2枚）
※後ろポケットはLのみ入る
210
220
220
230
㎝
1.5
1.5
袋布a（2枚）
4.5
1.2
後ろパンツ（2枚）
1.5
（表）
4
120㎝幅（L）
142㎝幅（J）

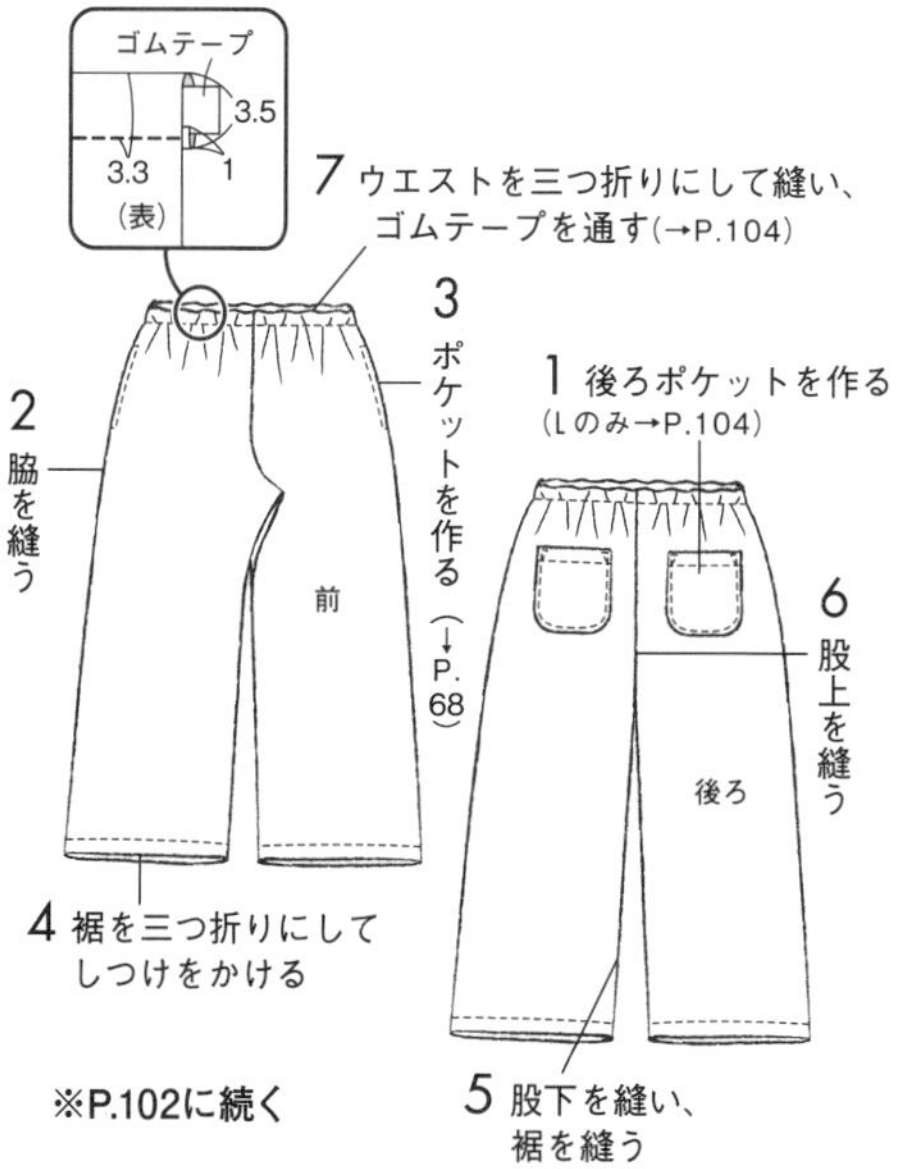

ゴムテープ
3.5
3.3
1
（表）
7 ウエストを三つ折りにして縫い、ゴムテープを通す（→P.104）
3 ポケットを作る（→P.68）
2 脇を縫う
前
1 後ろポケットを作る（Lのみ→P.104）
6 股上を縫う
後ろ
4 裾を三つ折りにしてしつけをかける
5 股下を縫い、裾を縫う

※P.102に続く

J裁ち合わせ図

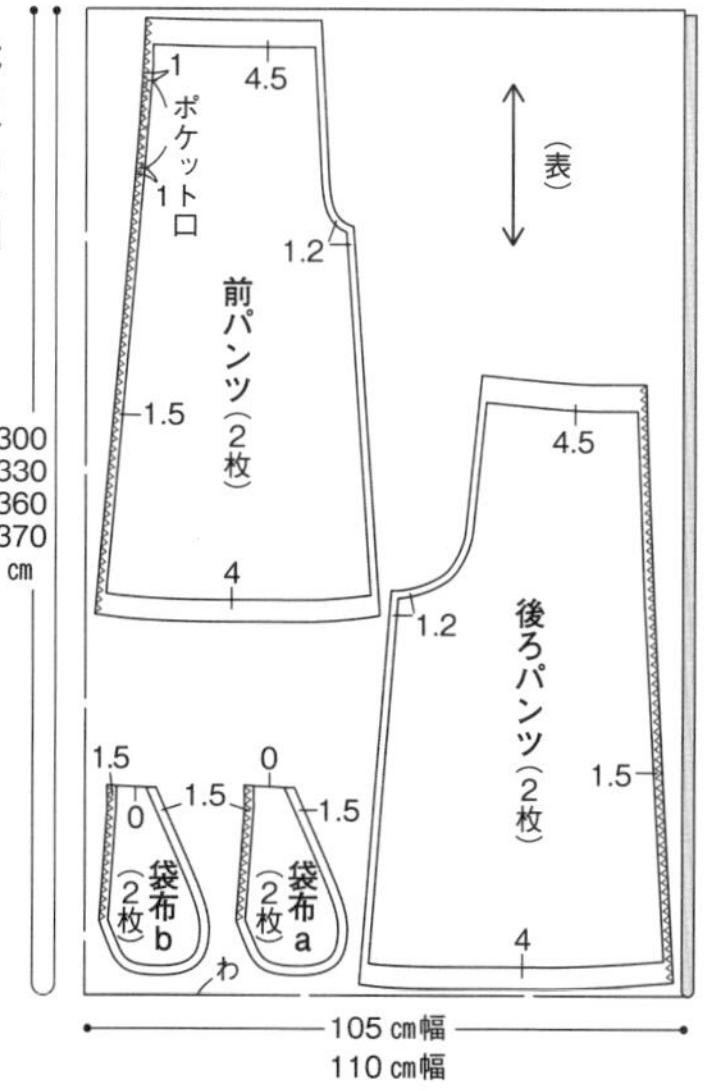

1
4.5
ポケット口
1
1.2
（表）
前パンツ（2枚）
1.5
4
300
330
360
370
㎝
4.5
1.2
後ろパンツ（2枚）
1.5
1.5
0
1.5
袋布b（2枚）
0
1.5
袋布a（2枚）
4
わ
105㎝幅
110㎝幅

2 脇を縫う

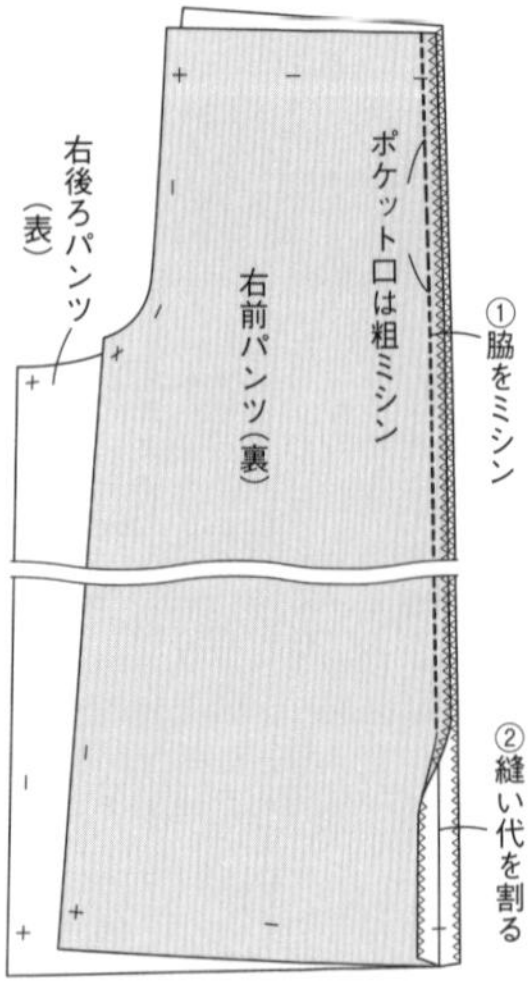
右後ろパンツ(表)
ポケット口は粗ミシン
右前パンツ(裏)
①脇をミシン
②縫い代を割る

※左脇はゴムテープ通し口を縫い残す(→P.104)

3 ポケットを作る（→ P.68）

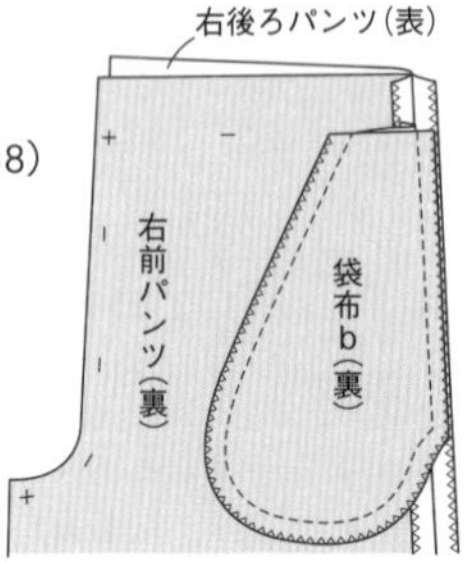
右後ろパンツ(表)
右前パンツ(裏)
袋布b(裏)

4 裾を三つ折りにしてしつけをかける

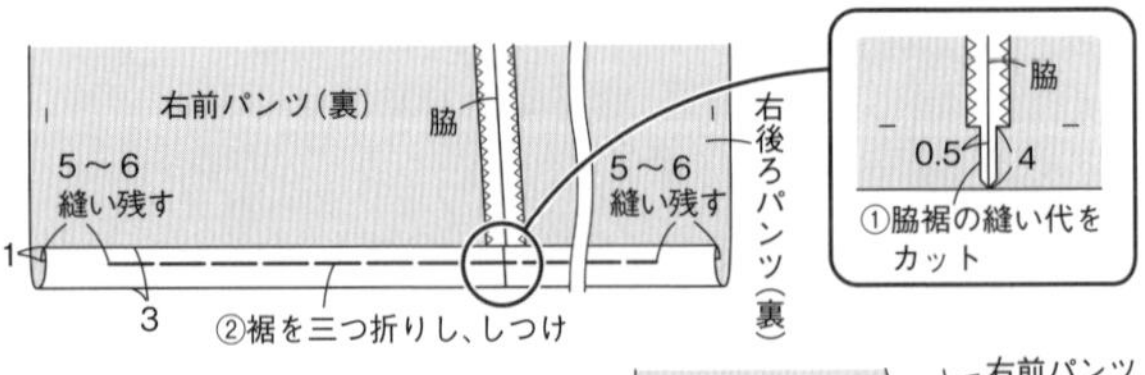
右前パンツ(裏)
脇
5〜6
縫い残す
右後ろパンツ(裏)
5〜6
縫い残す
1
3
②裾を三つ折りし、しつけ
脇
0.5
4
①脇裾の縫い代をカット

5 股下を縫い、裾を縫う

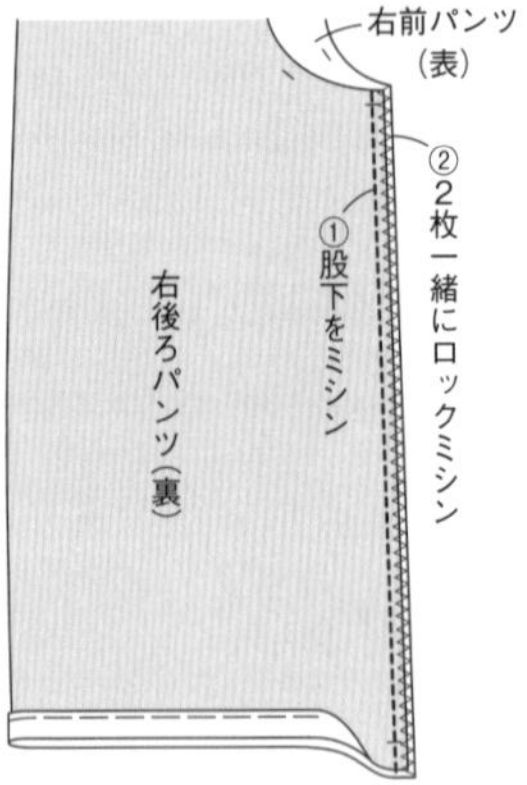
右前パンツ(表)
①股下をミシン
②2枚一緒にロックミシン
右後ろパンツ(裏)

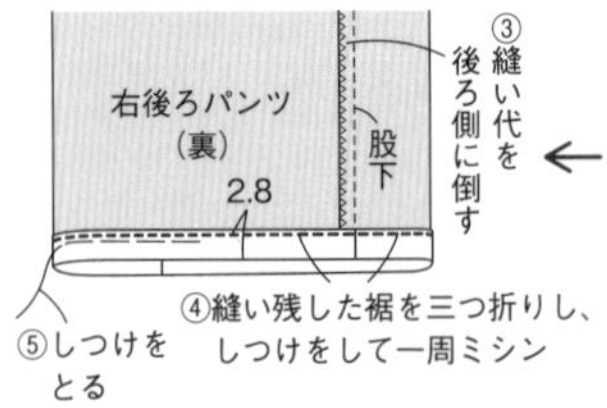
右後ろパンツ(裏)
股下
③縫い代を後ろ側に倒す
2.8
④縫い残した裾を三つ折りし、しつけをして一周ミシン
⑤しつけをとる

6 股上を縫う

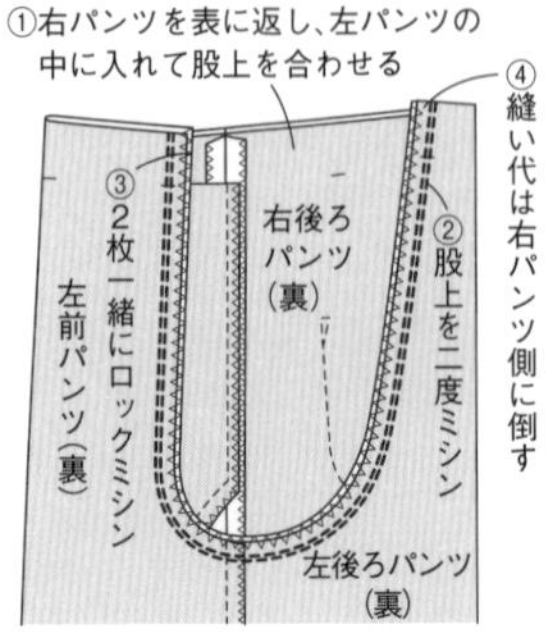
①右パンツを表に返し、左パンツの中に入れて股上を合わせる
③2枚一緒にロックミシン
左前パンツ(裏)
右後ろパンツ(裏)
②股上を二度ミシン
④縫い代は右パンツ側に倒す
左後ろパンツ(裏)

P.103

M ラップスカート風パンツの作り方

1 おおい布を作る

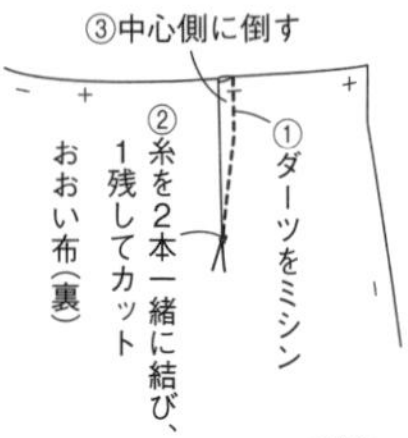
③中心側に倒す
①ダーツをミシン
②糸を2本一緒に結び、1残してカット
おおい布(裏)

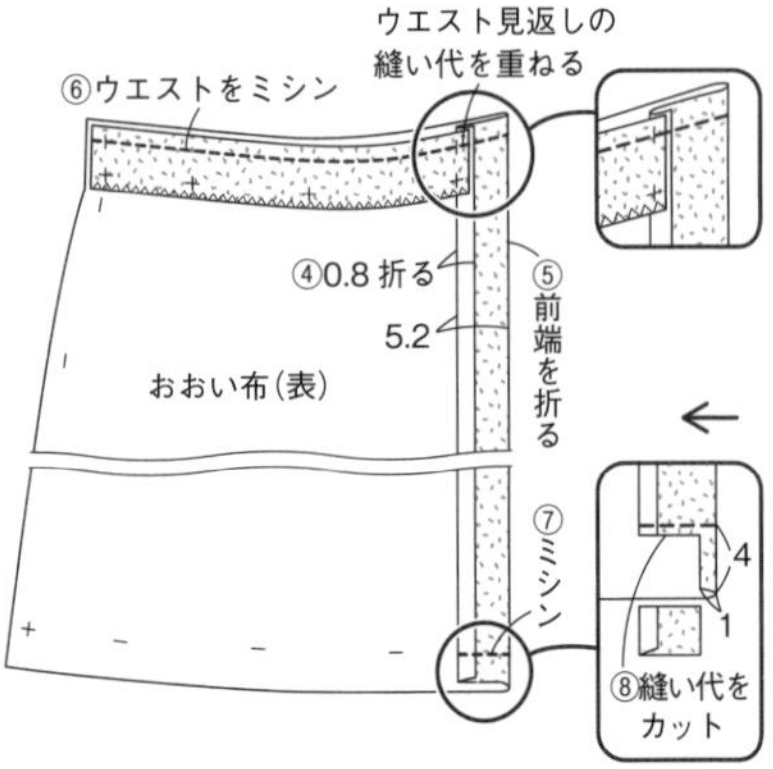
ウエスト見返しの縫い代を重ねる
⑥ウエストをミシン
④0.8折る
5.2
⑤前端を折る
おおい布(表)
⑦ミシン
4
1
⑧縫い代をカット

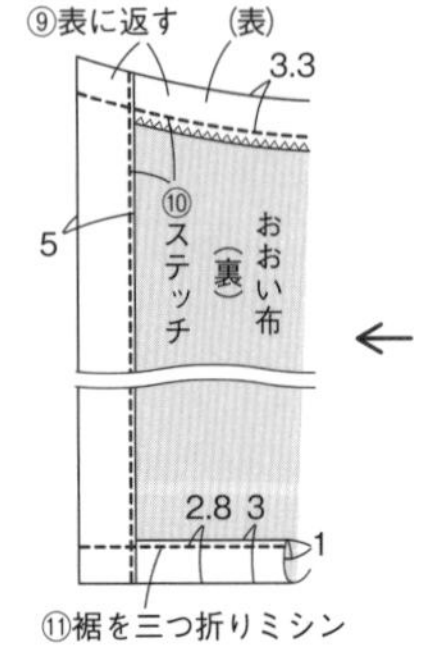
⑨表に返す
ウエスト見返し(表)
3.3
5
⑩ステッチ
おおい布(裏)
2.8
3
1
⑪裾を三つ折りミシン

Ⓜ ラップスカート風パンツ

photo／P.54
製図・出来上がり寸法／P.78

［ 材料 ］

※左からS／M／L／LLサイズ

表布（DARUMA FABRIC　Soil　Hi-iro　リネンキャンバス）…112㎝幅2m90㎝／3m／3m10㎝／3m10㎝
接着芯…50㎝×10㎝、伸び止めテープ…1.5㎝幅20㎝、スナップボタン…直径1.2㎝を1組、ゴムテープ…3㎝幅71㎝／74㎝／77㎝／80㎝

［ 準備 ］

①ウエスト見返しに接着芯、ポケット口に伸び止めテープを貼る②左脇、ポケット脇、見返し端の縫い代にロックミシンをかける

裁ち合わせ図

112㎝幅
わ
1
ポケット口
1
4.5
(表)
1.2
前パンツ(2枚)
1.5
4
4.5
1.2
後ろパンツ(2枚)
1.5
4
290
300
310
310
㎝
布を切ってたたみ直す
1.5
おおい布(1枚)
6
4
(表)
0
1.5
1.5
袋布a(1枚)
0
1.5
1.5
袋布b(1枚)
ウエスト見返し(1枚)
1.5
1.2
112㎝幅

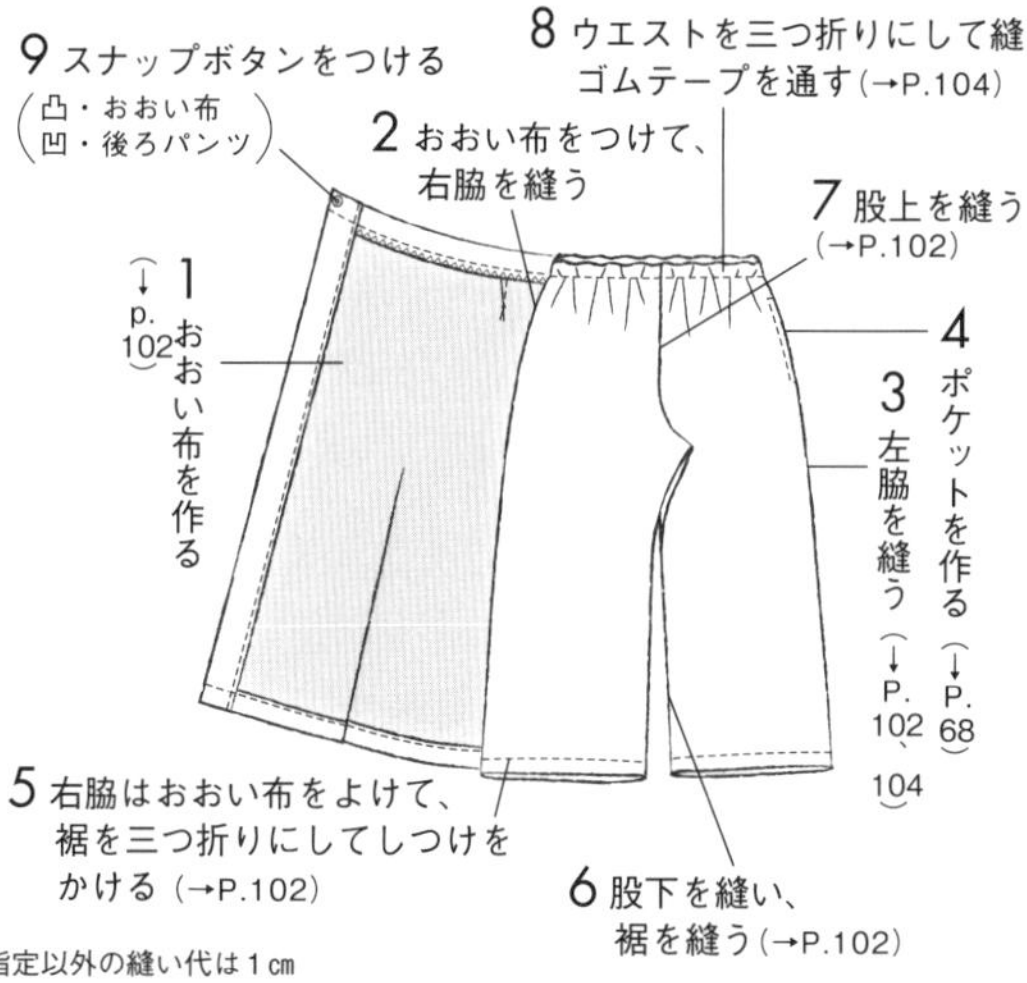
9 スナップボタンをつける
(凸・おおい布
凹・後ろパンツ)
8 ウエストを三つ折りにして縫い、ゴムテープを通す(→P.104)
2 おおい布をつけて、右脇を縫う
7 股上を縫う(→P.102)
1 おおい布を作る(→p.102)
4 ポケットを作る(→P.68)
3 左脇を縫う(→P.102、104)
5 右脇はおおい布をよけて、裾を三つ折りにしてしつけをかける(→P.102)
6 股下を縫い、裾を縫う(→P.102)

※指定以外の縫い代は1㎝
※ ▒ は裏に接着芯、伸び止めテープを貼る
※ ╲╱╲╱ 縫い代にロックミシンをかける
※数字は上からS／M／L／LLサイズ

2 おおい布をつけて、右脇を縫う

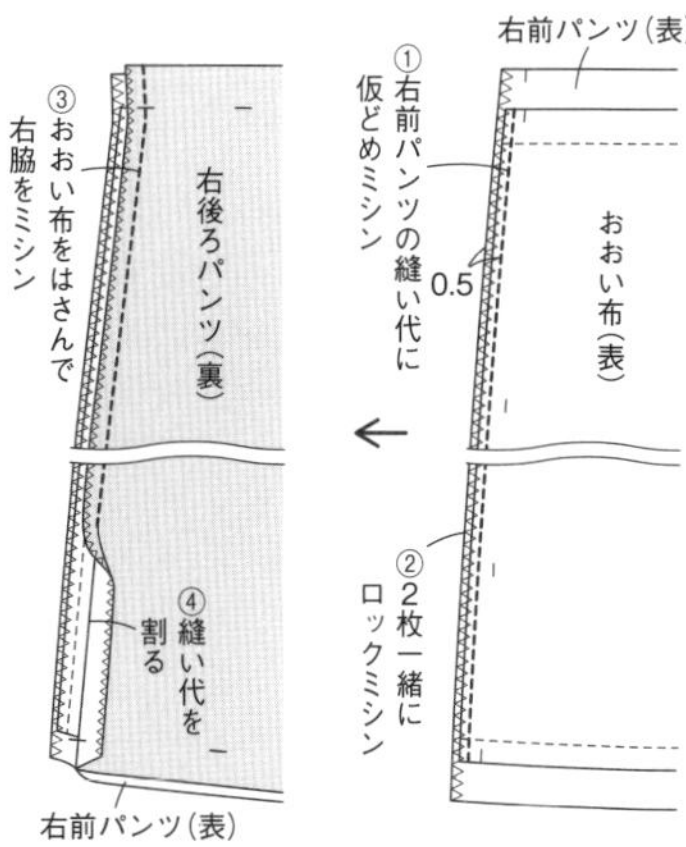
右前パンツ(表)
①右前パンツの縫い代に仮どめミシン
0.5
おおい布(表)
②2枚一緒にロックミシン
③おおい布をはさんで右脇をミシン
右後ろパンツ(裏)
割る
④縫い代を
右前パンツ(表)

ゴムテープ通し口の縫い方

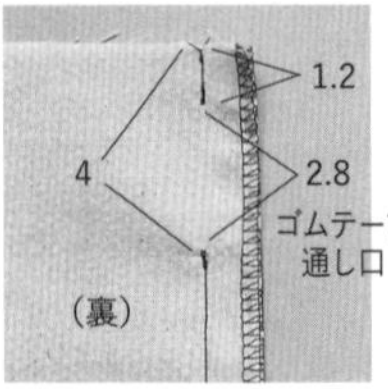
1.2
4
2.8
ゴムテープ通し口
（裏）

左脇の縫い代の上から1.2cmを返し縫いで縫い、2.8cmあけてゴムテープ通し口から下を縫う。

ゴムテープ通し口

縫い代をアイロンで割る。

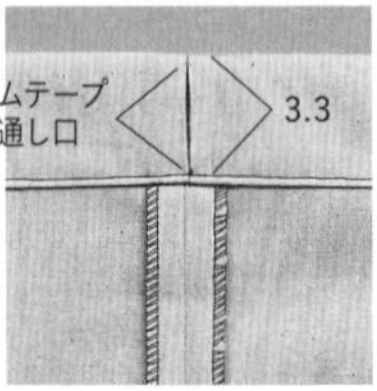
ゴムテープ通し口
3.3

縫い代を1cm→3.5cmの三つ折りにする。、出来上がり線から3.3cmのところを縫う。

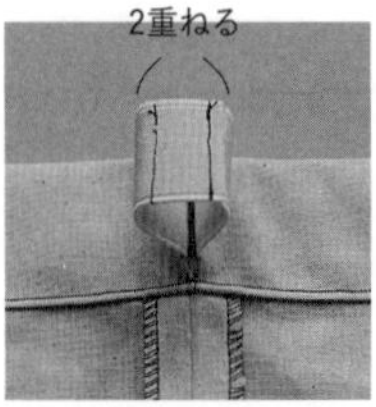
2重ねる

ゴムテープは2cm両端を重ね、重ねた両端を返し縫いでしっかり縫う。

パッチポケット（丸）のつけ方

裾がカーブしているタイプのパッチポケットは、形をきれいに出すためにポケットの形の型を厚紙で作っておきます。

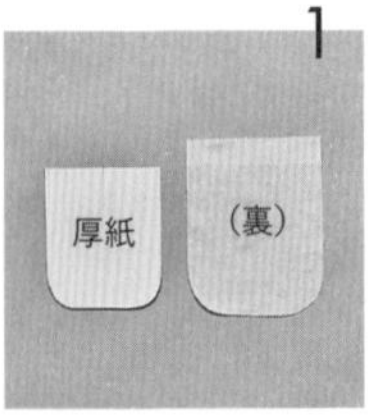
1
厚紙
（裏）

厚紙で型を作り、ポケット口に接着芯を貼る。

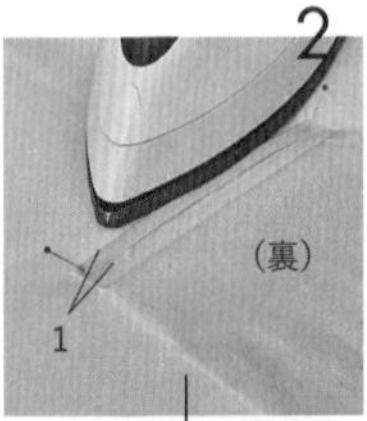
2
（裏）
1

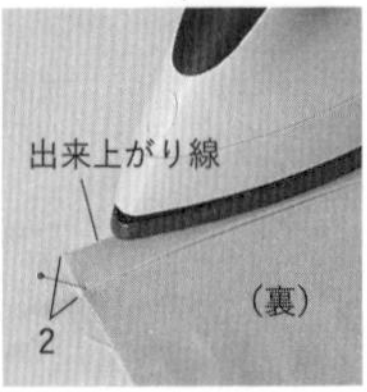
出来上がり線
（裏）
2

縫い代を三つ折りし、出来上がり線で折ってから縫い代を折る。

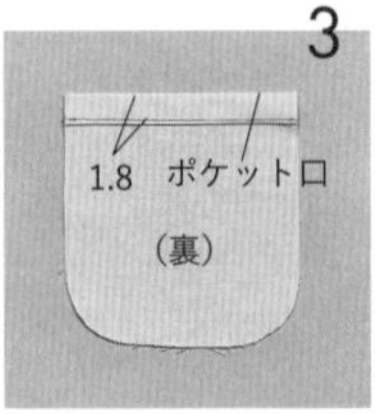
3
1.8
ポケット口
（裏）

端は返し縫いをし、ポケット口の出来上がり線から1.8cmで縫う。

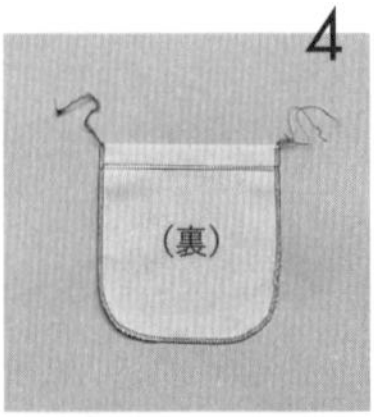
4
（裏）

周囲にロックミシン（またはジグザグミシン）をかけ、ロックミシンの場合は糸始末（P.65参照）をする。

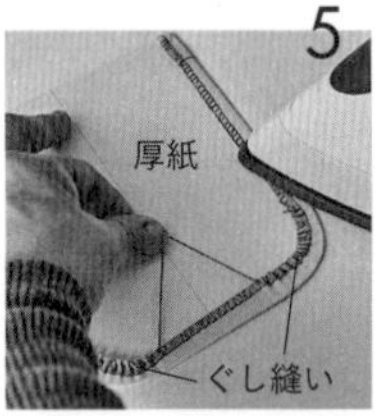
5
厚紙
ぐし縫い

カーブ部分の縫い代0.5cmのところにぐし縫いをする。裏側の出来上がり線に厚紙を当てて縫い代を折る。糸を引っ張りながらカーブを作り、アイロンをかける。

6

重しなど冷たいものを当て、折り目を固定する。

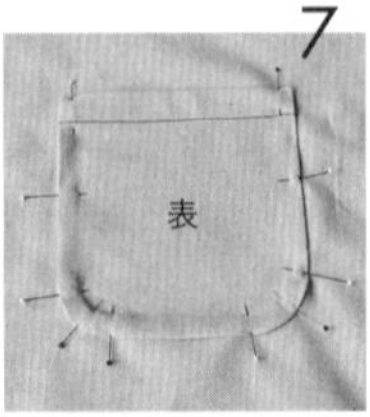
7
表

ぐし縫いを外し、切りじつけをしたポケットつけ位置に合わせ、まち針で固定する。

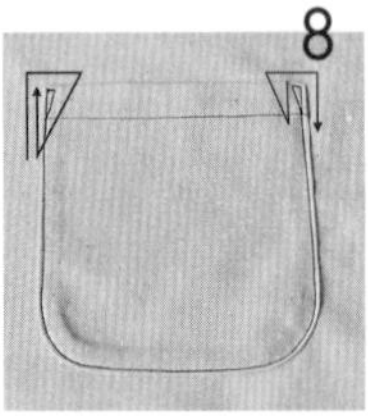
8

ポケットを縫いつける。ポケット口の両脇はイラストの矢印のように三角に縫う。

N ハオリコート

photo／P.56　製図・出来上がり寸法／P.79

［材料］

※左から S／M／L／LL サイズ

表布（nani IRO　EGX-250 リネンピーコックグリーン）…110cm幅2m80cm／2m90cm／2m90cm／3m

伸び止めテープ…1.5cm幅1m50cm

［準備］

①ポケット口、後ろ肩、後ろ衿ぐり、前上端に伸び止めテープを貼る②脇、ポケット脇の縫い代にロックグミシンをかける

1 後ろ衿ぐりを裏バインダー始末で縫う（→P.67）
5 肩を縫う
7 袖をつける（→P.109）
6 袖を作る
3 ポケットを作る（→P.68）
2 脇を縫う（→P.68）
4 額縁始末し、前端、裾を三つ折りにして縫う（→P.111）

裁ち合わせ図

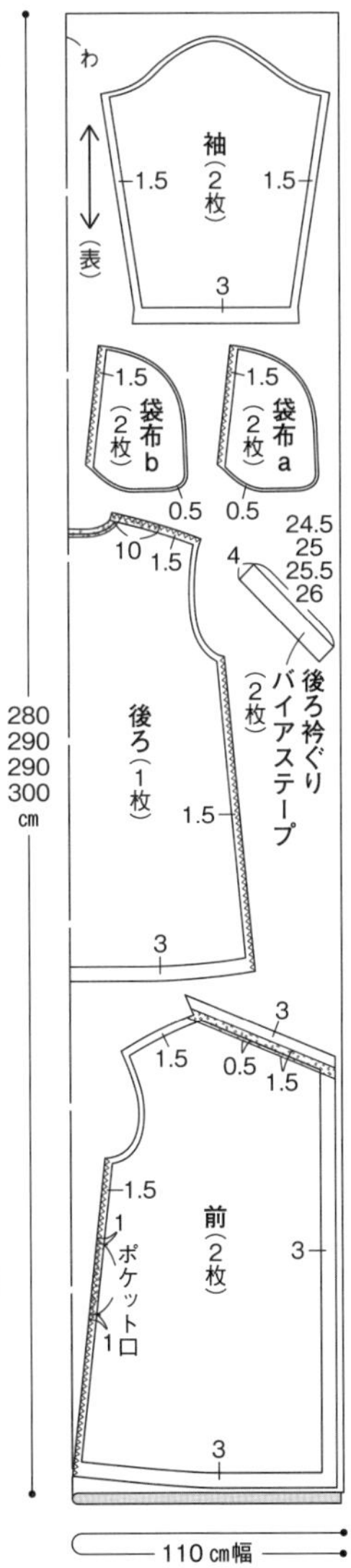

わ
（表）
袖（2枚）
1.5
1.5
3
1.5
袋布b（2枚）
0.5
1.5
袋布a（2枚）
0.5
10
1.5
4
24.5
25
25.5
26
後ろ衿ぐりバイアステープ（2枚）
280
290
290
300
cm
後ろ（1枚）
1.5
3
3
1.5
0.5
1.5
1.5
前（2枚）
1
ポケット口
1
3
3
110cm幅

5 肩を縫う

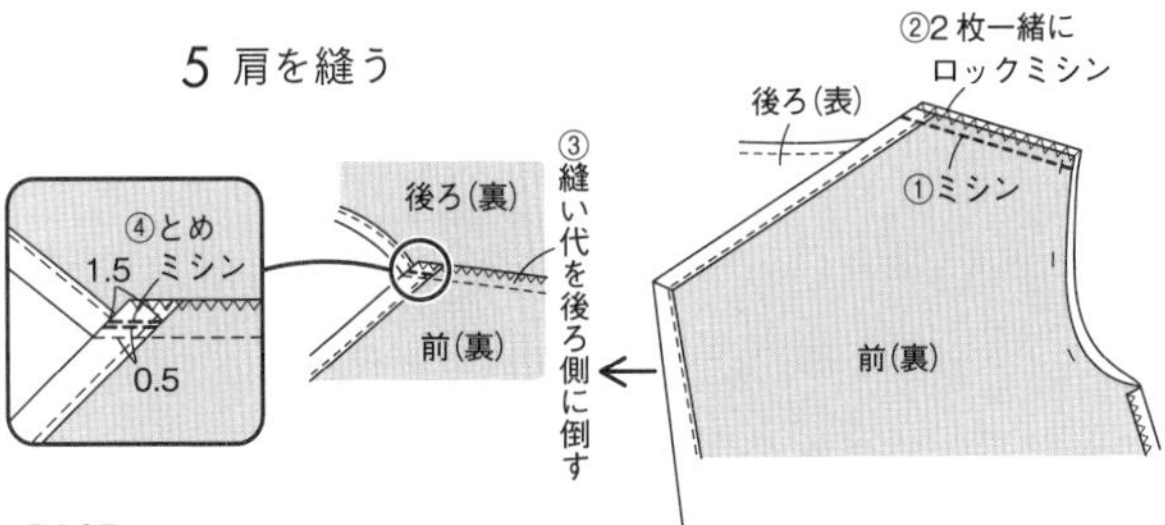

④とめミシン
1.5
0.5
後ろ(裏)
前(裏)
③縫い代を後ろ側に倒す
②2枚一緒にロックミシン
後ろ(表)
①ミシン
前(裏)

P.107

Q Wボタンコートの袖下の縫い方

6 袖を作る

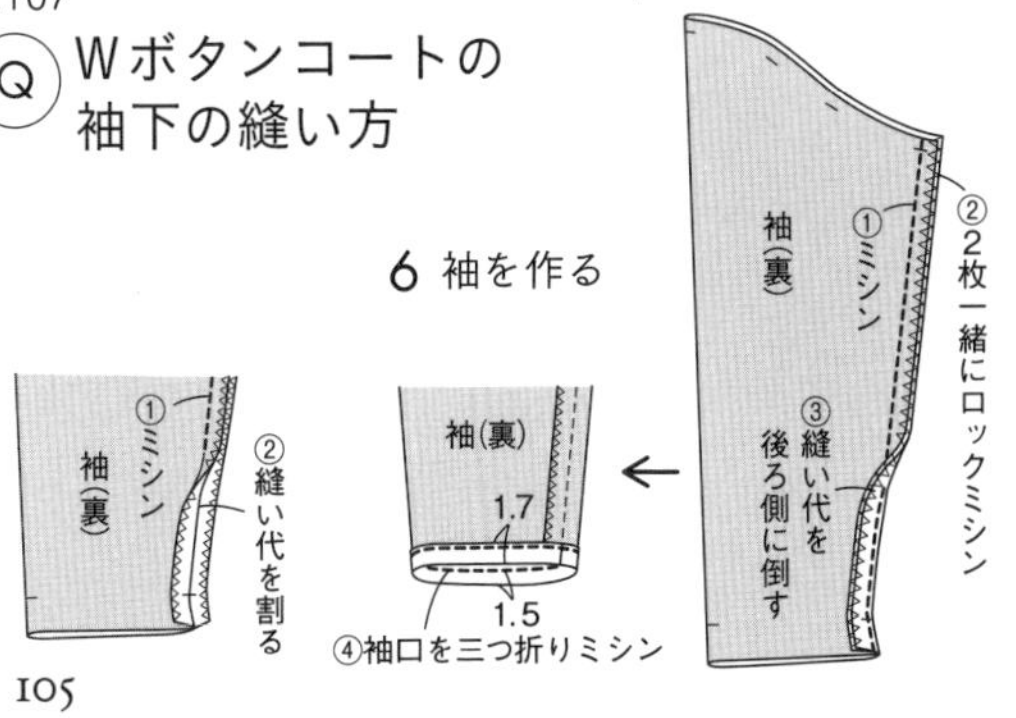

袖(裏)
①ミシン
②縫い代を割る
袖(裏)
1.7
1.5
④袖口を三つ折りミシン
袖(裏)
①ミシン
②2枚一緒にロックミシン
③縫い代を後ろ側に倒す

※指定以外の縫い代は1cm

※ ▭ は裏に接着芯、伸び止めテープを貼る

※ ⋁⋁⋁ 縫い代にロックミシンをかける

※数字は上からS／M／L／LLサイズ

※後ろ衿ぐりバイアステープは裁ち合わせ図の寸法で直接布をカットする

O てんこさんのジレ

photo／P.56、P.58、P.61
製図・出来上がり寸法／P.79

[材料]

※左から S／M／L／LL サイズ

表布（nani IRO　Good sign _ 60W ガーゼ A ブルー）…106cm幅2m60cm／2m60cm／3m60cm／3m70cm

接着芯…50cm×10cm

伸び止めテープ…1.5cm幅50cm

[準備]

①ポケット口、前ネックポイントに接着芯、後ろ衿ぐり、前肩に伸び止めテープを貼る
②ポケット周囲の脇の縫い代にロックミシンをかける

裁ち合わせ図

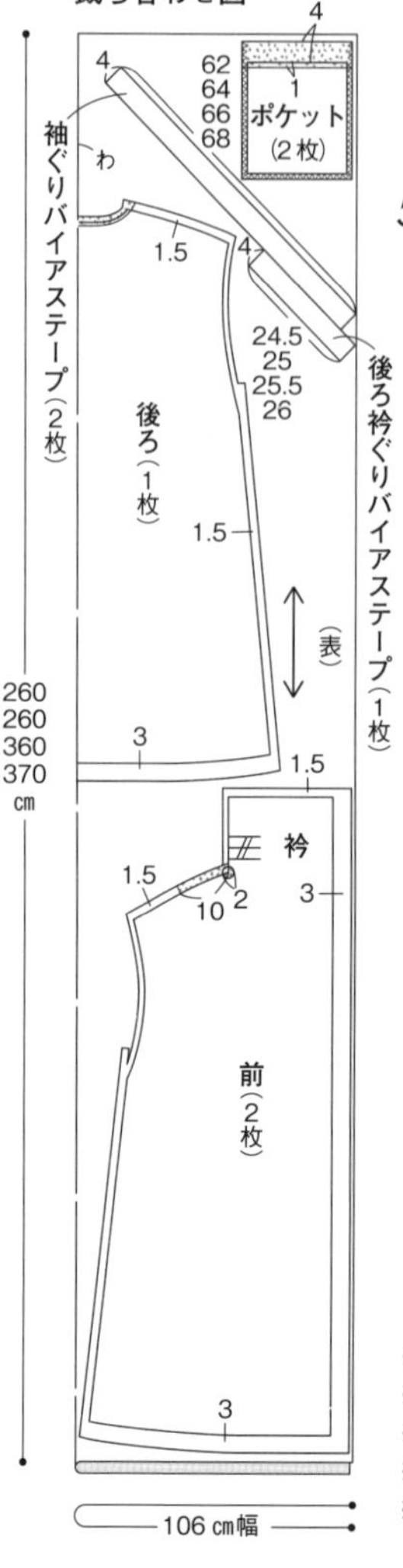
4
62
64
66
68
1
ポケット
(2枚)
4
袖ぐりバイアステープ(2枚)
わ
1.5
4
24.5
25
25.5
26
後ろ(1枚)
1.5
(表)
3
1.5
後ろ衿ぐりバイアステープ(1枚)
260
260
360
370
cm
衿
1.5
10
2
3
前(2枚)
3
106cm幅

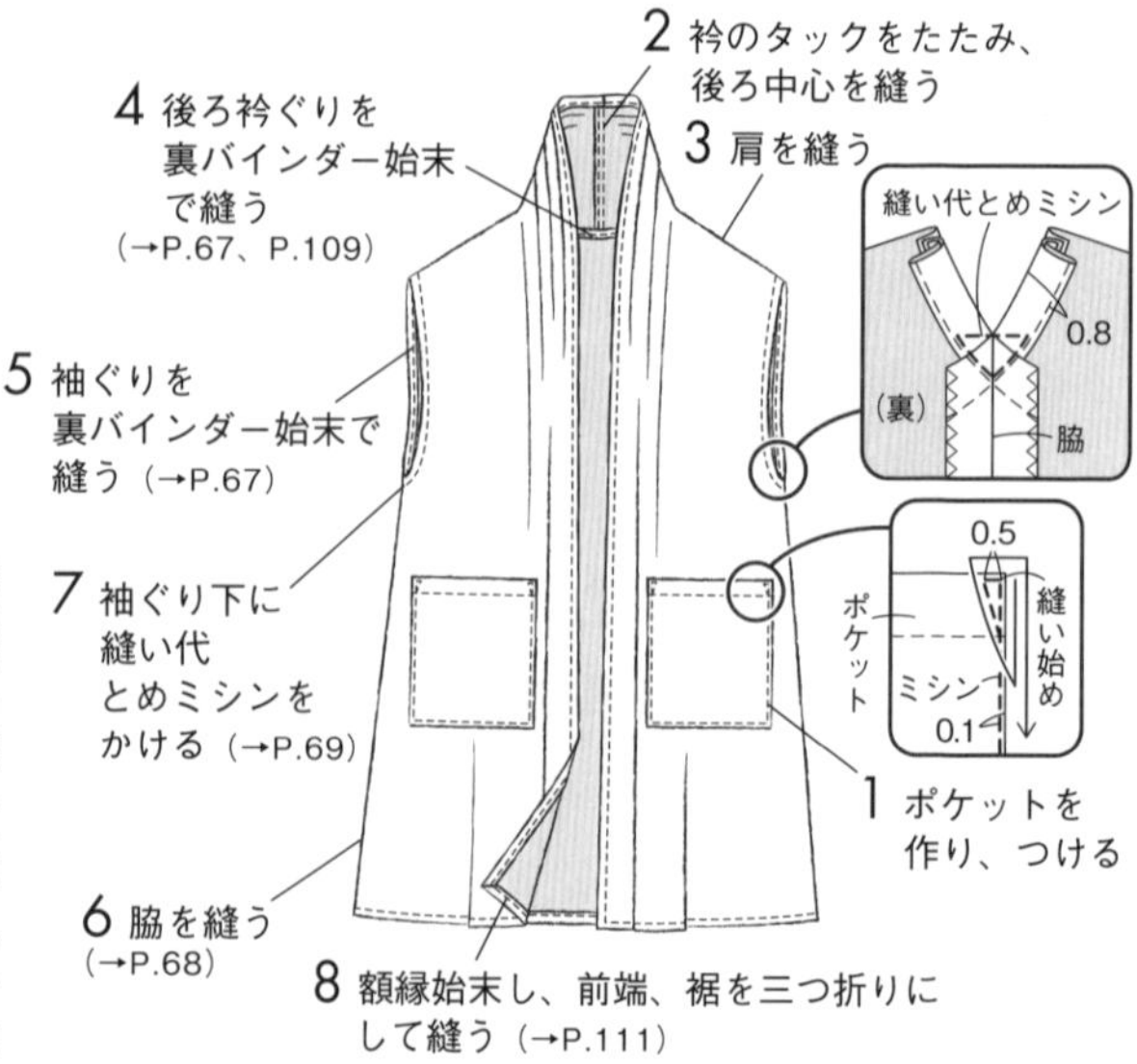
2 衿のタックをたたみ、後ろ中心を縫う
4 後ろ衿ぐりを裏バインダー始末で縫う（→P.67、P.109）
3 肩を縫う
縫い代とめミシン
0.8
(裏)
脇
5 袖ぐりを裏バインダー始末で縫う（→P.67）
0.5
ポケット
縫い始め
ミシン
0.1
7 袖ぐり下に縫い代とめミシンをかける（→P.69）
1 ポケットを作り、つける
6 脇を縫う（→P.68）
8 額縁始末し、前端、裾を三つ折りにして縫う（→P.111）

3 肩を縫う

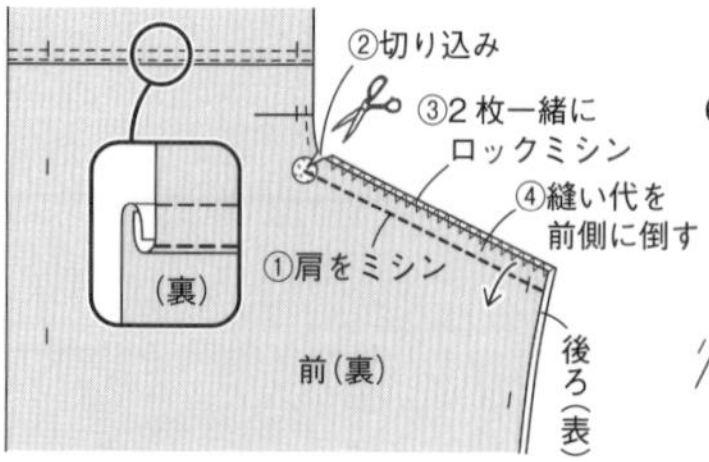
②切り込み
③2枚一緒にロックミシン
④縫い代を前側に倒す
①肩をミシン
(裏)
前(裏)
後ろ(表)

2 衿のタックをたたみ、後ろ中心を縫う

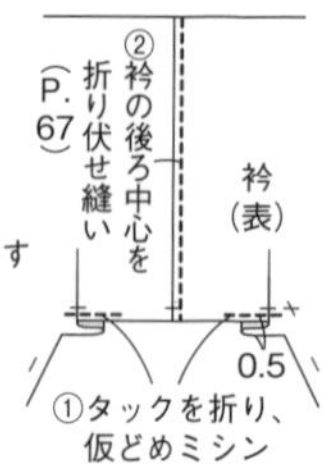
(P.67)
②衿の後ろ中心を折り伏せ縫い
衿(表)
0.5
①タックを折り、仮どめミシン

※指定以外の縫い代は1cm
※ ▒ は裏に接着芯、伸び止めテープを貼る
※ ∨∨∨ 縫い代にロックミシンをかける
※数字は上からS／M／L／LLサイズ
※袖ぐりバイアステープ、後ろ衿ぐりバイアステープは裁ち合わせ図の寸法で直接布をカットする

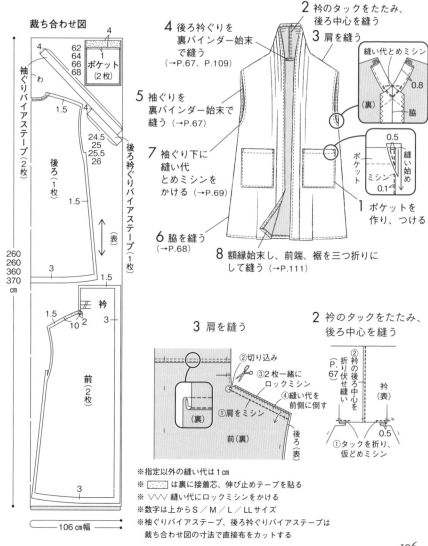

Q Wボタンコート photo／P.59、P.62 製図・出来上がり寸法／P.79

［ 材料 ］

※左から S／M／L／LL サイズ

表布（染工房・色草紙　中厚リネン）

…120㎝幅3m10㎝／3m10㎝／3m20㎝／3m30㎝

接着芯…110㎝幅1m20㎝／1m20㎝／1m30㎝／1m30㎝

伸び止めテープ…1.5㎝幅1m40㎝、ボタン…直径2㎝を10個、

裏ボタン…直径2㎝を1個

［ 準備 ］

①前端、前見返し、後ろ見返しに接着芯、ポケット口、後ろ肩、前衿ぐり、後ろ衿ぐりに伸び止めテープを貼る②肩、脇、袖下、ポケット脇、見返し肩の縫い代にロックミシンをかける

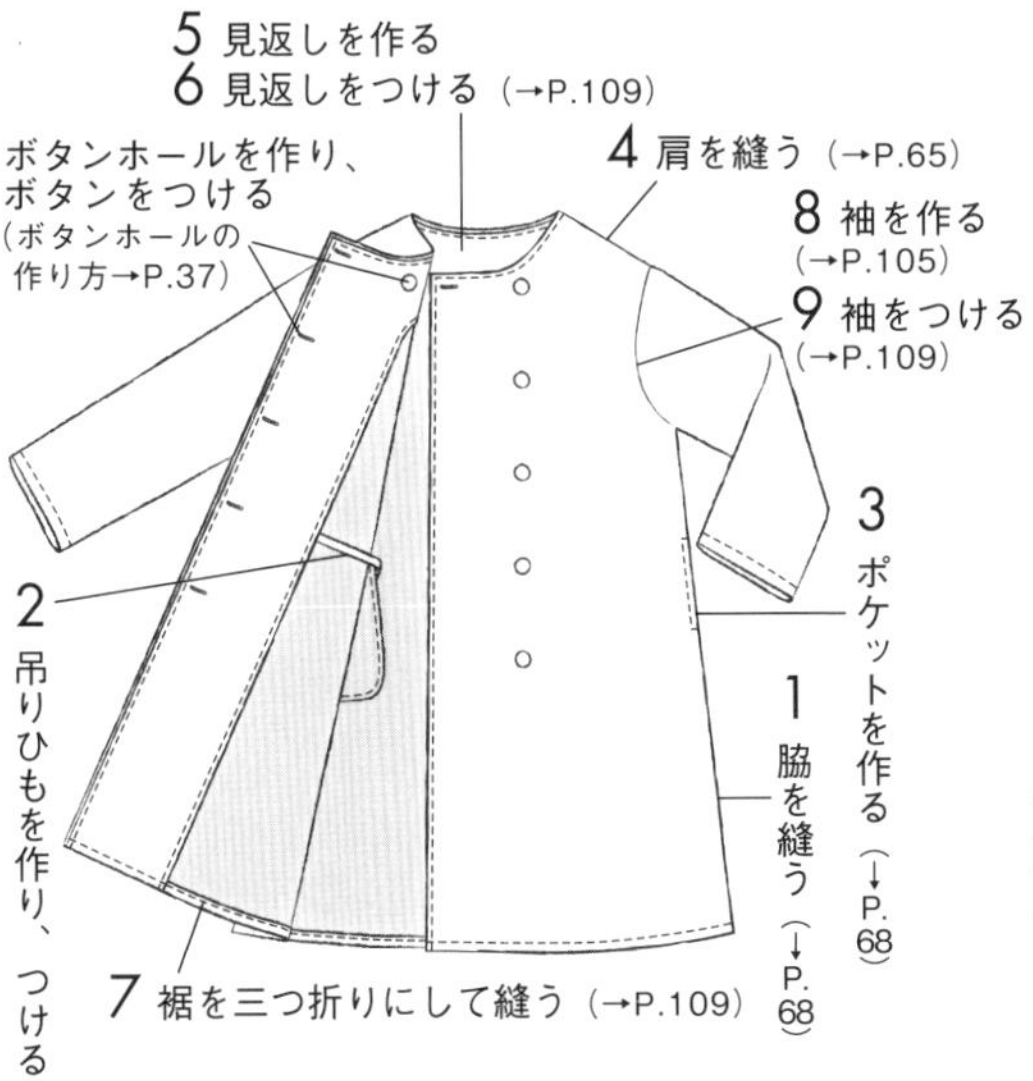

5 見返しを作る
6 見返しをつける（→P.109）
10 ボタンホールを作り、ボタンをつける（ボタンホールの作り方→P.37）
4 肩を縫う（→P.65）
8 袖を作る（→P.105）
9 袖をつける（→P.109）
3 ポケットを作る（→P.68）
2 吊りひもを作り、つける
1 脇を縫う（→P.68）
7 裾を三つ折りにして縫う（→P.109）

裁ち合わせ図

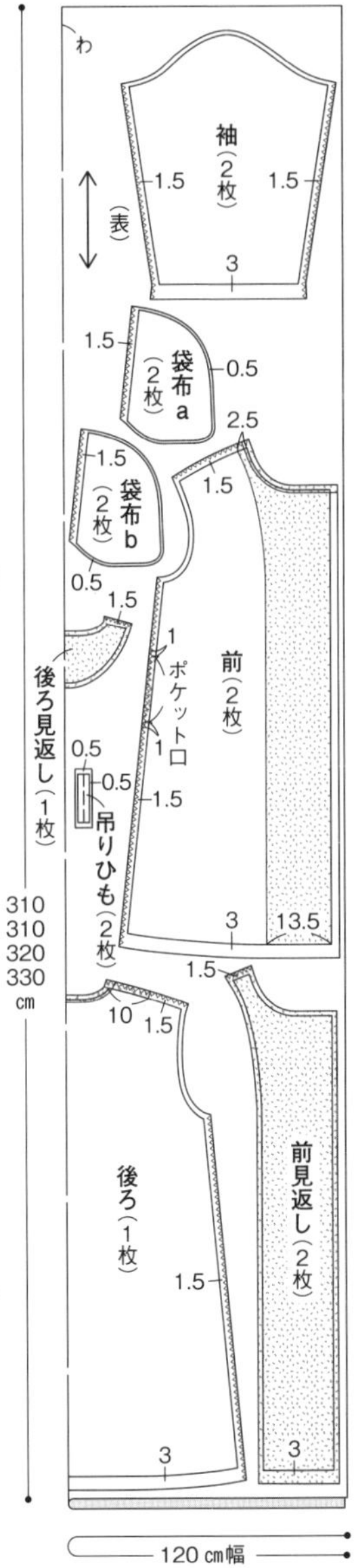

わ
袖（2枚）
1.5
1.5
（表）
3
1.5
袋布a（2枚）
0.5
2.5
1.5
袋布b（2枚）
1.5
0.5
1.5
1
ポケット口
1
前（2枚）
後ろ見返し（1枚）
0.5
0.5
吊りひも（2枚）
1.5
310
310
320
330
㎝
3
13.5
1.5
10
1.5
後ろ（1枚）
1.5
前見返し（2枚）
3
3
120㎝幅

※指定以外の縫い代は1㎝

※ ▒ は裏に接着芯、伸び止めテープを貼る

※ ╲╱╲╱ 縫い代にロックミシンをかける

※数字は上からS／M／L／LLサイズ

2 吊りひもを作り、つける

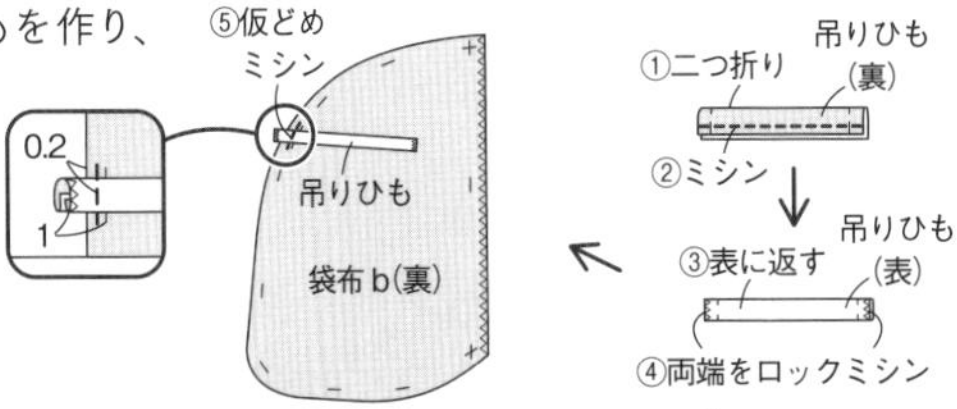

⑤仮どめミシン
0.2
1
1
吊りひも
袋布b(裏)
①二つ折り
吊りひも（裏）
②ミシン
③表に返す
吊りひも（表）
④両端をロックミシン

5 見返しを作る

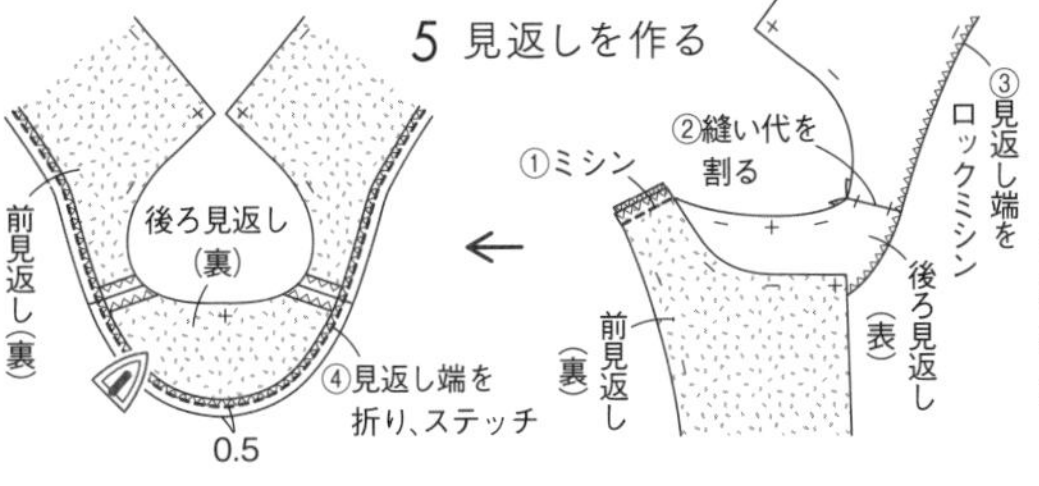

前見返し（裏）
後ろ見返し（裏）
④見返し端を折り、ステッチ
0.5
①ミシン
②縫い代を割る
③見返し端をロックミシン
後ろ見返し（表）
前見返し（裏）

※P.109 下段に続く

Ⓟ フードコート　photo／P.57、P.63　製図・出来上がり寸法／P.80

［ 材料 ］

※左から S／M／L／LL サイズ

表布（生地の森　洗いこまれた平織りリネンウール40 番手 グレーパープル）…110㎝幅3m70㎝／3m80㎝／3m90㎝／4m70㎝

接着芯…90㎝幅1m50㎝／1m50㎝／1m60㎝／1m60㎝

伸び止めテープ…1.5㎝幅50㎝

［ 準備 ］

①箱布、裾、袖口、後ろベンツ、箱布つけ位置、前ネックポイントに接着芯、前肩、後ろ衿ぐりに伸び止めテープを貼る②後ろベンツの縫い代にロックミシンをかける

※指定以外の縫い代は1㎝

※ [網かけ] は裏に接着芯、伸び止めテープを貼る

※ ╲╱╲╱ 縫い代にロックミシンをかける

※数字は上からS／M／L／LLサイズ

※後ろ衿ぐりバイアステープは裁ち合わせ図の寸法で直接布をカットする

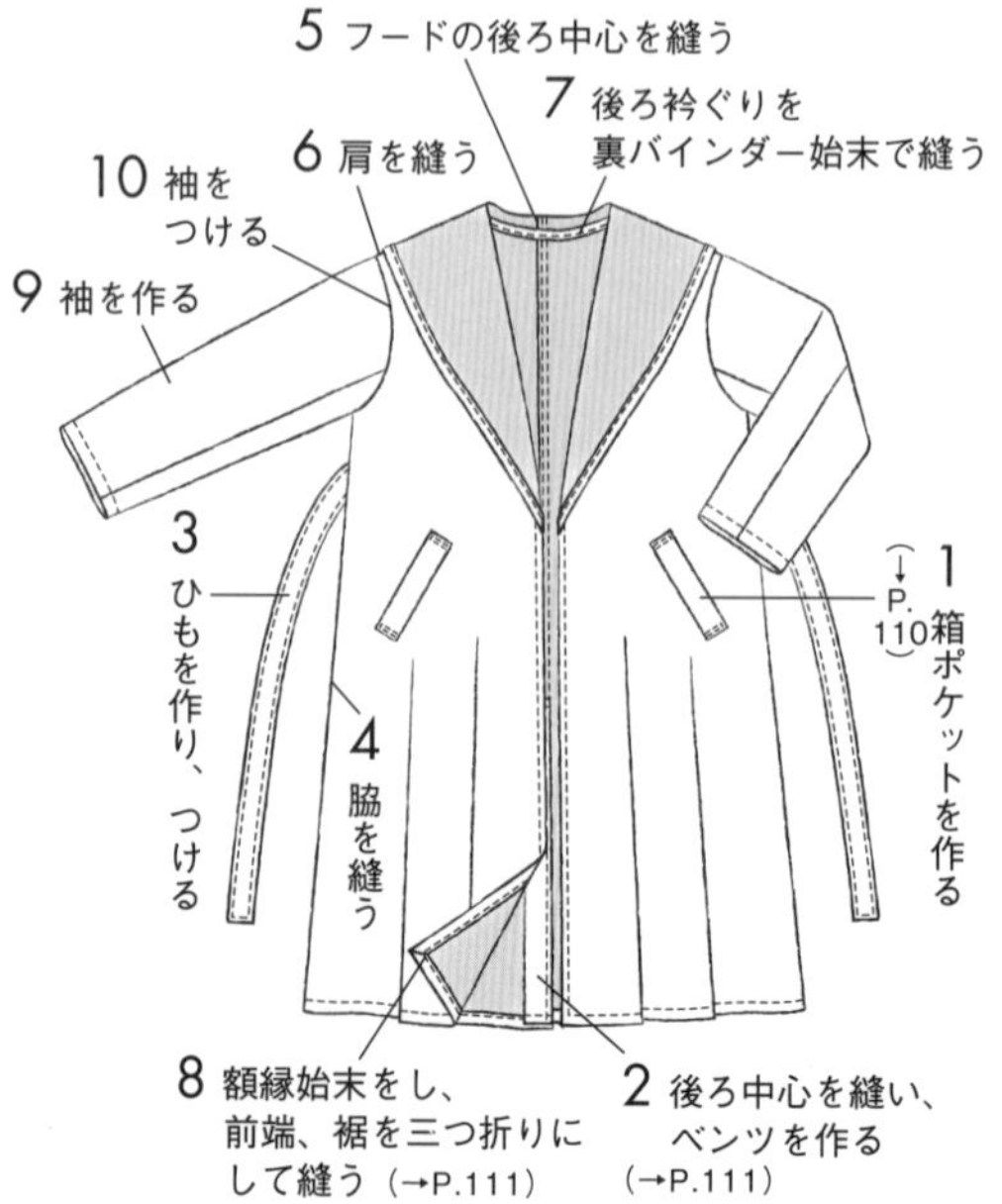

5 フードの後ろ中心を縫う
7 後ろ衿ぐりを裏バインダー始末で縫う
6 肩を縫う
10 袖をつける
9 袖を作る
3 ひもを作り、つける
4 脇を縫う
1 箱ポケットを作る（→P.110）
8 額縁始末をし、前端、裾を三つ折りにして縫う（→P.111）
2 後ろ中心を縫い、ベンツを作る（→P.111）

裁ち合わせ図

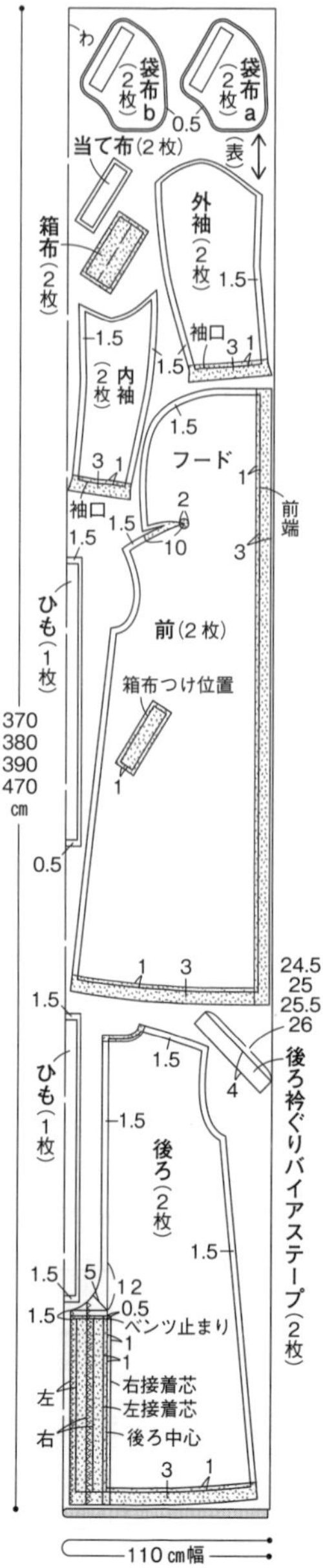

わ
袋布b（2枚）
袋布a（2枚）
0.5
（表）
当て布（2枚）
箱布（2枚）
外袖（2枚）
1.5
袖口
3 1
1.5
内袖（2枚）
1.5
3 1
袖口
1.5
フード
1
2
10
前端
3
1.5
ひも（1枚）
前（2枚）
箱布つけ位置
1
370
380
390
470
㎝
0.5
1 3
24.5
25
25.5
26
1.5
ひも（1枚）
1.5
後ろ（2枚）
後ろ衿ぐりバイアステープ（2枚）
4
1.5
1.5
5
1 2
0.5
ベンツ止まり
1
1
左
右接着芯
左接着芯
右
後ろ中心
3 1
110㎝幅

3 ひもを作り、つける

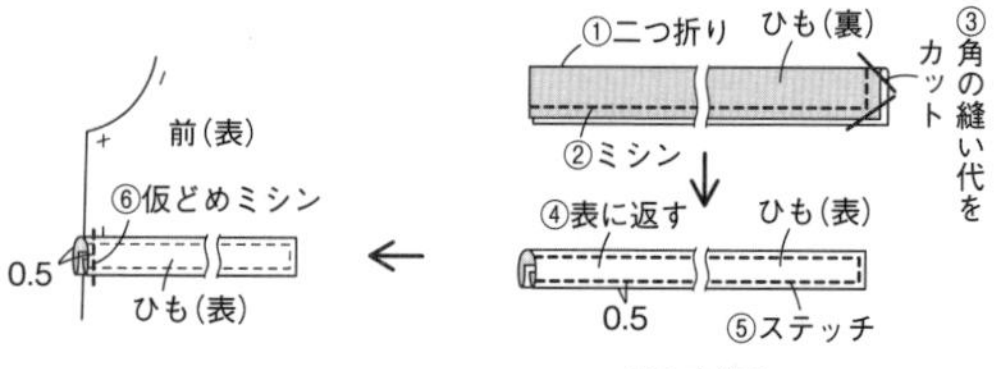

①二つ折り
ひも(裏)
③角の縫い代をカット
②ミシン
④表に返す
ひも(表)
0.5
⑤ステッチ
前(表)
⑥仮どめミシン
0.5
ひも(表)

※2 本作る

4 脇を縫う

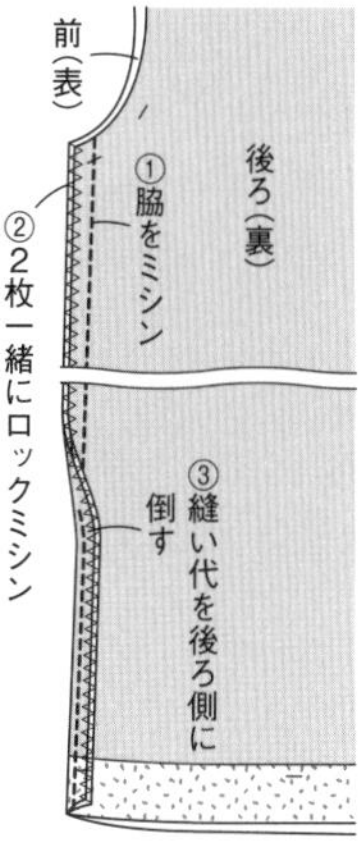

前(表)
後ろ(裏)
①脇をミシン
②2枚一緒にロックミシン
③縫い代を後ろ側に倒す

5 フードの後ろ中心を縫う
6 肩を縫う

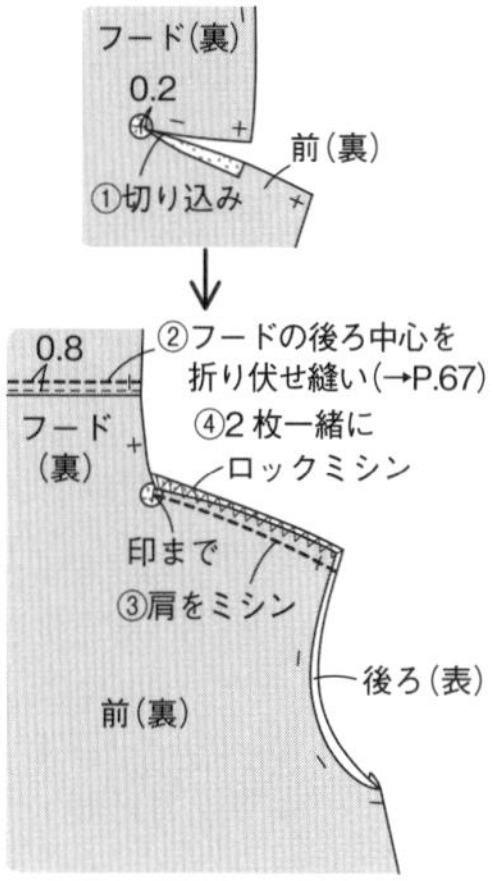

フード(裏)
0.2
①切り込み
前(裏)
0.8
②フードの後ろ中心を折り伏せ縫い(→P.67)
フード(裏)
④2枚一緒にロックミシン
印まで
③肩をミシン
後ろ(表)
前(裏)

7 後ろ衿ぐりを裏バインダー始末で縫う

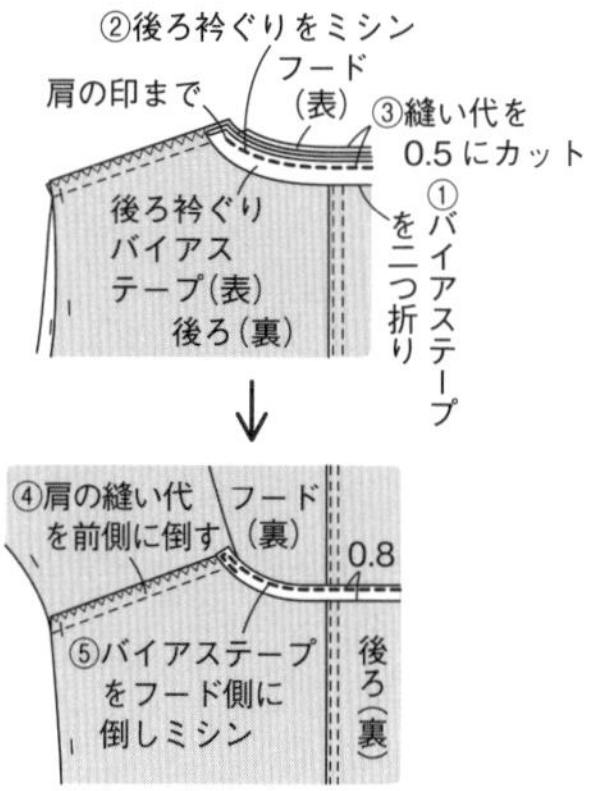

②後ろ衿ぐりをミシン
フード(表)
肩の印まで
③縫い代を0.5にカット
後ろ衿ぐりバイアステープ(表)
①バイアステープを二つ折り
後ろ(裏)
④肩の縫い代を前側に倒す
フード(裏)
0.8
⑤バイアステープをフード側に倒しミシン
後ろ(裏)

9 袖を作る

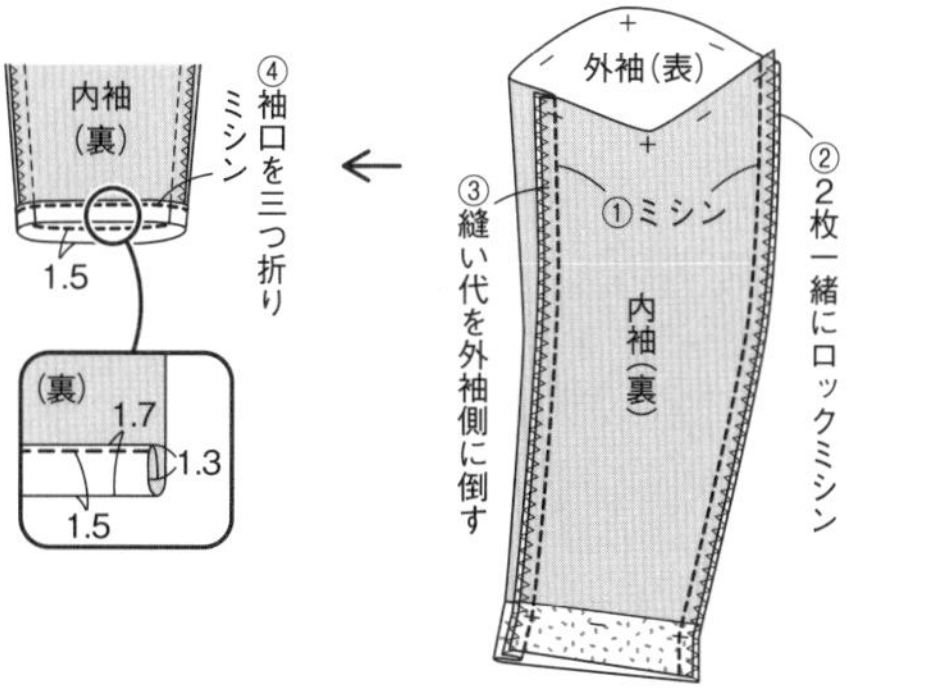

外袖(表)
①ミシン
②2枚一緒にロックミシン
③縫い代を外袖側に倒す
内袖(裏)
内袖(裏)
④袖口を三つ折りミシン
1.5
(裏)
1.7
1.3
1.5

10 袖をつける

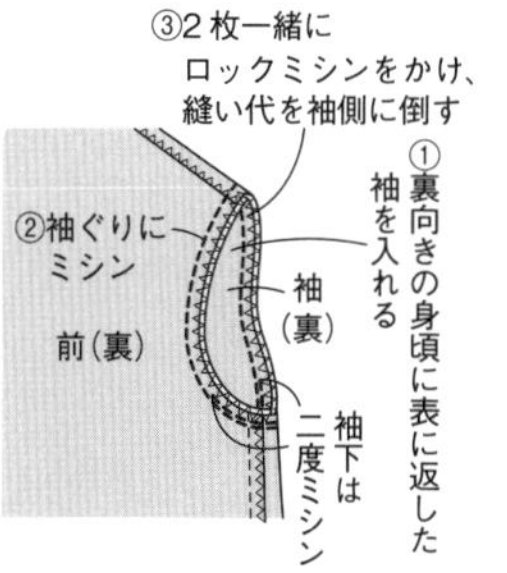

③2枚一緒にロックミシンをかけ、縫い代を袖側に倒す
②袖ぐりにミシン
前(裏)
袖(裏)
①裏向きの身頃に表に返した袖を入れる
袖下は二度ミシン

P.107

Ⓠ Wボタンコートの作り方

6 見返しをつける
7 裾を三つ折りにして縫う

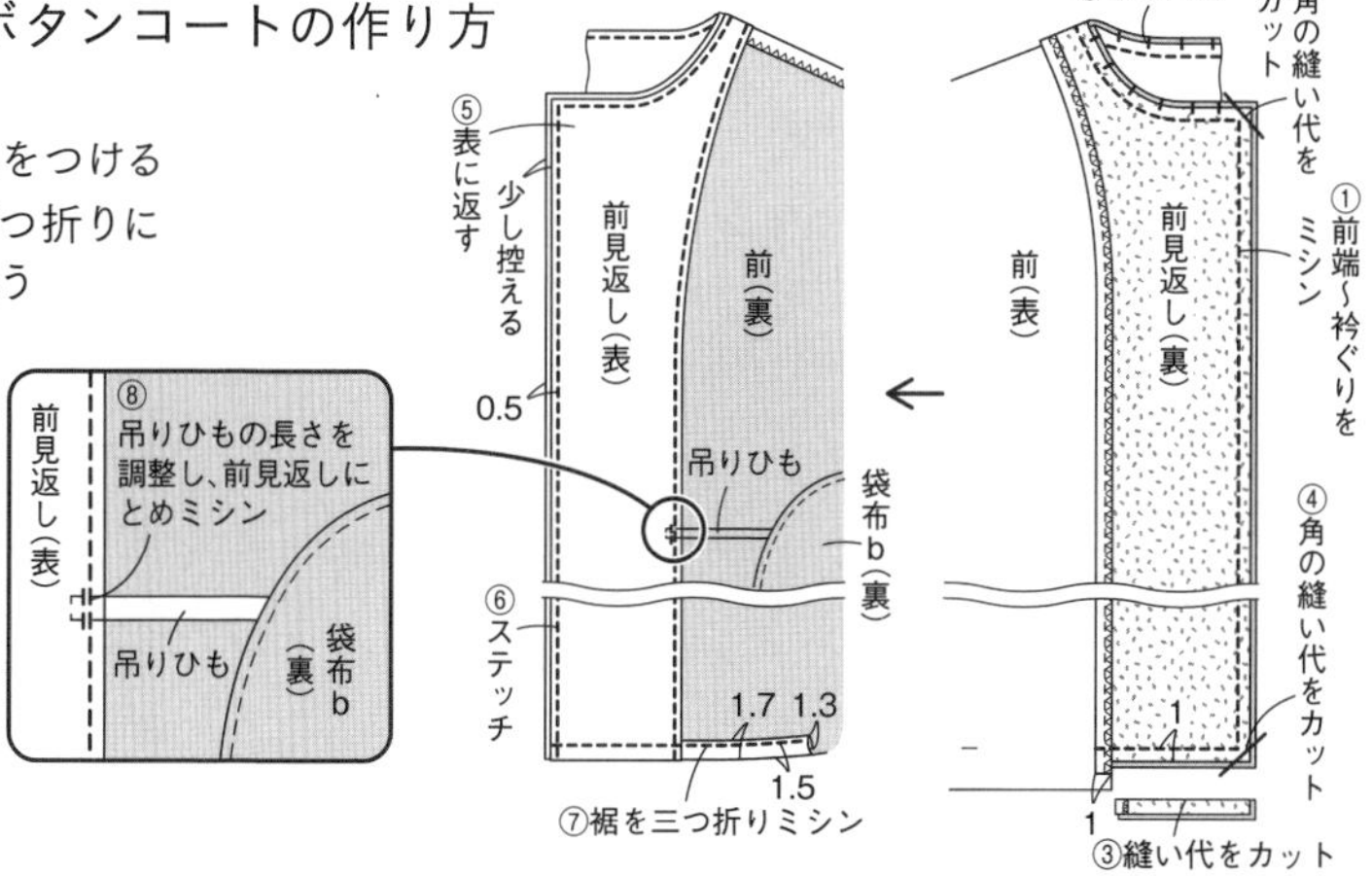

②切り込み
④角の縫い代をカット
前(表)
前見返し(裏)
①前端～衿ぐりをミシン
④角の縫い代をカット
1
1
③縫い代をカット
⑤表に返す
少し控える
前見返し(表)
前(裏)
0.5
吊りひも
袋布b(裏)
⑥ステッチ
1.7
1.3
1.5
⑦裾を三つ折りミシン
前見返し(表)
⑧吊りひもの長さを調整し、前見返しにとめミシン
吊りひも
袋布b(裏)

箱ポケットの作り方

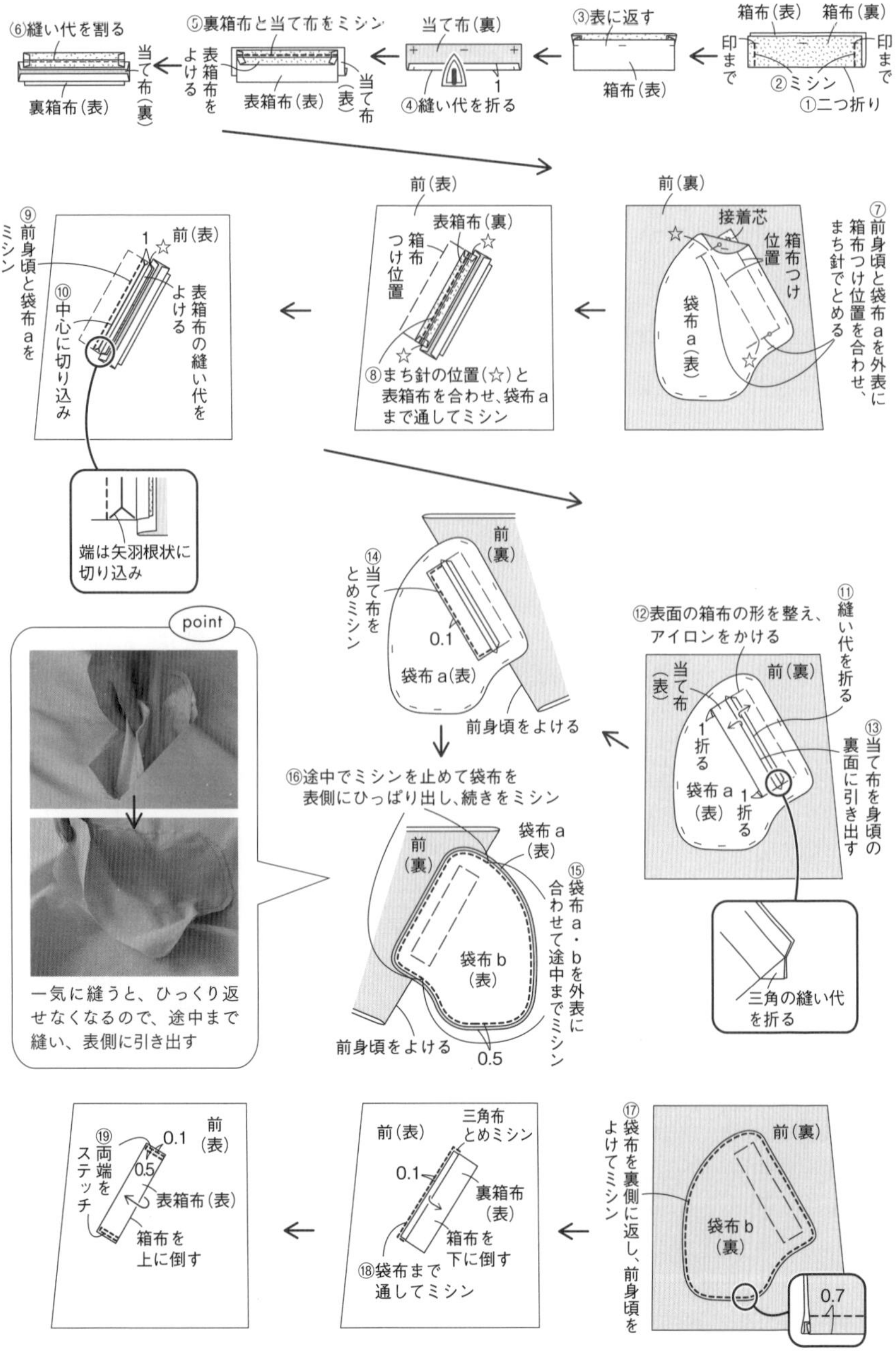

箱布(表)
箱布(裏)
印まで
印まで
②ミシン
①二つ折り
③表に返す
箱布(表)
当て布(裏)
④縫い代を折る
1
⑤裏箱布と当て布をミシン
表箱布をよける
表箱布(表)
当て布(表)
⑥縫い代を割る
当て布(裏)
裏箱布(表)
前(裏)
接着芯
箱布つけ位置
袋布a(表)
⑦前身頃と袋布aを外表に箱布つけ位置を合わせ、まち針でとめる
前(表)
表箱布(裏)
箱布つけ位置
⑧まち針の位置(☆)と表箱布を合わせ、袋布aまで通してミシン
⑨前身頃と袋布aをミシン
前(表)
1
⑩中心に切り込み
表箱布の縫い代をよける
端は矢羽根状に切り込み
⑪縫い代を折る
⑫表面の箱布の形を整え、アイロンをかける
前(裏)
当て布(表)
1折る
袋布a(表)
1折る
⑬当て布を身頃の裏面に引き出す
三角の縫い代を折る
前(裏)
⑭当て布をとめミシン
0.1
袋布a(表)
前身頃をよける
⑯途中でミシンを止めて袋布を表側にひっぱり出し、続きをミシン
前(裏)
袋布a(表)
⑮袋布a・bを外表に合わせて途中までミシン
袋布b(表)
前身頃をよける
0.5
point
一気に縫うと、ひっくり返せなくなるので、途中まで縫い、表側に引き出す
⑰袋布を裏側に返し、前身頃をよけてミシン
前(裏)
袋布b(裏)
0.7
前(表)
三角布とめミシン
0.1
裏箱布(表)
箱布を下に倒す
⑱袋布まで通してミシン
前(表)
⑲両端をステッチ
0.1
0.5
表箱布(表)
箱布を上に倒す

ベンツの作り方

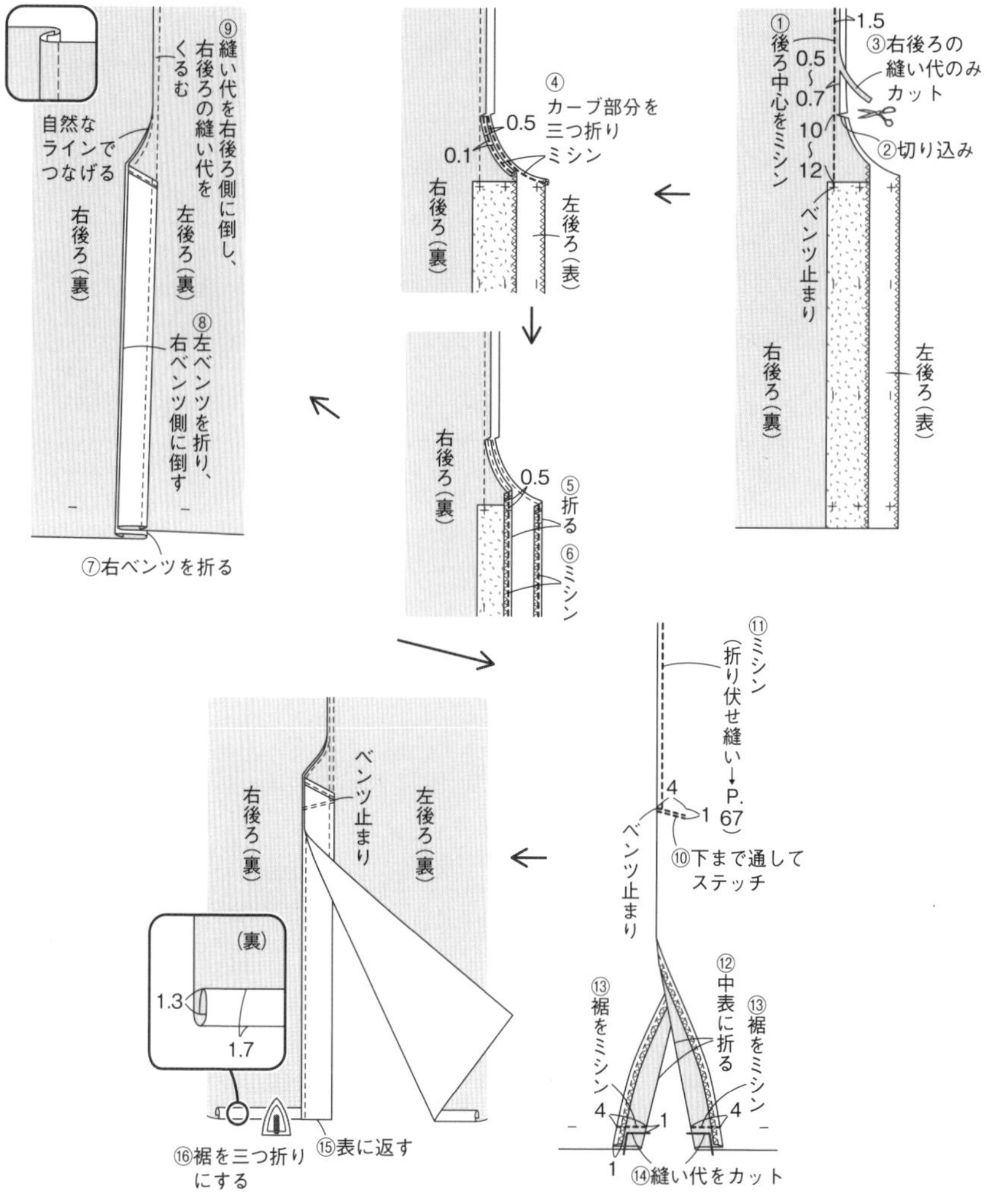

①後ろ中心をミシン
1.5
0.5~0.7
10~12
③右後ろの縫い代のみカット
②切り込み
ベンツ止まり
右後ろ（裏）
左後ろ（表）
④カーブ部分を三つ折りミシン
0.5
0.1
右後ろ（裏）
左後ろ（表）
右後ろ（裏）
0.5
⑤折る
⑥ミシン
⑨縫い代を右後ろ側に倒し、右後ろの縫い代をくるむ
自然なラインでつなげる
右後ろ（裏）
左後ろ（裏）
⑧左ベンツを折り、右ベンツ側に倒す
⑦右ベンツを折る
⑪ミシン（折り伏せ縫い→P.67）
4
1
⑩下まで通してステッチ
ベンツ止まり
⑫中表に折る
⑬裾をミシン
⑬裾をミシン
4
1
1
4
1
⑭縫い代をカット
右後ろ（裏）
ベンツ止まり
左後ろ（裏）
（裏）
1.3
1.7
⑯裾を三つ折りにする
⑮表に返す

額縁始末の方法

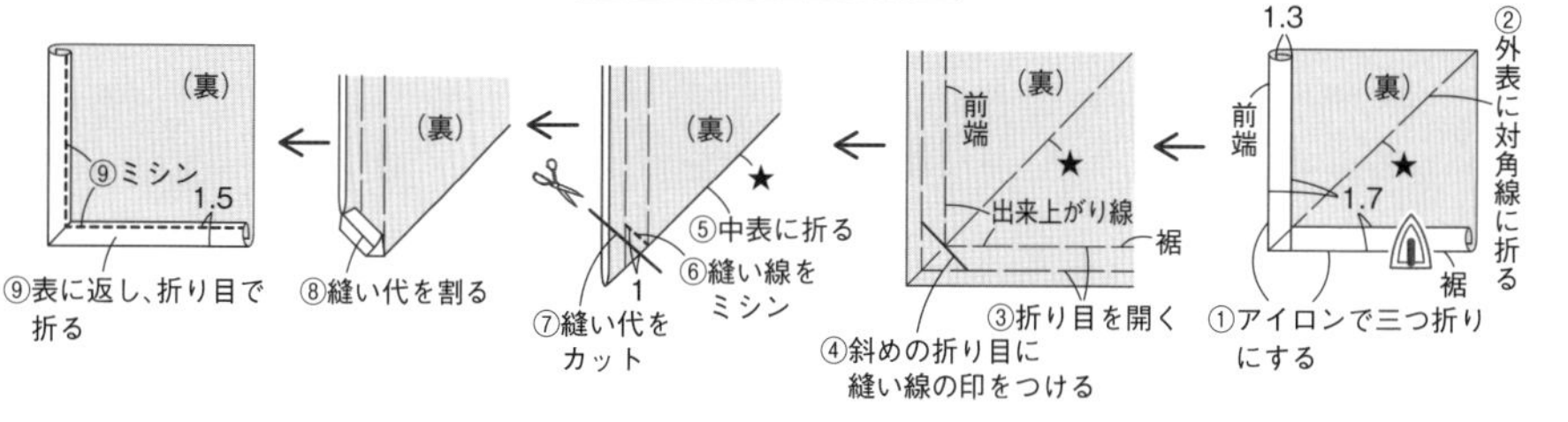

1.3
前端
（裏）
②外表に対角線に折る
★
1.7
裾
①アイロンで三つ折りにする
前端
（裏）
★
出来上がり線
裾
③折り目を開く
④斜めの折り目に縫い線の印をつける
（裏）
★
⑤中表に折る
⑥縫い線をミシン
1
⑦縫い代をカット
（裏）
⑧縫い代を割る
（裏）
⑨ミシン
1.5
⑨表に返し、折り目で折る

デザイン____星ヶ丘洋裁学校
アートディレクション・ブックデザイン____堀口 努（underson）
撮影____伊東俊介、伊東かおり（いとう写真）
取材・文____野崎 泉（underson）
スタイリング____上良美紀
ヘア＆メイク____井上歩美
モデル____足立典子、伊東かおり、梅村しおり、粂 愛、新谷和子、高田智美、中山博之、野田奈津美、野里泰輔、村上有佳、山本香織、山本志保
縫製____梅村しおり、押谷公仁子、大島悠子、河辺未紀、海藤恵理、粂 愛、柊元泰子、高田智美、徳川知里、中筋嘉奈子、仲 智子、野里泰輔、廣目彩子、本田優子、宮原里美、南 聡子、村上有佳、山本香織、山本志保
絵（表紙・地図）____新谷和子
作り方解説____小堺久美子
トレース____たまスタヂオ
パターングレーディング____志水美香
校閲____滄流社
編集____鈴木理恵

星ヶ丘洋裁学校のソーイングレシピ

著　者　星ヶ丘洋裁学校
編集人　石田由美
発行人　倉次辰男
発行所　株式会社主婦と生活社
〒104-8357 東京都中央区京橋 3-5-7
https://www.shufu.co.jp/
編集部　☎ 03-3563-5361　Fax:03-3563-0528
販売部　☎ 03-3563-5121
生産部　☎ 03-3563-5125

製版所　東京カラーフォト・プロセス株式会社
印刷所　大日本印刷株式会社
製本所　株式会社若林製本工場

ISBN978-4-391-15865-6

[布地提供]
＊掲載の布地は、時期によって、完売もしくは売り切れになる場合があります。ご了承いただきますよう、お願い致します。

A／J／N／O
ATELIER to nani IRO　TEL.06-6443-7216
https://online.naniiro.jp/

B／D／G／K／P
生地の森　TEL. 053-464-8282
https://www.kijinomori.com/

C／E
船場白生地商店　TEL. 06-6264-2888
@sirokijisyoten

F／M
DARUMA FABRIC　TEL. 06-6251-2199
http://daruma-fabric.com/

H／Q
染工房・色草紙　藤原真由美
TEL.090-6556-6416

I／L
CHECK&STRIPE
https://checkandstripe.com/

J（P.38、39）
布地のお店 ソールパーノ　TEL. 06-6233-1329
https://www.sunsquare.shop/c/solpano

J（P.40）
Pres-de　TEL.078-991-9850
https://www.pres-de.com/